守望·自觉·比较
——少数民族及原住民教育研究

Catcher, Self–Consciousness, Comparison
Educational Studies of Indigenous People and Nationalities

陈·巴特尔　Peter. Englert　编著

中央民族大学出版社

图书在版编目(CIP)数据

守望·自觉·比较——少数民族及原住民教育研究/陈·巴特尔 Peter. Englert. —北京:中央民族大学出版社,2009.1
ISBN 978-7-81108-616-4

Ⅰ.守… Ⅱ.陈… Ⅲ.少数民族教育—文集 Ⅳ.G75-53

中国版本图书馆 CIP 数据核字(2008)第 194655 号

守望·自觉·比较
——少数民族及原住民教育研究

作　　者	陈·巴特尔 Peter. Englert
责任编辑	白立元
封面设计	布拉格工作室
出 版 者	中央民族大学出版社
	北京市海淀区中关村南大街 27 号　邮编:100081
	电话:68472815(发行部)　传真:68932751(发行部)
	68932218(总编室)　　　68932447(办公室)
发 行 者	全国各地新华书店
印 刷 者	北京宏伟双华印刷有限公司
开　　本	880×1230(毫米)　1/32　印张:9.25
字　　数	240 千字
版　　次	2009 年 1 月第 1 版 2009 年 1 月第 1 次印刷
书　　号	ISBN 978-7-81108-616-4
定　　价	28.00 元

版权所有　翻印必究

自　　序

　　从 1987 年开始攻读教育学硕士算起，自己步入民族教育研究这个领域已经 20 年有余。期间，彷徨、犹豫有之，兴奋、快乐也相随，时时品尝着学海无涯的酸甜苦辣。回顾多年的学术生涯，自己的研究大致经过了从起初的朦胧守望到博士阶段的文化自觉再到目前的比较借鉴这样的心路历程。过了不惑之年，有个想法一直在脑海中萦绕，那就是能否把自己多年来的所言、所思做一番梳理，把自己发表的有关民族教育的论文和自己辅导的研究生的相关习作结集出版。为此，非常感谢美国夏威夷大学的资助和中央民族大学出版社的出版，他们成人之美，了却了我这个心愿。同时感谢袁同凯博士、韩炜女士和许衍琛先生，他们的论文为本书增光添色。

　　如果把民族教育研究视为一片麦田，那我便是这片麦田的守望者，尽管偶尔也会产生动摇的念头。1983 年刚刚考入师范大学，选择教育专业时，心里想得最多的是毕业之后，可以不当中学教师。那时，教育系里有些老师在从事民族教育研究，而我当时对此只有朦胧的意识。1987 年自己幸运地考上了母校的研究生，成为扎巴教授的开门弟子。导师民族教育研究的学术背景，使自己不由自主地选择本族（蒙古族）双语、三语教育问题作为自己的学位论文选题，接着奔赴现场，田野调查，完成写作，并顺利通过答辩。现在重读当年的文本，感觉整篇论文带有明显的普通教育学色彩，对本族的文化与历史缺乏足够的自觉意识。但是，不可否认，正是自己的这篇朦胧的不自觉的开篇之作和为完成她所接受的专业训练，使自己与民族教育研究结下了不解之缘。日后无论是在他乡异地继续深造，还是转到非民族院校求职工作，自己研究的中心视域与核心旨趣从未离开过这个被主流"边缘化"或予以"特殊倾斜"的学科领域。

新千年钟声敲响的那刻，带着出国留学受挫的郁闷心情，在北京加入了考博大军的行列。经过150天的苦战和90多天的等待，终于如愿以偿。2000年9月来到九省通衢的武汉，师从文辅相教授和赵炬明博士研究高等教育，步入了自己学术生涯的新阶段。世纪之交的中国，高等教育进入了快速发展的轨道，高等教育改革如火如荼，使高等教育研究呈现出繁荣局面。当同学们热衷于诸如高等教育大众化、高校扩招、素质教育这样的热门话题时，我却着手整理少数民族高等教育研究的文献，并关注少数民族高等教育发展的宏观问题，试着学写一些关于"我们"（少数民族群体）的"宏大叙事"般的文章。当时，哈经雄和霍文达两位先生成了我经常求教的对象，滕星教授提出的"多元文化整合教育"理念给了我诸多启发，而中南民族学院（现为中南民族大学，本人曾在那里工作两年）则成了我查寻资料的乐园。攻博的前两年，由于周围同学、教师均为汉族，族际交往增强了我的民族认同和文化认同，也促使我的研究视域在较为宏观的"我们"（少数民族）群体的基础上自觉转向更加微观的"我"（蒙古族）个体之上。而实现真正意义上的文化自觉，应归因于两位师长的推动。一位是涂又光教授，通过聆听他的"教育哲学"讲座和研读他的大作《中国高等教育史论》，我领悟到特殊大于普遍的本体论，以及实践大于认识的认识论，在研究不同民族高等教育中的方法论意义。正是这种思维范式的转换，让我突破"文明—原始"、"中心—边缘"二元思维惯性，把学术话语投向"自我"——这个创造游牧文化的蒙古民族的文化与教育之上。另一位则是前面提及的导师赵炬明先生。从入学开始，在我执著于少数民族教育的宏大叙事时，他就要求我做自己民族的高等教育研究，并督促和鞭策我去研究自己民族的历史、文化、宗教信仰、风俗习惯。正是通过研修本土文化，我开始摆脱过去"西方中心"和"华夏中心"的思维定式，重新认识自己民族文化的价值和她对人类文化多样性所作出的贡献，并从历史发展、文化变迁这样的视角梳理蒙古族高等教育的演变历程。从这个意义上讲，没有文化自觉，就没有思想的觉悟和认识的解放，也就无法产生具有创新意义和特色鲜明的研究成果，笔者以为这点对于少数民族研究者尤为重要。

2003年博士毕业，调入南开大学工作已经5年有余。南开大学深厚的人文底蕴、自由的学术氛围和广泛的国际交流，为我拓宽自己的研究范围提供了条件。我国的少数民族，有很多是世居民族，与国外的原住民在许多方面具有相同的历史境遇，在当今全球化与一体化双重挑战背景下，面临着同样的问题。因此，开展国外原住民及少数民族教育方面的比较研究，对于改变我国目前民族教育研究过于依赖西方文化人类学和多元文化教育理论的局面，借鉴国外原住民教育的理念与经验，具有重要的现实意义和学术价值。出于这样的考虑，在延续以往研究的同时，我开始将学术视角拓展到世界原住民文化与教育之上。重点聚焦于加拿大原住民教育自治运动和新西兰毛利人语言复兴运动，并指导研究生开展与之相关的研究。并于2005年加入中国加拿大研究会，开始关注加拿大原住民——印第安人的文化与教育；2007年获得"加拿大研究特别奖"赴加拿大访问，与加拿大的原住民教育机构和相关研究人员建立了学术联系；在美国夏威夷大学的Peter. Englert教授的全力支持和自己的不断努力下，2008年南开大学亚太地区原住民及少数民族高等教育论坛得以成功举办，加拿大、墨西哥、美国夏威夷和新西兰的原住民研究者参加了此次论坛。这些学术交流和研究活动的开展为自己从事外国少数民族教育和原住民教育的比较研究提供了较好的学术平台。

总之，从最初的朦胧守望，到后来的文化自觉，再到现在的比较借鉴，反映了本人学术成长的历程。如果我的这部拙作能够达到求教同仁、交流思想，从而在思想碰撞中相互勉励、同生共长之功效；如果自己的理论实践，对于后来居上的青年学生有所帮助的话，我将倍感欣慰。自己的这部作品正如草原上刚刚堆起的一座小小敖包，期望所有路过这里的人们为她添加石头，使她不断地完善。对书中的不足之处，敬请各位读者点评与斧正。

陈·巴特尔
2008 年 12 月于南开园

目 录

上篇　朦胧守望：中国少数民族高等教育

关于21世纪初我国少数民族高等教育发展的若干思考 ………………………………………………………………（3）
民族教育研究中的跨文化因素与心理测量 ……………（13）
民族院校研究生教育的思想和观念 ……………………（23）
关于我国民族高等教育研究的思考 ……………………（47）
历史与比较中的我国民族高等教育研究 ………………（54）
中国民族学院的历史演变及其组织特性 ………………（64）

中篇　文化自觉：蒙古民族文化与教育

关于蒙古族儿童双语及三语学习态度的调查研究 ……（77）
高校收费条件下蒙古族贫困生助学贷款的调查研究
………………………………………………………………（87）
试论蒙古民族传统文化的形成、变迁及其特点
………………………………………………………………（94）
元代书院官学化的历史文化解释 ………………………（102）
试论蒙古民族传统游牧文化知识形态及其教育形式
………………………………………………………………（112）
蒙古民族高等教育演变的历史轨迹 ……………………（125）
元代科举考试时断时续的文化解释 ……………………（133）

下篇　比较借鉴：国外原住民及少数民族教育

试论自治领成立前加拿大土著人的教育

——以印第安人为例 …………………………（147）
加拿大土著民族文化的人类学反思 ………………………（153）
从民族大学的建立看中加少数民族高等教育
　发展模式的异同
　　——以中国中央民族大学和加拿大第一民族大学为例
　　………………………………………………………（161）
加拿大印第安人控制印第安人教育的历史与现状 ………（172）
新西兰毛利语言复兴与原住民教育 ………………………（222）
论学校民族志的研究取向
　　——对少数民族儿童学业成功与失败原因的理论探讨
　　………………………………………………………（268）

上　篇
朦胧守望：中国少数民族高等教育

　　我国的民族高等教育，是指对除了汉族以外的55个少数民族所实施的高等教育，也就是指建立在中等教育基础之上的以少数民族和民族地区学生为教育对象的各种专业教育。民族高等教育是我国民族教育的重要组成部分，同时也是我国高等教育的重要组成部分。它的这种两重性决定了作为一种反映民族高等教育实践的认识活动的民族高等教育研究，必然具有两重性。作为民族教育的一部分，它必然涉及我国多民族、多语言、多文字等多元文化的特点；作为高等教育的一部分，它必然反映世界高等教育发展趋势和我国高等教育改革进程。可是，对于民族高等教育研究的这个特性，无论是普通高等教育研究还是民族教育研究都未予以足够的重视。

上 篇

解放字型：中国心理测量考察言

关于21世纪初我国少数民族高等教育发展的若干思考

新中国成立以来，我国少数民族高等教育取得了很大成绩，为我国社会主义革命和建设事业做出了很大贡献。但是，由于自然条件、历史因素、政策偏失等原因，我国中西部尤其是少数民族地区的经济、社会发展还相对落后。面对这一国情，党和国家十分重视，实施西部大开发战略，是党中央做出的一项跨世纪的伟大决策，它将关系到民族团结、国家稳定、国力增强和地区协调发展。民族发展和民族地区发展从根本上讲依赖于民族人才的培养和民族素质的提高，而人才培养、素质提高要靠教育来解决。朱镕基总理在跨世纪中央民族工作会议上谈到加快民族地区发展与教育问题时要求做好两方面的工作：第一，实施科教兴国战略，积极推进民族地区经济和社会协调发展；第二，继续培养少数民族各级各类高素质人才。由此可见，在民族地区实施科教兴国、教育优先战略是摆在我们面前的一项刻不容缓的重大任务。随着社会主义市场经济体制的建立、经济增长方式的转变，随着我国加入WTO步伐的加快，承担为少数民族地区培养高素质人才重任的少数民族高等教育面临着发展战略与布局结构调整的紧迫性。

一、少数民族高等教育发展战略及其重大意义

教育发展战略属于教育发展的宏观决策范畴。在国外，宏观教育问题的研究始于20世纪中期。60年代初，美国经济学家舒尔茨创立"人力资本论"，从总体上揭示了教育发展与经济发展的关系。70年代联合国教科文组织《学会生存——教育世界的今天和明天》一文的发表，体现了教育和社会一体化的系统论思

想。罗马俱乐部《学无止境——迎接未来挑战》研究报告从未来发展的视角为宏观教育发展研究开拓了新的领域。我国的教育发展研究始于十一届三中全会以后。20世纪80年代初,开展了专门人才需求预测和教育规划研究;80年代中期部分地区和行业进行区域教育发展战略的研究;90年代后,《中国教育改革和发展纲要》、《面向21世纪教育振兴行动计划》等文件的出台,标志着我国教育发展战略研究已纳入国家宏观决策的范围,开始进入一个崭新的阶段。

少数民族高等教育是指在我国对除汉族以外55个少数民族所实施的高等教育,是建立在普通教育基础之上的以少数民族学生为对象的专业教育。承担少数民族高等教育任务的主要有三类高等院校,即民族自治地方的高等院校、民族学院和各普通高等学校举办的民族预科班。少数民族高等教育发展战略是我国高等教育发展战略的重要组成部分,是指国家和政府对少数民族高等教育发展的全局性问题所做的长远谋划与决策。少数民族高等教育如何应对21世纪国际、国内的挑战?如何适应转型时期少数民族地区经济发展与社会进步的需要?如何为实现我国现代化建设战略目标提供人才供应和智力支持?这些问题构成少数民族高等教育发展战略的主要内容。

在整个高等教育发展战略中,少数民族高等教育的发展应该处于优先考虑、重点扶持的地位。长期以来,少数民族地区与内地其他地区相比,在经济、科技、教育、文化等方面存在很大差距。"现阶段,我国的民族问题,比较集中地表现在少数民族和少数民族地区迫切要求加快经济、文化的发展上。"[1]我国少数民族人口超过1亿,居住面积占全国国土面积的60%以上,他们大多数居住在西部边远落后地区。资源丰富、地大物博、经济贫穷、科教落后是这些地区的显著特征。如何依靠教育发展科技、提高人口素质、促进民族地区经济文化发展,无疑具有十分重要的战略意义。因此，担负为少数民族和少数民族地区培养高级专门人才，发展民族科学文化，为民族地区社会、经济发展服务的少数民族高等教育应该在西部大开发战略中发挥重要作用。

世纪之交，国际国内形势发生了很大变化。21世纪，世界科技发展迅猛，知识经济向我们迎面走来，科技竞争、国力竞争、人才争夺日益加剧，经济全球化将波及世界各地。每个国家、每个民族，无论其大小，无论其先进与落后，都要迫使其开放市场。随着西部大开发战略的逐步实施，随着社会主义市场经济体制的建立及经济增长方式的转变，尤其是我国加入WTO步伐的加快，具有民族多样性、地域差异性、经济滞后性、居住国际性、历史文化复杂性的少数民族地区面临巨大挑战。面向21世纪，及时调整我国少数民族高等教育发展战略，深化少数民族高等教育改革，优化少数民族高等教育结构，主动适应少数民族和少数民族地区社会、经济发展需要，培养具有实践与创新能力的高素质跨世纪专门人才，对于完成中华民族复兴大业、保持国家的长治久安、促进民族地区现代化建设、发展多元一体民族文化具有深远的历史意义。同时，及时调整少数民族高等教育发展战略，对于制定少数民族教育发展规划，对于建立层次多样、形式多样、布局结构合理、学科门类齐全的具有时代特点与民族特色的少数民族高等教育体系，加强少数民族高等教育管理的目的性和有效性具有十分重要的现实意义。

二、调整少数民族高等教育发展战略的基本原则

高等教育发展战略是国家或政府在一定历史时期内为实现社会发展总目标而做出的有关高等教育发展的全局性谋划。教育发展战略具有历史性，不同时期的教育发展战略具有不同的历史特点。教育发展战略要符合社会发展总目标并有利于促进社会发展总目标的实现，"科教兴国"、"百年大计，教育为本"等战略的

选择都与特定时期社会发展总目标相适应并服务于社会发展总目标。教育发展战略主要涉及教育发展的宏观层面，与教育发展规划、计划，与教育发展政策不同，具有长远性、全局性、决定性等特点。[2] "少数民族高等教育发展必须与少数民族地区社会发展相适应，必须符合少数民族高等教育发展规律"，这是我们科学制定、合理调整少数民族高等教育发展战略必须遵守的基本原则，主动追求这种适应是少数民族高等教育发展的永恒主题。[3]

（一）少数民族高等教育适应社会发展需求是一种整体上的适应而不是部分的适应

不仅适应少数民族地区安定团结的政治需要，还要适应少数民族地区渴望发展经济、改变落后面貌的需要，还要适应发展繁荣各民族文化、促进民族地区现代化建设的需要。这是因为社会发展是社会各个系统（政治、经济、科技、教育、文化等）相互作用的总体结果，而不是各个系统各自需要的简单叠加。因此，我们在制定少数民族高等教育发展战略时，要考虑社会发展的总体需要，在战略空间维度上正确处理社会整体需要与局部需要的矛盾，片面强调满足政治需要或经济需要或民族文化需要，其结果只能阻碍甚至破坏社会及其子系统的发展。

（二）少数民族高等教育发展不仅要适应社会发展近期需要还要考虑社会未来的发展

要注意解决战略时间维度上社会当前需要与未来需要之间的矛盾。少数民族高等教育要面向未来，要注意研究国际国内形势的变化，研究世界高等教育发展的新趋势。应"立足当前、着眼未来"，在规模结构、培养目标、人才规格、教育内容、教学方式等各个方面适应未来发展的需要，更好地为民族地区未来社会的发展提供人才服务与智力支持。

（三）少数民族高等教育在适应少数民族地区社会发展需要的同时，还要注意少数民族学生个体发展的需要，在战略功能维

度上将高等教育实现社会价值功能与实现个人价值功能统一起来，培养跨世纪的创造性人才

长期以来，我国高等教育在发挥学生个体功能方面存在严重不足，主要表现在学科单一、专业过窄，注重教师的主导作用、忽视学生的主体作用。在步入 21 世纪的今天，以知识创新为特征的知识经济时代已经来临，少数民族高等教育要不断深化改革，开展素质教育，在全面发展的前提下保证学生个性得到充分发展，注意培养学生的实践能力与创新精神；在培养规格上要克服过分专业化，提高学生的适应变通能力；在教育方法上，加强通识教育与专业教育的结合，提高学生的智能与素质，发挥学生的潜能；在教学组织形式上要突破教师为中心、课堂为中心，真正发挥学生的主体作用。

（四）少数民族高等教育发展应符合其自身固有的运动变化规律

高等教育是培养高级专门人才的社会实践活动，它作为社会整个大系统的一个子系统，具有自己的相对独立性，它在适应社会发展变化时一定要遵循高等教育发展的内在规律。少数民族高等教育与其他层次教育相比，与普通高等教育相比，其发展具有特殊性，无论民族学院、民族地区高校，还是少数民族教师、学生都有其自身不同的文化个性。我们在强调少数民族高等教育适应社会发展需求时，要把握这一特殊性，既不能套用其他领域的做法，也不能用我国普通高等教育代替少数民族高等教育，在招生、分配、投资、教学、管理等方面都要充分考虑少数民族高等教育的特殊性。

三、21 世纪初我国少数民族高等教育发展战略的基本内容

（一）针对民族地区发展与适应全国发展有机结合

《高等教育法》第六条规定：国家根据经济建设和社会发展

的需要，制定高等教育发展规划，举办高等学校，并采取多种形式积极发展高等教育事业。第八条指出：国家根据少数民族的特点和需要，帮助少数民族发展高等教育事业。可见，发展高等教育与发展少数民族高等教育，适应全国需要与适应少数民族地区需要是对立统一的辩证关系。因此，我们在进行少数民族高等教育发展战略思考时，要将二者结合起来，既要适应少数民族地区经济起飞、社会发展的需要，还要顾及国家发展总目标的需要，既不能顾此失彼，也不能低效重复。树立谁也离不开谁、共同发展、共同繁荣的思想。[4]

（二）规模、结构、质量与效益的协调发展

在发展少数民族高等教育时，我们不仅要重视"适应发展"的问题，还要贯彻全面发展的方针即树立规模、结构、质量、效益协调统一的发展理念，努力做到规模适度、结构合理、质量提高、效益增加。只有坚持全面的教育发展观，才能实现主动有效适应少数民族地区经济与社会发展需求的战略目标。规模适度就是指少数民族高等学校数和少数民族大学生在校人数与全国尤其是民族地区经济和社会发展的需求相适应。民族地区主要指五大民族自治区和少数民族人口相对集中的青海、贵州、云南八省区。民族地区主要分布在我国西部，大多处于边远、贫困地区，科技教育落后。高等教育与国家的政治、经济、科技发展关系最为紧密，国家应该对少数民族高等教育给予优先考虑与重点扶持。优化结构是我国少数民族高等教育发展战略的重点目标，高等教育结构指高等教育系统内部各构成要素之间的比例关系与联系方式，它包括层次结构、类型结构、形式结构、科类专业结构和地区布局结构。它主要受到社会的政治、经济、科技和教育结构的影响。我国少数民族高等教育在类型与形式结构上应将民族地区普通高校与民族学院、成人教育与干部培训、正规教育与非正规教育、校园教育与现代远程教育结合起来，以适应社会经济发展的多样需要及不同受教育主体的多元需求；在专业结构与地区布局结构上要统筹规划、重点突出，加强经贸、科技、管理、理工等急需人才的培养，防止同类人才的过度重复培养及学科专业结构的失调，提高结构效益。强化少数民族高校为民族地区经济发展、社会进步的服务功能（人才库、知识库、思想库），强化少数民族高等教育发展少数民族文化的功能，办好高水平、高层次的民族特色专业。高等教育的根本任务是培养高素质的高级专门人才，保证并提高人才培养的质量是检验其满足社会需求成效的主要指标。少数民族高等学校要不断强化质量意识，提高各民族院校的教育、教学质量，加快民族学院向新时期专业化、正规化高校过渡的步伐。对于人才质量标准，要注意人才的时代性、全面性和多样性，加强素质教育，提高学生的实践与创新能力，促进学生德智体美劳全面发展。增加效益就是要挖掘各院校的潜力，以内涵式发展为主，优化各种教育资源，有条件的学校还可以进行合并，优化组合，提高教育资源的有效利用率。民族地区高等学校和民族学院要根据自己的特点与优势，走产学研结合的道路，增加学校发展的后劲，更好地为民族地区的经济发展服务。总之，实现少数民族高等教育规模、结构、质量、效益协调发展的目标要以适应社会、经济发展为前提，以保证教育质量为中心；同时，国家要保证教育经费的投入，重点扶持少数民族高等教育健康持续地发展。

（三）发挥少数民族高等教育特色与坚持高等教育一般规律相结合

中国有56个民族，在长期的历史发展过程中，形成了多元一体的文化格局。党和政府一贯坚持各民族一律平等，实行团结互助的民族政策，鼓励、帮助各少数民族发展自己的文教事业。少数民族高等教育是我国高等教育的重要组成部分，由于历史发展、地理环境、文化背景、基础教育的差异，少数民族高等教育与普通高等教育相比具有自己的特殊性，在调整少数民族高等教育发展战略时必须考虑这一特殊性。我国少数民族高等教育是我国多民族文化背景下跨文化高层次教育的产物。教育对象来自不同文化背景，其认知发展、个性特征具有较鲜明的民族特点，高等学校的教师由各民族知识分子组成。少数民族高等教育在管理体制、课程设置、学科专业、办学形式、教学语言等方面具有多样性与差异性，民族学院、民族预科教育、双语教育等具有自己的特色。另一方面，少数民族高等教育又是我国高等教育的有机组成部分，在培养人才、科学研究、服务社会、主动适应社会发展方面，在遵循高等教育内部发展规律、推进素质教育、培养学生实践能力与创新能力方面，在培养德智体美劳全面发展的社会主义跨世纪人才方面，二者又具有共同性，个性之中有共性，共性之中又有个性，既要保持少数民族高等教育的特色，又要坚持高等教育的一般规律。[5]

（四）中央的政策支持与民族地方和学校自力更生相结合

少数民族教育是党和国家民族政策的产物。国家一贯重视和扶持少数民族教育事业，采取许多措施帮助少数民族和少数民族地区发展各级各类教育事业，建立民族教育行政机构，设立民族教育补助专款，允许民族自治地方自治机关自主地发展民族教育，开办专门培养少数民族干部和各类专业人才的民族学院，在普通高校开设民族班、预科班，内地高校对民族地区高校的教育对口支援，建立民族师范培训中心、民族管理干部学院，在高校招生、毕业分配等方面实行照顾政策。另一方面，随着教育管理体系改革的深入，高等教育呈现地方化的发展趋势，许多地区将高等教育的发展纳入当地的社会发展规划之中，实施区域发展战略。民族地区政府应该认清高等教育对地方发展的意义，为高等教育提供必要的投入与办学资源，促进高等教育与民族地区社会发展的互动，避免滋生"等、靠、要"思想，而应该将中央的支持（输血）转化为自我发展的能力（造血），自力更生，积极发展高等教育。民族地区高校、民族学院应该深化改革，挖掘潜力，提高面向社会、面向市场自主办学的能力，增加学校适应社会与个人发展需求的活力，在竞争中求生存，在改革中求发展。

（五）坚持法制化，加快少数民族高等教育立法

战略规划的实施要有政策法规来保障，战略目标的实现需要一系列法律来配套。因此，少数民族高等教育的发展要发挥政策的引导作用，坚持法制化，走以法治教的道路，加快少数民族高等教育立法。转型时期，少数民族地区社会与经济出现了许多新情况、新问题，国内外形势的变化对少数民族高等教育提出了新的要求。以前民族立法与教育立法中的有关政策有些已不太适应这种发展需求，有些需要进一步完善，制定《少数民族高等教育法》对少数民族高等教育全面适应民族地区经济与社会发展的需求，彻底改变少数民族高等教育落后状况，实现少数民族高等教育发展战略目标，进一步推动少数民族教育的法制化进程具有十分重要的意义。[4]

（六）将少数民族高等教育发展纳入西部大开发总体规划之中

在世纪之交，实施西部大开发战略，加快中西部地区的发展，促进东西部共同繁荣是党中央做出的一项跨世纪伟大战略决策。开发大西部，人才是关键，教育优先、科教兴区是实施西部大开发战略的基础工程。因此，少数民族高等教育要适应这种形势的变化，把自己的发展置于社会发展的大环境中去，纳入西部大开发的总体规划中，一方面为西部大开发、民族地区社会发展服务；另一方面，抓住机遇，深化改革，不断提高自身的实力，提高自己适应社会发展、市场变化的能力。

（七）多渠道筹措资金

少数民族及民族地区高等教育发展水平与汉族及内地高等教育发展水平相比还存在很大差距，即使是各少数民族之间高等教

育发展也有很大差异。少数民族高等教育要不断解放思想、深化改革，改变发展滞后局面，鼓励社会力量以多种形式办学，按照"利益获得"和"能力支付"原则，多渠道筹措教育经费。国家是办学主体，国家财政性教育经费是教育投入的主体，各级地方政府用于少数民族高等教育的财政拨款的增长比例应高于财政经常性收入的增长比例。各自治区、自治机关及多民族的省地政府应设立少数民族高等教育专项补助经费，用于发展本地区少数民族高等教育事业。国家鼓励和提倡企业、事业单位、社会团体和个人集资办学、捐资助学，欢迎海内外团体及友好人士对少数民族高等教育的资助与捐赠，争取世界及国际有关组织的项目援助。各民族院校将培养人才、科学研究、服务实践结合起来，走产学研一体化道路，可向学生收取一定数额的补偿性费用，增加教育投入。

参考文献

[1] 谢启晃：《中国民族教育发展战略抉择》，中央民族学院出版社，1991年。

[2] 郭福昌、吴德刚：《教育改革发展论》，河北教育出版社，1996年。

[3] 吴德刚：《中国少数民族人才培养与教育研究》，青海人民出版社，1996年。

[4] 陈立鹏：《中国少数民族教育立法论》，中央民族大学出版社，1998年。

[5] 毛公宁、王铁志：《跨世纪民族问题研究与探索》，中央民族大学出版社，2000年。

（原文刊登于《中央民族大学学报》哲学社会科学版，2001年第6期，第95－100页。）

民族教育研究中的跨文化因素与心理测量

我国是一个统一的多民族国家,各民族的文化背景不同,相应的各民族心理发展及其特点也具有很大的差异性。我国各民族多文化的背景为跨文化心理学研究提供了天然的"实验室"。美国著名心理学家 H. C triandis 曾明确表示:"在得到中国的资料之前,心理学不能成为一门普遍有效的学科。"研究各民族的心理特点,为我国民族教育理论与实践提供科学依据是我国民族教育研究的重要课题。1978 年后,一批从事民族教育的工作者开始涉足民族心理的研究工作,经过 20 多年的发展,这方面的研究已成为我国民族教育研究的重要组成部分并取得重大进展。这方面的研究主要是运用跨文化心理学的方法和技术,探讨了不同民族儿童在认知发展,思维方式,人格形成等方面的差异及其对教育的影响,学者们还研究了民族文化对儿童学习心理的制约及其某些民族儿童在汉语、数学、英语等科目学习中的特点。通过对这些研究进行分析,我们发现:以心理量表作为研究工具开展跨文化心理学研究的居多,研究内容涉及认知、思维、情感、人格等方面,常用的量表主要有:"比纳测验量表"、"韦克斯勒智力量表"、"瑞文测验"、"艾里克森人格问卷"、"卡特尔 16 项人格因素量表",这些研究无疑为丰富当代中国教育思想,服务民族教育实践,构建民族教育学做出了重要的贡献。但是,对这些研究进行元分析,尤其是对我国跨文化心理学研究进行反思性研究的论文极为少见。本文从跨文化因素即时间、地域、语言出发,就跨文化因素与心理测量的关系,如何在跨文化心理测量研究中体现文化公平原则等问题发表一孔之见,以期与各位同仁交流看法并能引起对该类研究的关注。

一、文化、跨文化及跨文化因素

什么是文化呢？对文化下个科学准确的定义似乎很困难，人们研究的角度不同，对文化的理解也各异。文化一词最早是由美国人类学家泰勒于1871年在他的《原始文化》一书中提出的，他将文化定义为"作为一个社会的成员所获得的知识、信仰、艺术、法律、道德、习俗以及其他能力与习惯的综合体"。他的这一定义被认为是创立了"文化人类学"这门学科的主题。辞海中对文化的解释是这样的：从广义上讲，文化指人类社会历史实践过程中所创造的物质财富和精神财富的总和；从狭义上说文化是指社会意识形态以及与之相应的制度和组织结构。H·C triandis 在《跨文化心理学的前景》一文中认为广义的文化是"人类创设的一切事物"。其中有物质成分（工具、道路、大楼、美术作品）、机构（政府系统、学校、军队）、主观成分（信仰、爱好、角色知觉、价值）。当然这些文化成分是相互联系的，他的这种文化的含义与辞海中文化的释义是一致的。目前，在跨文化心理学的研究中较为一致的看法是，认为："文化是一群人的生活方式即所有的习惯行为"。综合以上几种定义，我们可以在跨文化意义上将文化概括为某一社会、国家或民族特有的生活方式、习惯、观念、态度等较为固定的模式。这里，我们必须把跨文化中的文化与一般意义的文化区别开来，一般意义的文化是指人们所接受的文化教育程度。跨文化中的文化则是泛指具有一定风俗、习惯、传统、语言的民族文化背景，是指不同条件、不同背景下的文化而言，他至少包括两个或两个以上的文化。不同的文化如何区分，划分的标准是什么？人类学家和跨文化心理学家共同认为，最重要的标准是交往机会和交往的可能性，它包括三个方面，即语言：人们使用的一种语言，其他团体的人是否能理解；时间：这些人是否生活于同一历史时期；地域：这些人是否生活于世界的同一地区。所以，我们常把语言、时间、地域称为文化要素或跨文化因素，它们都产生不同的文化背景，可能导致很不相同的文化结构。若这三者具有一致性，我们就认为存在一种文化。若其中有一变量不同于另两个变量，就可能导致两种以上的文化。

二、跨文化心理学与心理测量

跨文化心理学是以两种以上的文化资料为基础的心理学。在西方又叫文化心理学。它的宗旨是研究文化与心理的关系问题，研究不同的文化对人类的行为和人格所产生的影响。随着心理学本身的发展，跨文化研究将在心理学中占有愈来愈重要的地位。驰名国际的儿童心理学家、发生认识论学者皮亚杰曾在一篇文章中明确指出："在我们这种以一定文化和一定语言为特点的环境中形成的心理学，如果不以必要的跨文化材料加以参校，就基本上是一种猜想。"可见，心理学若忽视了跨文化研究，其科学性就得不到保证。同样，作为心理学重要研究方法之一的心理测量，作为评定各种心理功能的工具的心理测量，也离不开跨文化研究。不管是智力测验，还是教育测验；无论是语言测验，还是非语言的操作测验都不能避免跨文化因素。否则，就无法确定人类行为的正常标准，就无法估计被试的心理属性，其可靠性就值得怀疑。民族、国家、社会不同，其所特有的文化肯定有差异，而跨文化心理学就是要比较不同文化之间的差异，探讨人类行为的同一性以及由于文化影响所表现的差异性，研究特定文化背景中的人的心理的发展水平及特点，以便提高人类对社会发展变化的适应能力，增强人的社会化的能力。此外，对心理学的理论进行跨文化检验也是跨文化心理学的主要任务之一。可见，跨文化心理学在理论和实践上都具有重大的意义。

心理测验作为心理学的方法之一，始于欧美，1879年冯特创立了第一个心理学实验室,心理学成为一门独立的学科之后,心理学家们在实验室进行实验,发现人们在感觉、运动、反应时间上存在着差异,这样急需有能够测量出个别差异的工具。冯特、高尔登、卡特尔等是早期心理测验的先驱者。随后克勒丕林、艾宾浩斯等将心理测验方法应用到精神病临床和教育方面。用科学方法把测验编成量表,用以测量人的智力,首推法国比奈。他与助手西蒙于1905年共同编制出第一个智力测验标准化量表。这个量表多次被修订、介绍并应用于世界各国。心理测量于19世纪传入中国,引起我国有关学者的关注。早期一些留学海外的中国学者如陆志伟、肖孝荣等从事心理测量的教学与研究工作,他们修订、改编、自编心理测验40余种,并于1931年成立中国测验学会,出版《测验学报》,促进了心理学的发展和骨干队伍的壮大。1949年之后,受苏联心理学界批判"儿童学"的影响,心理测验被打入冷宫,视为禁区长达30年之久。1979年以后,顺应心理学理论与实践发展的需要,心理测验得以恢复和发展。心理测量是测量一个行为样本的一种程序,所谓程序包括测验在编制、施测和评分方面应具有某种确定的规则。否则,其标准化程度、信度、效度就有问题。心理测量作为一种工具,在实践和理论上都具有十分重要的意义。在实践上,把它作为评定各种心理能力的工具,运用到选拔、安置、诊断、咨询等各个方面;在理论上,可以为建立并检验某个心理学理论而累积资料。如基尔福特的智力结构理论,就是靠测验得以充实与发展的。人的心理总要受到其所处的文化背景的影响,我们在多民族文化背景下进行心理研究、开展心理测量工作不能不考虑文化这一因素。心理学、心理测量要保证其科学性必须具有跨文化意义。心理测量与跨文化心理学尽管在内涵与外延上都不尽相同,但至少在功用上二者具有系统的重叠性,都有检验心理学理论的作用。那么,它们二者关系如何?我们知道,跨文化心理涉及范围广，内在成分复杂，探讨其与心理测量关系实属困难，我们选择从跨文化的基本因素即时间、地域、语言视角入手来探讨它与心理测量的关系问题。

三、跨文化因素与心理测量
（一）地域与心理测量

地域就是生态环境，指人类生存的地理环境而言。人们所居住的地理环境，对人的心理，人的素质具有一定的影响。在跨文化心理学的研究中有人比较了从事渔猎的爱斯基摩人和过着农业生活的非洲乡下人的思维差异，结果证实，爱斯基摩人的空间技能比较强，而非洲儿童的重量守恒发展较快。以狩猎为生的人们，其知觉的辨别和空间技能得到特别的发展，我国心理学者在实行不同民族儿童颜色爱好的跨文化研究中发现：青海高原汉、撒拉族儿童对紫色的偏爱高于除红色之外的其他各色。他们认为这与青海高原日光辐射和紫外线照射强而形成的特有的自然和社会环境有关，从而表现出颜色爱好的地方特色，因此，在测量人们的心理水平，评定人们的心理能力时，不能不考虑地域这一变量，尤其是在中国这样一个幅员辽阔、地域复杂，东西部、南北方都各具特色的国度里更应如此，地域对心理测量的影响主要表现在以下几点：1. 地域是影响心理测验效度的变量之一。测验内容、量表题目必须为当地的被试所理解。否则，就不能测到他所要测的东西。把内地编制的量表或国外引进的量表拿到边远地区、少数民族地区进行测量时，应对量表的内容作必要的修订，以适合当地的被试，从而保证测验的效度。2. 在对测验结果进行解释时要考虑地域对被试心理的作用，早期剥夺研究的许多事实证明环境对儿童的成长具有一定的影响，美国心理学家斯皮兹和戈尔德法布把生活在孤儿院的幼儿同在家里或同其母亲抚养的儿童相对比进行研究。对这两组儿童的比较用发展商数（DQ）

说明，认为婴儿时期长时间生活在慈幼院，对儿童的心理发展有重大的损害。刺激和环境变化的缺乏，对年幼婴儿的行为发展起到延缓的效应。3. 测验的环境条件包括自然环境和实验情境是保证测验信度、实施标准化手续的一个重要部分，在进行测验时，应注意选择一种利于主试、被试共同合作的工作空间，尽量避免各种干扰。

（二）时间与心理测量

时间是事物顺序性、持续性的存在方式，它是一维的，沿着由过去、现在到将来这条道路发展下去。在心理学中，时间是反映人的心理变化的一个指标，是说明人的心理特点的重要变量之一。例如，儿童心理学中提到的"年龄阶段""关键期"，学习心理学中涉及的"高原期"，德育心理学中谈到的"危机期"等都是以时间为临界点的。社会阶段不同，人们的心理发展也有所不同，原始社会时期人的智力与当代人的智力的差异肯定是显著的。在我国，民族地区的社会阶段较复杂。新中国成立前，少数民族地区曾一度出现封建社会、资本主义社会、农奴制社会及原始氏族社会并存的现象。新中国成立后，在党和政府帮助下，他们跨越了几个历史阶段，直接进入社会主义社会。这种历史阶段的跨越性及其他原因，造成我国民族间发展的不平衡性。跨越性，不平衡性，表现在心理上也有差异性。就是在同一个社会阶段中，呱呱坠地的婴儿与阅历丰富的成人相比，同一个体的童年期与青年期相比，心理发展的速度与水平均不相同。在个性方面也有这种情况，今天我们经常提到的老年人与青年人之间存在的"代沟"问题便属此类。时间与心理测量的关系极为密切。首先，时间历来被认为是测量人的心理的一个重要指标。它常常成为心理测量的一个不可缺少的项目。最早使用心理测量这一术语的心理学家卡特尔就是运用反应时实验作为心理测量的工具，完成自己的博士论文的，他的关于反应时的个别差异等的一些论文已成为心理学的经典文章。其次，目前盛行的许多测验量表都是以反应时间、完成作业的时间作为反映人的心理变化差异的标准之一。此外，时间还影响测验的分类、测验的功效。例如，以被试年龄为依据可以将测验分为婴幼儿测验、成人测验和老年人测验。此外，检验时间间隔对测验分数影响的再测信度、检验测验有效性的效标关联效度等都与时间这一因素有关。总之，时间不同，时期不同，人们由此表现出的认知及个性差异是确实存在的。我国跨文化心理学的许多研究表明，我国各族儿童的各种认知结构、能力的发展不是均速的，而是变速的，即不同民族的儿童某种认知能力的发展在某个年龄阶段上可能发展较慢，在另一个年龄阶段可能发展迅速或者发展变得停滞甚至下降。

（三）语言与心理测量

语言是人类社会客观存在的现象，是社会上约定俗成的符号系统，是人类最重要的交际工具。语言与心理的关系极为密切。人的心理机能尤其是高级心理机能诸如想象、思维等的发展离不开语言的发展。苏联心理学家维果茨基认为，心理的发展主要是以语言为中介而实现的，他把社会文化历史发展的产物——语言称为心理工具。正因如此，我们现在的许多心理量表是以语言内容为主的。语言是跨文化心理学的一个重要因素，因为语言是民族形成的纽带。一个民族凝聚的心理倾向性是靠语言来沟通的，语言历来被认为是民族的一个重要特征。我们国家拥有56个民族，80多种语言，33种文字，这样复杂的语言环境给我们的心理测量工作带来一定的困难。我们在样本的选择、题目的编制、测验的标准化及结果的解释等方面都要重视语言这一因素的作用，使用同一种语言的个体，由于所处的时代、环境不同，其心理发展也有所不同。另外，不同的语言由于语言本身的结构、用法等方面的差异，对心理发展的影响也有所不同。居住在我国四川凉山的彝族同胞的语言中表示具体事物的专用语词十分丰富，而概括性的抽象名词却很少，表示红、黄、绿等具体颜色的名称有几十种之多，分得很细，可是没有"颜色"这一综合性的类概念。同样，有各种具体动物和具体植物的特殊名词，却没有动物与植物的总概念。这主要是由于凉山彝族的传统思维是基于直观经验的思维，思维的整个过程都是和具体事物、具体的经验联系在一起。若在这样的语言环境里进行测验，尤其语言测验就不能不考虑他们的语言特色，我国在语言方面进行的跨文化研究主要是探讨双语儿童概念获得的心理过程，探讨语言和认知的关系。

四、文化公平原则

以上我们从文化结构入手，利用许多国内外跨文化资料论述了跨文化基本因素即地域、时间、语言对人的心理发生的影响及它们各自在心理测验中的作用。我们在这里必须强调地域、时间、语言这三者是密不可分的，它们相互作用、相互渗透促成不同的文化。西方学者也很重视文化与心理测量的关系，他们在研究中常提到"文化不利"这个词。在美国进行的智力测验表明，美国黑人的平均智商通常要低于白人，对此，有人把它归为种族差异。但更多的人认为这是由于文化差异，也就是环境差别造成的。他们指出："美国黑人和其他美国人的平均智商之间的差异几乎完全可以用从胎儿起到整个一生的处境不利来说明。"由此可知，文化背景在测验作业完成方面发挥着不可忽视的作用。"文化不利"的原始概念是依据缺陷构成的，这些缺陷是由语言、知识和认知等方面贫乏的环境造成的。美国黑人社会学家阿利森戴维斯多年前就指出，中等阶级儿童在测验中一定优于低层阶级儿童，因为测验要求学生理解像交响乐、奏鸣曲这些词。也就是说这种测验是对低层阶级的儿童来说是不公平的。针对"文化不利"我们提出"文化公平原则"，这一原则应成为跨文化心理学研究尤其是心理测量的最重要的原则之一，尤其是在我国多民族多文化背景下更应如此。所谓"文化公平"原则，就是指在编制和使用测验过程中应除掉在各种文化集团中可能存在的差异，也就是说，测验对所有受试者不管其社会地位、文化教育水平和种族如何，都是公平合理的。测验要做到公平合理需注意以下几点：

（一）测验项目的内容应该是所有被试者均有同等条件解决的。测验材料应为所有被试（不同阶层、不同民族的人们）所理解、所熟悉，避免因地域、时间、语言等文化因素的不同而造成的差异。

（二）在测验类型的选择上应具有灵活性。例如，对不同社会阶层出身的儿童可以施行非语言的或"非文化"的测验。操作测验就较适用于学前儿童和不识字的人，适合于比较不同民族被试的心理特点。测验应因人、因时、因地而异，这样才有可能保证测验的效度。

（三）样本选择应具有代表性、典型性。例如，测验某个民族的心理特点时，样本的选择应在本民族纯文化背景上进行，尤其是在我国各民族杂居现象十分普遍的背景下更要如此。

（四）结果解释应科学。不仅要考虑测验的结果，还应注意被试在受测过程的反应。此外，要求主试及测验人员掌握测验技术，具有很高的素质和科学的态度，克服种族、文化偏见。

总之，文化公平原则应贯穿于整个测验过程。样本的选择、题目的编制、测验的标准化和结果的解释都必须遵循这一原则。

参考文献

1. 戴忠恒著：《心理与教育测量》，华东师范大学出版社，1983年。
2. 宋维真、张瑶编：《心理测验》，科学出版社，1987年。

3. R. M. 利伯特等著：《发展心理学》，人民教育出版社，1983年。

4. 哈经雄、藤星主编：《民族教育学通论》，教育科学出版社，2001年。

5. 常永才：《中国少数民族教育学研究：历史、成就与问题》，载《中央民族大学学报》，2000年第1期。

（原文刊登于《民族教育研究》，2002年第3期，34－38页。）

民族院校研究生教育的思想和观念

21世纪是一个充满机遇与挑战的时代。就世界而言，科学技术突飞猛进，知识经济初见端倪，经济全球化日盛，各国竞争异常激烈；就中国而言，21世纪初叶，是我国建立社会主义市场经济体制，转变经济增长方式，加快加入WTO步伐，实现社会主义现代化建设战略目标的关键时期。就少数民族和民族地区而言，同样是我们能否抓住西部大开发机遇，变输血为造血，缩小东西部发展差距，缩小少数民族与汉族在经济、文化上的差距，实现各民族共同发展、共同富裕、共同繁荣的关键时期。实施"科教兴国、教育优先"无疑是我国增强国际竞争力，实现中华民族复兴大业，促进少数民族和少数民族地区经济社会发展的重要的基础性发展战略。如何抓住机遇，迎接挑战，深化改革，提高高等教育，适应转型时期经济发展、社会进步、科技创新、文化繁荣需要的能力，是新时期我国高等教育研究的重要课题。

自1978年恢复招收研究生和1980年建立学位制度以来，我国研究生教育成绩斐然，建立了学科门类比较齐全的学位授权体系，形成了研究生培养基本制度；积累了学科建设和培养高层次人才的经验，基本奠定了立足国内培养各类高层次人才的战略目标。2000年，我国硕士和博士研究生的招生规模达到了12.1万人，在校研究生的数量超过了273万人，为国家的科技、教育、经济、文化、国防建设和各项事业的发展输送了一大批合格的高层次专门人才。民族院校研究生教育是我国研究生教育的重要组成部分，是我国民族教育系统中层次最高的教育，是培养最高水平少数民族人才的教育阶段。改革开放以来，我国民族院校研究生教育从无到有，从少到多，从小到大，现已初具规模并形成自己的特色，为少数民族和少数民族地区培养了一大批高层次的人才，为国家尤其是民族地区的政治、经济、文化发展提供了人才与智力支持。截至 2000 年 6 月，我国民族院校有博士授权单位 9个，硕士授权单位 36 个，博士学位授权学科专业 26 个，硕士学位授权学科专业 406 个。但是，我们应该清醒地认识到，无论是民族地区高校研究生教育，还是民族学院研究生教育，与全国研究生教育的总体水平相比，在发展规模、学科结构、质量与效益诸方面都存在很大差距。尤其是面对 21 世纪国际国内环境的变化，我国民族院校研究生教育在规模和质量上与我国民族地区经济、社会发展需要不相适应；在培养模式上与我国改革开放需要和世界科技发展的要求也不相适应。因此，构建以创新教育为重点的 21 世纪民族院校研究生教育体系，培养具有创新精神、实践能力的高素质的少数民族高层次人才是我国少数民族高等教育改革的重要内容。思想观念的转变是我国高等教育改革的先导，观念的变革是体制创新的关键，21 世纪民族院校研究生教育改革的深化同样需要进行教育思想观念的转变。

一、教育观念、教育思想的特征及其表现形态

（一）教育思想及其特征

教育思想是人们对教育现象的认识，是一定社会政治、经济、文化的反映。教育思想是历史发展的产物，它总是要受一定时期社会政治发展、经济状况以及文化传统的影响。凡是符合社会发展、历史进步、时代精神，符合教育自身发展规律的教育思想就会对社会进步、教育发展以及个人的成长起促进作用。例如，现在我们所提倡的"素质教育"、"创新教育"就是知识经济对人才培养提出的新要求，符合知识经济社会的需求，同时也符合教育发展规律，符合人的全面发展的要求。反之，不符合社会发展要求，不符合教育自身发展规律的教育思想对社会、对教育乃至个人的发展起消极甚至阻碍作用。例如，"应试教育"就是一种落后的教育思想，不符合当今时代对人才培养所提出的要求，这种教育思想指导下的教育实践不利于学生创造性地发挥与和谐完美个性的塑造。

教育思想内容丰富多彩，主要体现在培养人的问题上，即为什么培养人（培养目标），培养什么样的人（培养质量与规格）、如何培养人（培养模式）。教育思想一般具有以下几个主要特征。

1. 时代性

教育思想是历史发展的产物，不同时期、不同社会的教育思想总是要打上深深的时代烙印。农耕社会时代，由于生产力水平低下，人类关注的是如何认识和改造自然世界，并从中索取自己赖以生存的物质资料。因此，过去已有的知识经验就显得非常重要，指向过去的"知识本位"的教育思想便应孕而生。拥有知识的多寡、学问的高低成为人们衡量人才质量的标准。工业社会时代，人类改造自然的能力加强，大工业生产显示了巨大的威力。这时，人们又崇尚"科学教育"，指向现在的"能力本位"教育思想逐渐确立起来。到了知识经济时代，知识创新成为经济发展的最大动力，与此同时，可持续性发展的问题日显重要，于是，一种注重人格和谐发展，重视人的创新能力的素质教育思想悄然而生并逐渐占据主导地位。可见，教育思想具有时代性，作为一定时代的教育思想总是要反映时代的要求，并为一定时代的社会服务，指导教育实践培养为当时社会所需要的人才。因此，我们研究教育思想，不能脱离社会和历史条件，要在动态的历史发展中分析、探究某种教育思想产生、发展的特点。

2. 多样性

教育思想具有层次性和多样性，不同层次的教育思想具有不同的内容和表现形态。教育思想是人们对教育这一社会活动（现象）的认识。由于认识程度的不同，教育思想表现出深浅、高低之差别。一般说来，浅层次的认识及一些片断的看法、分散的想法和部分的观点，我们往往称之为教育观念，这是每位教师、学生，以及家长和社会人士都有的；而深层次的认识是经过比较深入的研究，形成比较系统稳定的思想体系，我们称之为教育思想。如果进一步提升这些思想，形成概念系统、逻辑体系，就变成了教育理论。此外，教育思想的主体不同，对教育的认识或看法在程度上、层次上、具体的内容上各不相同。

3. 稳定性

一种思想一旦形成，就会长期发生作用。稳定性是指教育思想在一个相对长的时期内具有指导意义，一旦形成，就难以改变。教育思想常常渗透到教育过程中，潜伏在教育者的实践活动中。教育思想稳定性的特点，一方面，有利于教育思想、教育理念付诸教育实践，实现培养人的目标；另一方面，经过长期积淀而形成的教育思想，又容易造成惯性，阻碍教育改革的推进。这便是我们在高等教育改革中强调思想观念的变革是先导的价值所在。

（一）教育思想的表现形态

教育思想的内容五花八门，教育思想的表现形态多种多样。概括起来主要包括三个方面，即教育指导思想、教育观念和教育理论，这三者相互联系、相互交叉，又各具特点。

1. 教育指导思想

教育指导思想是指直接指导教育工作者实践的方针性、政策性的教育思想。是一个国家、社会占主导地位的教育思想的集中体现，反映着一个国家、社会办教育的根本性质、目的任务和基本方向，具有方向性、全面性和行政性的特点。教育指导思想又可分为基本指导思想、某一类教育指导思想和某一所学校办学思想三个层次。按照这一分类标准，我们可以把研究生教育指导思想分为国家研究生教育指导思想、不同类型研究生教育指导思想和不同学校研究生教育指导思想三种。1995年，在制定"九五"计划时，我国研究生教育工作基本指导思想是"立足国内，适度发展，优化结构，相对集中，推进改革，提高质量"24字方针。20世纪末，我们在制定"十五"规划时，又制定了"深化改革，积极发展；分类指导，按需建设；推进改革，提高质量"新24字方针，作为我国新时期研究生教育工作指导思想。

2. 教育观念

教育观念是教育者和其他社会成员或社会群体对教育的认识与看法。具体表现为，人们对教育的各种观点，如人才观、教育观、学生观、质量观等。教育观普遍存在于人们的头脑中，教育者的教育观直接左右其教育行为，对教育指导思想的贯彻、教育目标的实现影响很大。教育观念是在长期的教育实践和影响教育各种社会因素中逐渐形成的，改变或树立某种新的教育观念需要教育科学理论的指导，需要进行教育思想大讨论，需要经过长期的教育改革与实践来完成。例如，我国长期存在的"重分数，轻能力"、"重智力开发，轻情感培养"、"重共性标准，轻个性发展"教育观念就是"应试教育"思想根深蒂固于人们头脑中的结果。

3. 教育理论

教育理论是人们通过长期教育经验的积累和对教育的系统研究之后，由感性认识上升为理性的知识体系，是系统化、理性化的教育思想。教育理论往往从分析教育现象、概括教育原理、揭示教育规律的高度来指导教育实践。教育理论既是形成和制定教育指导思想的依据，又从认识论和方法论上影响教育观念的确立与发展。

民族院校研究生教育思想是指人们对民族院校所实施的研究

生教育所持的看法与态度。主要包括人们对发展民族院校研究生教育意义、作用的认识，对培养高层次少数民族人才的功能与高层次少数民族人才培养质量标准的看法和对民族院校研究生教育模式的观点。

二、转变教育思想与高等教育改革

我国的高等教育改革是伴随着我国政治、经济的改革而不断深化发展的。党的十一届三中全会确立了以经济建设为中心的总路线，党的十四大确立了建立社会主义市场经济的目标，党的十五大又确立了"科教兴国"的方针。与此同时，国际环境、世界形势又发生了很大的变化，科学技术突飞猛进，国际竞争日趋激烈，知识经济已初见端倪。面对国际国内形势的变化，作为我国计划经济最后一个堡垒的高等教育也走上了改革、开放之路。1985年"中共中央关于教育体制改革的决定"揭开了新时期教育改革的序幕。世纪之交，我国高等教育围绕着"把一个什么样的高等教育带入21世纪"这一主题，沿着"体制改革是关键，教学改革是核心，思想观念的改革是先导"这一思路，迈开了高等教育改革的重要步伐，并取得了重大的进展。正像教育部副部长周远清所总结的那样："1. 体制改革取得了重大进展，或者说突破性进展。2. 教学改革到了一个收获的阶段。3. 教育思想观念的改革进入了一个深入的阶段。"改革是永恒的主题，发展是硬道理，新世纪初叶，随着第三次全国教育工作会议精神的贯彻和"面向21世纪教育振兴行动计划"的落实，一个结构、体制更加合理，规模、效益更高，水平质量更高的高等教育强国将屹立在世界的东方。

回顾我国高等教育改革与发展所走过的道路，不论成功与挫折，还是顺利与困难；无论是大刀阔斧，还是停滞不前，每一步都与教育思想观念的转变密切相关。教育思想的更新，教育观念的转变是我国高等教育改革的先导。教育改革的突破口在很大程度上既不在高等教育体制改革，也不在教学改革上，而在于转变高等教育观念、更新高等教育思想。没有高等教育思想观念的转变，任何改革难以取得真正的突破。高等教育的改革一般可以分为三个层次：一是物质层面。包括完善和更新教学、研究设备、设施，增加教育经费投入等。二是制度层面。包括调整高等教育结构，改革管理体制、办学体制、招生与分配体制和财政拨款体制。三是思想层面。改革高等教育本质观、功能观、人才观、教学观等。这三个层面的改革在整个高等教育改革的过程中相互关联、相互影响。其中，思想层面的改革是先导，对其他两个层面的改革提供指导原则。有人将高等教育思想观念的转变视为高等教育改革的第一要义。同样，作为高等教育重要组成部分的研究生教育的改革，也需要首先进行思想观念的转变，思想观念的变革在研究生教育改革中同样具有举足轻重的作用。

在这里，应该值得一提的是，我们所说的教育思想观念的转变并不是完全抛弃甚至否定传统教育观念，而是对传统教育思想观念有所肯定，有所否定，否定之中包含肯定。对于传统教育观念中合理的有价值的与时代相适应的部分给予肯定，需要进一步发扬光大；而对于传统教育观念中那些落后的、不能适应时代发展需要的部分要予以否定。但是，否定并不意味着要全盘否定，一概否定；并不意味着"除旧布新"、"破旧立新"，用新的教育思想代替过去所有的教育思想。这种割断历史继承性的思维方式，不仅不利于思想观念的更新，而且不利于改革的顺利进行，甚至会走向反面，断送改革的前程。历史上这样的教训有很多，我们不能再走回头路。

三、转变民族院校研究生的教育思想

转变民族院校研究生的教育思想，树立适应我国少数民族和

少数民族地区经济、社会发展，面向 21 世纪的研究生教育新思想观念是我们当前面临的重要任务。

1. 充分认识民族院校研究生教育的特殊意义，重点扶持、优先考虑发展民族院校研究生教育

少数民族高等教育是我国高等教育事业有机而又有鲜明特色的组成部分，具有民族工作和教育工作的双重属性。民族地区社会经济发展现状、民族工作特点，以及各民族历史、文化、语言、宗教的多元性赋予了民族高等教育的特殊性，使其具有一般高等教育无法取代的特殊意义。作为培养各民族高层次人才的民族院校研究生教育同样具有这一特殊性。

长期以来，少数民族地区与内地相比在经济、科技、教育、文化等方面存在很大差距。我国少数民族人口近 1 亿，居住面积占全国国土面积的 60% 以上，他们大多数居住在西部边远落后地区。在西部大开发的 11 个省区中，民族地区占了 8 个。他们是五大民族自治区和少数民族人口相对集中的青海、贵州和云南三省。西部大开发对少数民族地区来说，是一次千载难逢的机遇。能否抓住机遇，促进民族地区社会经济发展，缩短民族地区与内地的差距是西部大开发战略不可缺少的重要课题之一。朱镕基总理在谈到西部大开发问题时，曾指出西部大开发，要大力发展教育，积极培养各级各类人才，全面提高劳动者的素质。只有科技加人才，才能把西部自然资源优势转化为经济优势。民族地区人才培养、科技发展都离不开民族高等教育的发展，尤其是承担培养高层次创新人才，推动经济发展，研发科学技术，引导社会进步，发展现代民族文化重任的民族院校研究生教育应该在西部大开发中发挥自己的独特作用。一方面，要为西部大开发、民族地区经济社会发展提供科技、人才支持与服务；另一方面，要深化改革，不断提高自身水平，提高自己适应转型时期经济发展、社会进步、文化繁荣的能力。

我国共有56个民族，中华民族在长期的历史发展过程中形成了多元一体的文化格局。民族多样性、地域差异性、经济滞后性、居住国际性、语言文字与宗教信仰多元性、历史发展的复杂性构成我国民族的主要特点。这些特点又使我国的民族工作表现出长期性、复杂性、重要性的特点。"没有民族地区的稳定就没有全国的稳定，没有民族地区的小康就没有全国的小康，没有民族地区的现代化就不能实现全国的现代化。"由此可见，民族工作在我们整个国家的发展战略中占有十分重要的地位。民族平等、团结、自治、发展是我们党关于民族问题的四大基本原则。民族工作的开展、民族政策的落实需要一大批高素质高层次的优秀民族干部，针对我国目前民族干部知识层次不高、结构不太合理，尤其是缺乏经济和科技管理干部的现状，必须加强有意识、有计划、有重点地培养新时期高质量民族干部的工作力度。转型时期民族工作的开展，民族政策的贯彻越来越离不开民族研究事业的繁荣与发展。民族研究领域又是一个多学科兼容交叉的综合领域，多学科分化、交叉、组合是其显著特点。无论是民族高层次干部的培养，还是民族学科科学研究的开展，民族院校研究生教育都发挥着不可替代的重要作用。民族干部培训是民族院校人才培养的一大特色，民族学科带头人，民族地区急需的科技、经济、管理等方面的高层次人才，主要是由民族院校培养的。全国95%的民族学学科设在民族学院或民族地区高校，许多专业的研究方向不仅在国内处于领先，而且在国际上尚属一流。这些学科的研究生教育在弘扬少数民族优秀文化历史传统，为国家民族政策制定提供决策依据等方面做出独特的贡献。总而言之，民族院校研究生教育不仅是我国民族平等、民族团结政策的集中体现，也是我国民族自治、民族自主发展的客观需要。

　　从民族教育自身的角度来讲，民族院校研究生教育具有带动性、辐射性和示范性的特点。第一，从民族教育层次来讲，民族院校研究生教育是我国民族教育最高层次的学历教育，是培养最高水平各民族人才的教育阶段。它的发展质量与水平如何，它的发展所受的重视程度如何，对整个民族教育其他层次教育具有带动效应。第二，从教育功能来讲，民族院校研究生教育所培养的高层次人才对民族地区经济建设、社会发展、科技进步，对繁荣各民族文化具有特殊意义。尤其是在实施西部大开发战略中，民族地区可持续发展所需的高级人才，学科带头人及各行各业的业务骨干将主要来自民族院校所培养的研究生。这些高层次人才不仅是各民族的优秀人才，而且是国家的宝贵财富。第三，就民族院校自身而言，研究生作为民族院校中的学生群体，在各民族院校的内部教育活动中具有示范作用。他们表现出来的学习状态、精神风貌、文化品味对整个学校的学风、校风，对整个学校的学术研究，对整个学校的办学特色产生重大影响。

总之，民族院校研究生教育以其很强的带动性、辐射性、示范性，以其对少数民族和少数民族地区发展的特殊作用，对整个国家经济发展、政治稳定、社会进步、国家安全具有深远的影响。我们应该把握民族院校研究生教育的特殊性，高度重视、优先考虑、重点扶持民族院校研究生培养教育工作。国家对民族院校研究生教育应给予倾斜政策，为了促进少数民族和民族地区发展，缩短东西部地区间的差距，更好地实施西部大开发战略，重点扶持民族地区发展所急需而又在各民族院校有一定基础的学科的发展。对于国家民族工作所需要，对于发展少数民族文化有独特作用的学科、专业也要给予优先考虑。此外，在学科专业的设置、在招生入学考试、在贫困生资助、在质量标准的多元化及培养模式的多样化等方面给予特殊的考虑。应鼓励发达地区的研究生培养单位对口支援民族院校研究生教育，采取联合办学、委托培养、导师互聘等形式，真正增强民族院校研究生教育自身的发展能力。国家鼓励民族院校研究生教育的国际交流活动，有条件的高校还可与国外的大学联合办学,共同培养经济全球化、加入WTO所需的民族边境地区高层次人才。

2. 转变教育功能观,树立适合民族地区社会经济发展的民族院校研究生教育理念

现代高等教育具有政治、经济、科技、文化等多元功能。其功能的发挥是通过各级各类高等教育机构职能的实现来完成的。现代高等学校有三大职能,即培养人才、发展科学和服务社会。高等教育功能是随着高等教育的产生、发展而不断丰富完善起来的。纵观高等教育发展历史,我们可以把高等教育发展划分为三个阶段。农业社会后期是高等教育的发轫阶段,高等教育的主要任务是培养高级人才,承担这一任务的中世纪大学所实施的是精英教育,培养官吏、法官、医生和牧师,大学在满足专业教育和政府对管理人员需求过程中不断发展。那时,高等教育远离社会,其目的是为统治阶级培养官吏,为上流社会培养绅士,为自由职业者培养后继者。高等教育被称为是游离于社会之外的寺院,而大学被称为"象牙塔"。19世纪以来,随着工业革命的完成,自然科学的发展,高等教育开始步入社会。德国人洪堡创办柏林大学,将教学与研究、科研与办学结合在一起。随着大学培养科学研究人员,科学研究的方法与科研能力的训练在大学教学中变得愈来愈重要,科学研究成为大学不可缺少的活动,发展科学的职能也日益突出。高等教育与社会尤其是与经济发展、科技进步的关系日益密切,成为与社会连成一体的"村镇"。大学成为德国科学发展的中心,最终使世界科学中心从1830年起转移到德国并持续了近一个世纪。19世纪末,美国《莫里尔法案》的颁布,"赠地学院"的建立,标志着高等教育步入社会的中心,威斯康星大学明确地把服务社会作为大学的重要职能。后来,人们把大学应该"直接有利于促进农业、使工业效率更高和有利于政府"的思想称为"威斯康星"思想。

今天，高等教育与社会政治、经济、科学、文化的联系日益密切，而高等学校已经成为一个国家政治民主化、经济全球化、文化现代化的极其重要的"轴心"机构。高等教育除了具有适应社会发展之需求，培养高级专门人才的作用以外，还有引导社会进步之功能。今天的高等教育的职能内涵有了新的意义。从培养人才职能来说，不仅数量成倍地增长，而且层次、类型、规格多样化。以研究生教育为例，20世纪40年代至70年代中期，美国研究生数量增长率始终高于本科生的增长率，1968年与第二次世界大战前相比，英国研究生数量增长了13倍，而本科生只增加了3倍多，研究生占大学生人数的百分比也从战前的7.3%，上升到1986年的18%。研究生教育的发展为两国的科学事业源源不断地输送了大量合格的专业研究人员，推动了科学的进步。研究生在硕士、博士两级的基础之上还分化出许多层次与类型。有高于硕士低于博士的，还有博士后教育。有教学型的、学术型的，还有专业型的、技术型的。从科学研究来讲，不仅注重教学与科研相结合，通过科研提高教学水平，而且，许多高校还承担了国家的科研任务。有条件的高校还兴办了高科技企业，在国家创新体系中占有重要地位。从社会服务来讲，不仅实现了高等教育的社会化，将高校的教育、智力资源向社会开放，而且，根据社会的要求、市场的需要培养适销对路的人才，加强产、学、研三者的结合，将自己的科研成果迅速准确地转化为现实的生产力。

民族院校高等教育除了具有自身的特殊性以外，还具有与普通高校相同的共性。换句话说，一样具有培养人才、发展科研、服务社会的职能。绝不能因为它的特殊性，而忽视其普遍性。长期以来，我国的民族高等教育比较偏重于高等教育的政治功能和文化功能的发挥，从而相对地弱化了经济功能和科技功能的作用。民族院校研究生教育也同样存在着这一问题。转型时期，民族院校研究生教育应该解放思想、转变观念，把握世界高等教育发展趋势，顺应我国高等教育改革发展大潮，全面主动地适应少数民族和民族地区社会发展的需要。由于自然条件、历史因素、政策偏失等原因，我国中西部地区尤其是少数民族地区的经济社会发展与东部地区相比存在很大的差距，而且这种差距还有进一步拉大的趋势。现阶段，我国的民族问题，比较集中地表现在少数民族和少数民族地区迫切要求加快经济、文化发展上。西部大开发战略的实施为少数民族和少数民族地区的发展带来了难得机遇。少数民族高等教育尤其是民族院校的研究生教育应该在西部大开发战略中扮演重要的角色。这里应该指出的是，今天民族地区的发展与传统意义上的发展具有不同的内涵。今天的民族地区的发展是一个综合的概念。民族地区的发展应符合现代发展理念，即：（1）从主要依赖资本和物质的投入求得发展，到主要依赖人力资源的开发与科技含量的增加；（2）从单纯的经济增长到综合的社会发展；（3）从以物为中心到以人为中心的发展；（4）从追求一时的繁荣到重视可持续的发展；（5）从被动依附性发展到通过对外开放，提高自主发展能力，并最终实现"内源式"发展。随着我国经济持续发展及经济增长方式的转变，随着社会现代化程度的提高和知识经济比重的增加，社会各行各业对高等教育所培养的人才层次的需求中心逐渐上移。与此相应，民族地区的发展对高等教育尤其是研究生教育的依赖将会变得越来越大。民族院校研究生教育应该适应少数民族和民族地区现代化的需要，转变传统的仅仅服务于高等学校教学和学术研究的需要的教育功能观，增强对社会需求和市场需求的针对性和适应性，培养高层次的应用型高素质人才，构建多层次、多类型、多规格的民族院校研究生教育体系。另外，民族院校研究生教育要改变过去单一封闭的办学模式，与国内外高水平的高校联合办学，与社会各界联合办学，建立跨学科研究生学位授予点，培养新世纪跨学科的高层次人才。

民族院校研究生教育如何适应少数民族和民族地区社会发展的需求呢？第一，要全面适应，而不是片面适应。社会系统包括政治、经济、文化等子系统，在这些系统中，影响民族院校研究生教育的因素有许多，如生产力发展、文化历史、地理资源、人口宗教等都制约其发展。因此，民族院校研究生教育要全面适应政治、经济、文化发展对高层次人才的需要，不能顾此失彼，或政治至上，或经济唯一，而应该综合兼顾各方面的需求。民族院校研究生教育要逐步改变层次单一（只有硕、博两级）、结构单一（以民族学科特色专业为主）、效益不高（学科专业重复过多）、类型不多及质量不高的现状，实现数量、质量、结构、效益全面协调发展。第二，要主动适应，而不是被动适应。所谓主动适应就要求各民族院校发挥自觉性、主动性。一方面，要研究社会发展变化的特点，不仅看到近期社会发展需要，而且必须考虑未来社会发展需要；不仅满足生产建设的需要，而且要充分估计科技发展趋势。另一方面，要遵循高等教育自身发展规律，主张学术自由，大学自主办学；要考虑民族院校研究生身心发展的特点，尤其是少数民族学生的跨文化特点。"高等教育政治化"、"高等教育市场化"，不仅不利于高层次人才的培养，而且影响研究生教育自身的健康发展。

3. 贯彻第三次全国教育工作会议精神，转变人才培养质量观，培养高素质的民族高层次人才

素质教育是一种教育思想，他突破了传统的知识本位、能力本位的人才培养质量观，要求我们在更高的起点上提高人才培养的质量。李岚清同志在全国第三次全国教育工作会议筹备会上指出，从幼儿园到研究生教育都要推进素质教育。在高等教育发轫时期，高等教育指向过去，注重知识传播，知识多寡、学问深浅成为评判人才培养质量的标准。到了工业社会中后期，知识发

现、知识探索作用日益凸显，能力高低又成为衡量人才培养质量的标准。到了后工业社会，知识成为最重要的生产要素，知识创新、知识应用成为社会发展的重要动力，注重学生全面素质的提高，注重学生创造能力的培养，注重学生个性的发展成为当今教育改革的重点。高层次人才在社会中处于关键地位，对社会进步、经济发展具有重要的影响。而他们发挥作用，在多大程度上发挥作用，能否发挥带动性、示范性、辐射性作用不仅取决于其专业知识、科研水平，同时取决于其整体素质。研究生教育处于学历教育的最高层次，是培养高层次人才的教育。高层次人才应该是高素质人才，应该具有创新精神、实践能力，他们的个性应该得到充分自由的发展。

素质教育是针对未来社会发展需要和我国教育现存问题而提出的一种先进的教育思想。素质教育的实施具有立足现实、指向未来的重要意义。

(1) 21世纪是一个高科技的世纪，"20世纪中叶以来，科学技术发展速度之快，发展规模之大，作用范围之广，产生影响之深远是历史上前所未有的"。现代科学的发展，是高度分化与高度综合相结合，呈现出既高度分化又高度综合，以高度综合为主的整体化趋势。培养高科技时代的人才要求既"通"又"专"，在通的基础上有所专，掌握专门学问又能融会贯通。我国的高等教育无论是本科水平，还是硕士、博士层次，普遍存在重"专"而忽视"通"的现象，"过窄的专业教育，使学生的学科视野和学术氛围受到限制"。

(2) 科学技术是一把双刃剑。一方面为解放生产力，提高人们的物质生活水平提供了坚实的基础；另一方面又蕴藏着破坏生态环境、破坏社会秩序、制造灾难的危机。20世纪中叶以来，科学技术发展迅速，而人的素质却受到忽视，掌握科学技术的人，由于素质的缺陷，个性发展的畸形，导致精神空虚、人格沦丧、人际冷漠，人最终异化为"经济动物"、"科技奴隶"、"智能强盗"。对此，一些科技发达国家的高等教育专家大声疾呼要加强人文素质教育，通过人文教育与科学教育的整合来培养高素质人才。随着社会主义市场经济体制的确立，我国高等教育也存在急功近利的市场行为。"过重的功利导向，使学生全面素质培养和扎实的基础受到影响"。

（3）随着国家的改革开放，加入WTO步伐的加快，多种文化的交融与冲突成为必然。各种文化，本土的、外来的，东方的、西方的，现代的、传统的交织在一起，相互融合又相互撞击。面对令人眼花缭乱的多种文化，如何判断、评价与选择是广大大学生面临的实际问题，也必然从深层影响他们的观念与心灵，同时又从较高的程度上对他们的素质与水平提出要求。而在这一方面，我国的高等教育又有自身的不足，"过弱的文化陶冶，是学生的人文素养和思想底蕴不够"。

（4）全球经济的剧烈竞争最终表现为高级人才的竞争。而人才的竞争又表现为人才质量与素质的竞争。要想在竞争中求生存、求发展，必须培养具有创新精神与实践能力的高素质人才。受计划经济体制惯性影响的高等教育，往往用高度统一的标准培养高级人才，这不仅不利于适应社会与市场的多样需求，而且不利于创造性人才的脱颖而出。"过强的共性制约，使学生的个性发展受到抑制"。可见，无论是科技发展本身的特点，还是科技与社会发展的逻辑关系；无论是多元文化的冲击，还是全球经济的激烈竞争都要求各国的高等教育为其培养高素质、高质量的高级人才。面对国际国内环境的变化，针对高等教育自身的弊病，我们应该树立科学教育与人文教育并重的双重目标，将专业教育与通识教育结合起来，提高大学生的全面素质，强化素质教育。

从研究生教育的现状来看，素质教育依然具有很强的针对性。我国恢复研究生教育20多年来，研究生教育有了很大的发展，取得了很大的成就，但是在发展中也存在不可忽视的问题，研究生培养的质量还有待于提高。问题主要表现为：（1）许多研究生不能很好地处理个人价值与社会价值之间的关系，没有将二者辩证地统一起来，过分强调个人奋斗，注重个人价值、自我理想的实现；重视个人身份、个人名声高于重视自己学问与能力的增长；重视对条件、待遇的追求高于重视对学业、责任的追求。（2）专业面太窄，研究生作为高级专门人才培养立足于学科前沿的研究方向本来很自然，但是如果专业面太窄就无法适应科学发展的要求、社会发展的需求与市场多样化的趋向。"厚基础，宽口径"同样也是研究生教育改革的目标之一。真正走出专业过窄的误区，摆脱单纯的师徒培养模式，真正实现按一级学科打基础、二级学科培养，在研究方向上有所突破有所创新，还需要进一步深化改革、推进素质教育。（3）人文精神与科学素养偏弱。研究生分散培养、个别指导、自我教育为主的特点容易形成其放任自流的现象，从而造成人文精神与科学素养的弱化，最终将限制研究生创造能力的发挥。（4）重功利的倾向依然存在。表现为急于求成、急功近利的浮躁心态。在科学研究上追求"新潮"，摆花架子，冷落基础研究，缺乏创新求异，而善搞短、平、快，热衷于低水平的重复和简单的模仿，违背了高层次人才应有的良知。民族院校研究生教育也不同程度地存在上述问题。因此，承担为少数民族和民族地区培养高层次、高素质人才、为民族地区政治、经济、文化、科技发展培养各行各业骨干的民族院校研究生教育同样需要从整体上推进素质教育。研究生素质教育就是要求我们在培养研究生的过程中，在向研究生传授知识和进行能力训练的同时，采取积极有效的措施使他们的思想道德素质、文化素质、专业素质、心理素质和身体素质得到全面提高。民族院校研究生素质教育应该从以下几个方面入手：第一，民族院校研究生教育首先应该突出做人的问题。作为高层次的人才应该具有高尚的品德、较高的思想觉悟与坚定的政治态度。做人的问题是研究生确立人生价值观的关键问题，研究生不仅要学会做人，还应该学会做高尚的人。应该教育民族院校研究生树立为少数民族和民族地区发展、祖国富强、人类进步毕生求索的信念。报效祖国、振兴民族的责任感和使命感是民族院校研究生应该具有的最重要、最基本的素质。第二，民族院校研究生教育应该提高研究生的做事与治学的能力与水平。就做事而言主要指敬业精神、工作能力和与他人合作的态度。今天民族院校所培养的研究生将成为21世纪民族地区乃至国家各行各业的专家、学者与学术带头人，成为我们党和政府各部门的决策者。现代科学的发展表现出综合化、融合性与交叉性的特点，任何一门学科的发展都无法离开其他学科而单打独斗。联合攻关、共同发展成为科学研究的主要方式。同时，对研究者的素质尤其是合作精神、管理能力提出了更高的要求。所以，我们所培养的研究生应该具备决策、组织、协调、创新意识与能力。研究生教育应注重对学生做事能力与管理才能的训练与培养。第三，加强文化素质教育。我国是一个由56个民族组成的统一的多民族国家，民族文化的多样性是我国民族创新能力的基础。尤其是在步入高科技时代的今天，人文与科技的整合，科学教育与人文教育融合成为人类社会可持续发展的必然趋势。加强研究生文化素质教育，提高研究生的文化品味，对于国家、社会的健康发展，对于完善研究生的人格，发挥其潜在的创造能力具有非常重要的作用。弘扬与发展各民族文化，培养多元文化意识，培养民族文化自觉性是民族院校研究生素质教育的重要内容。第四，加强专业素质教育，提高研究生做学问的能力。就做学问而言，应该包括基础知识、专业知识、技能素质和治学态度、方法。研究生的层次、类型不同，对专业素质的要求与侧重点也不尽相同。但基本的要求应该使研究生具有宽厚的基础知识、高深的专业知识，具备理论、求疑、实证、严谨的治学态度，具备推陈出新、勇攀高峰的创新精神与创造能力。

4. 面向21世纪，树立创新意识，突出民族院校研究生创新能力、实践能力和创新精神的培养

21世纪是以知识经济为主导地位的时代，人们对教育，特别是高等教育和研究生教育寄予很高的期望。我国的研究生教育，也将从立足国内、以规模促发展，逐步转向面向世界，数量与质量并重的时期。围绕"注重创新"来提高质量，培养研究生创新意识、创新精神、创造能力是面向21世纪我国研究生教育、教学改革的重中之重。

研究生教育具有知识传播、知识创新、人才培养和科技开发等多种功能。研究生教育对于推动科技进步和经济、社会发展具有其他层次教育、其他类型教育不可替代的作用。从总体上来看，我国研究生教育的规模与质量还不能适应科技进步和经济、社会发展的需要。我国的研究生教育还存在用大一统的标准培养不同类型、不同层次高级人才的倾向，这种培养方式严重影响了研究生创新能力的培养与创新精神的发挥。我国传统的研究生培养模式是以培养高校教师和科学研究人员为主的模式，这一模式在我国转型时期，尤其是知识经济日益临近的今天已不能适应社会、经济、市场多样化的需求。社会各个领域、各个技术部门以及企事业单位对应用型高层次人才的需求越来越迫切，这一现象在我们民族院校研究生教育中尤为明显。民族院校研究生教育不能满足民族地区现代化建设需要的问题应该值得我们认真思考。因此，如何突破封闭传统的脱离民族地区发展实际的培养模式，改变计划经济体制下形成的整齐划一的单一培养方式，树立个性化教育观念，培养高层次的创新人才是新时期民族院校研究生教育改革的重点。

人才培养具有培养周期长、培养效果滞后的特点，所以高等

教育应该指向未来，应该把握未来社会的发展趋势，培养高层次人才的研究生教育更应该面向未来，未来的社会将是知识经济的社会。知识经济是以知识为基础的经济，知识取代土地、资本成为最重要的生产要素。知识经济就其实质而言就是创造、分配、消费和使用知识的经济，知识经济是人类社会发展进步的必然。我国是一个发展中国家，目前正处于一个多种经济并存的时代，农业经济、工业经济并存，知识经济已见端倪；我国正处于工业革命的过程中，面临农业现代化、工业现代化、知识产业现代化三重挑战。其实，在实现现代化的宏伟目标的过程中，这三种现代化之间存在互动的关系。工业、农业现代化不断为知识经济的发展奠定基础并提出新需求。另一方面，知识产业的发展将促进、加速农业现代化和工业现代化的进程，并为其提供保证。知识经济将带来产业结构、劳动力结构、科学与教育地位的深刻变化。高等教育在知识经济时代将步入社会的中心，高等学校成为推动社会发展的轴心机构。"创新是一个民族进步的灵魂，是国家兴旺发达的动力，没有创新的民族，难以屹立于世界民族之林"。联合国教科文组织于1998年10月在巴黎召开世界高等教育会议，发表《21世纪高等教育：展望与行动》明确提出："为方便毕业生就业，培养创业技能与主动精神，应成为高等教育主要关心的问题；毕业生将愈来愈不仅是求职者，而首先将成为工作岗位的创造者"。高等学校作为培养人才、发展科学、服务社会的场所，是新知识产生的源泉，也是知识拥有者以知识为工具生产知识产品的"工厂"。江泽民总书记在第三次全教会上指出："教育是知识创新、传播和应用的基地，也是培育创新精神和创新人才的重要摇篮"。李岚清同志最近明确提出"创新应该是高等教育，特别是研究生教育的核心内容。"世纪之交，教育部制定的《面向21世纪教育振兴行动计划》明确指出："高等教育要瞄准国家创新体系的目标，培养、造就高水平的具有创新能力的人才"、"要实施高层次创造性人才工程"、"高等学校要成为知识创新和高层次创造性人才培养的基地"、"研究生在校规模应有较大增长"的具体目标。就研究生个体而言,充分发挥自己的创造能力是实现其个人价值的目标。创造性是人的本质属性的最高表现,人的发展最根本的就是人的创造性的发展。人是社会实践的主体,人之所以能够在实践中能动地认识世界和改造世界,就在于人具有被恩格斯誉为地球上最美的花朵的思维着的精神。这种思维着的精神就是人类的智慧,而智慧的核心和最高表现就是创造性。由此可见,无论是知识经济发展的需要,还是当今高等教育的功能;无论是我国高等教育的目标,还是学生自我价值的实现,创造能力的培养具有十分重要的意义。

要培养学生的创造能力,关键是要转变教育思想观念。第一,要改革传统的大一统式单一的人才培养规格,树立个性化教育观。要做到这点就必须解放思想,下放权力,多给研究生培养单位一些自主权,改革研究生培养模式与制度,给研究生的个性发展以足够的空间,给导师以充分的自由度与灵活性,逐步形成既保证基本的质量要求,又促进学生个性发展的机制。要创造学术自由的氛围,鼓励学生提出新问题、新观念、新思想,鼓励他们有所发现、有所发明、有所创造。第二,要改变传统的传习性的因袭式教育观,树立创新教育的思想。重视实践、重视研究问题是培养学生创造能力的两个重要方面。研究生教育应该有自己的特点,应该重点解决好理论联系实际的问题。应该让学生从书本和课堂中适度解放出来,走出书斋和实验室,多参加社会实践,多接触社会生活,提高对社会问题的敏感能力。研究生的任务不仅要探索高深学问、发现新知识,还要应用知识、改造世界。要鼓励研究生积极参与国家重大课题的研究,探索研究生教育与经济建设、社会发展相结合的新路子。要培养研究生的创新意识与创新精神,鼓励研究生自主地创办高科技企业,为国家的创新体系提供新的生长点。第三，在研究生教育管理上正确认识和处理统一要求与个性发展的关系，变刚性管理为弹性管理。学生独立性、创造性的发展同个性的发展是不可分割的。整齐划一、千人一面的管理不利于学生个性的发展。所谓弹性管理，就是刚柔相济，其内核是刚性的，而边界是柔性的，表现出管理制度上的伸缩性，是原则性与灵活性的统一，一致性与多样性的统一，严格与宽容的统一。

总之，民族院校研究生教育要认真研究国内国际形势的变化、结合各个院校的实际情况与自身的特色，对现存的办学体制、教学观念、培养方式进行改革，拓宽研究生的知识面，激发他们的创新意识、培养他们独立开展科学研究和社会实践的能力，为21世纪培养具有创新精神和实践能力的高素质的高层次人才。

四、小结

民族院校研究生教育改革有着深刻的历史与社会背景。国际和国内政治、经济、文化的巨大变化对少数民族和民族地区高层次人才培养提出更新、更高的要求。科学技术的迅猛发展、知识经济的日益临近，知识总量的急剧增加，社会职业岗位的丰富与更新，对民族院校研究生教育规模、结构、质量、效益提出更加严格的要求。民族院校研究生教育研究自身的不足，使原有的思想、理论无法全面回答或解决转型时期民族院校研究生教育中出现的新问题、新困难。鉴于这种情况，我们有必要重新审视民族院校研究生教育思想，检查其是否有所改革，是否符合时代、社会发展的需求。面向21世纪，面对国内外形势的变化，民族院校研究生教育应该在以下几个方面进行思想观念的转变，以深化民族院校研究生教育改革。第一，要重新认识民族院校研究生教育的特殊意义，重点扶持、优先考虑民族院校研究生教育的发展。第二，转变少数民族高等教育功能观，树立适合少数民族和民族地区经济社会发展的民族院校研究生教育理念。第三，转变人才培养质量观，贯彻第三次全国教育工作会议精神，加强民族院校研究生素质教育，培养高素质的民族高层次人才。第四，转变人才观，培养面向21世纪具有创新能力和实践能力的民族高层次人才。

思想观念的变革是高等教育改革的先导，那么，如何发挥民族院校研究生教育思想观念转变的先导作用呢？第一，民族院校领导首先要解放思想，不仅要重视学校硬件建设，改善学校办学条件，而且要重视软件的建设，重视教育思想、教学观念的改革。不能"重硬轻软"，把主要精力放在争取经费、改善教育、教学设备和设施之上，从而忽视教育思想、教学观念的转变问题。其结果不仅不利于教育改革的深入，而且会使学校的发展滞后于社会政治、经济、文化的发展，从而在竞争中处于不利的地位。实际上，硬件建设与软件建设并不是相互排斥、相互矛盾的，二者完全可以两手抓，相互促进、相互发展。第二，教育思想的改革不能仅仅停留在领导层面和少数业务部门。随着高等教育的发展、高等学校已经从昔日远离社会的"象牙塔"步入社会的中心成为与社会政治、经济、文化紧密相连的"轴心"机构，高等教育事业的发展、高等教育改革的深入，牵动着每一位师生员工、社会各行各业和千家万户。没有广大群众，没有社会各界在思想上的解放和观念上的转变，高等教育的改革将步履维艰。因此，要真正实现教育思想观念转变的先导作用，还要调动广大师生的积极性与主动性，发动广大师生员工进行深入学习与讨论，有些问题还要面向社会、市场进行广泛的宣传，从根本上提高公众的思想意识和参与程度。

参考文献

1. 林功实主编：《立足国内培养跨世纪研究生》，北京理工大学出版社，1996年。
2. 国务院学位委员会办公室、教育部研究生办公室：《学位与研究生教育文件汇编》高等教育出版社，1999年。
3. 毛公宁、王铁志：《跨世纪民族问题研究与探索》中央民族大学出版社，2000年。
4. 赵沁平：《积极探索、勇于创新，大力推进研究生培养工作的改革》，载《学位与研究生教育》，2000年第1期。
5. 卢黎歌：《对21世纪研究生素质培养的思考》，载《学位与研究生教育》，2001年第4期。
6. 访谈录：《新中国少数民族高等教育的回顾与展望——访中央民族大学哈经雄教授》，载《教育研究》，2001年第4期。

（原文收入孟立军、涂智君主编：《新世纪的创新教育——民族院校研究生教育改革研究》，第45－52页，广西民族出版社，2002年。）

关于我国民族高等教育研究的思考

一、我国民族高等教育研究的反思

20世纪末21世纪初，随着高等教育改革的不断深入，我国高等教育的发展步入了一个不断扩张的时期，连续几年的扩招使我国的高等教育出现了一派空前的繁荣景象。实践呼唤理论，与此相应，高等教育研究呈现出蓬勃向上的态势。"我国是一个高等教育研究的大国"。根据潘懋元先生的研究，高等教育研究文章，每年在15000篇以上，出版专著近百部；高等教育研究刊物（不包括一般教育研究刊物和大学学报）400多种。1996年申报"九五"教育科学规划的课题，在14个分组中，高等教育组占12.2%，如果加上分在教育管理、教育发展战略、成人教育、职业技术教育、师范教育、民族教育、军事教育以及比较教育、教育史、教育心理、德育、体卫各分组的高等教育课题，约占40%以上；仅就全日制普通高等学校所设的高等教育研究机构不完全的统计约700所，加上成人高等学校和各省、各行业所设的约800所；高等教育专职研究人员约3000名，兼职研究人数以万计；全国高等教育学和高等教育管理博士学位授予点4个，硕士学位授予点19个，还未计入学科教学硕士点或博士点中的高等教育管理专业方向。更为重要的是，在中国高等教育研究领域上，已经形成一个庞大的高等教育科学的学科群[1]。反观我国民族高等教育研究，虽然在民族教育研究领域中占有一席之地，但是与整个国家的高等教育研究相比，无论在数量上，还是在质量上均存在很大的差距，明显地存在"三重三轻"倾向：重视普通高等教育的研究，相对忽视民族高等教育尤其是各少数民族高等教育的研究；重视从整个国家政治、经济角度研究高等教育，而轻视从文化尤其是各民族的本土文化去研究高等教育；重视民族学院高等教育研究，相对忽视民族地区尤其是单个民族高等教育的研究。即使是现有的民族高等教育研究，要么属于对当代国民高等教育热点问题的应答性探究，当然这类研究也十分必要；要么是局限于情况介绍、经验总结和意义阐述性的研究，采用多学科观点与方法进行的研究成果，如叶澜教授所言的符合教育基本特征的"事理性"研究在民族高等教育领域还不多见。这种状况与我国在长期的历史发展过程中形成的各民族"多元一体"的文化发展格局不相适应，同时也不利于民族高等教育理论与实践的健康发展。笔者认为，从民族本土文化的视角出发，从各民族文化交往所引起的文化变迁的历史过程考察研究民族高等教育不失为一种合理的方法。通过完成博士论文——《文化变迁中的蒙古民族高等教育的演变》，笔者在这一方面作了一些尝试。这里发表自己的一孔之见，以求教于各位专家同仁。

二、文化的观点——从高等教育的定位问题看民族高等教育的研究

从我国的具体国情尤其是少数民族历史文化传统、经济建设和社会发展的差异性以及大杂居和小聚居的分布特点来看，我国的民族高等教育主要有三种类型，即"以招收少数民族为主的民族学院；招收少数民族学生比例较大，主要为民族地区经济建设和社会发展服务的民族地区高等学校；内地普通高等学校中设立的专门招收少数民族学生的民族班和民族培训中心。"[2]高等教育的定位不仅他自身就是高等教育研究的本体论问题，而且他还影响着高等教育研究的趋向和方法论问题。正像20世纪80年代围绕教育本质问题展开的争论一样，高等教育的定位问题由于高等教育自身的特性和研究者视角不同在学术界还没有达成共识。高等教育的定位问题更多地具有时代特性，过去的高等教育政治化和当今的高等教育产业化都是特定历史时期的产物。

如果从系统论的观点出发将高等教育视为社会的一个子系统的话，与其他类型的教育相比，高等教育与社会政治、经济、文化的关系更为密切。为此，潘懋元先生提出了"教育的外部规律说"，认为生产力与科技发展水平是制约教育的最基本的决定性因素；社会制度，主要是政治制度与经济制度是教育的直接的、现实的制约因素；文化包括传统文化和外来文化，是潜在的制约因素。那么，如果将社会分为政治、经济、文化三大系统，高等教育应该属于哪个系统？或者说高等教育应该定位于哪个领域呢？笔者认同涂又光先生提出的"三 li 说"[3]，将高等教育定位于文化领域中。过去曾以阶级斗争为纲，我们把高等教育定位于政治之中，按"权力"原则办大学，有过沉痛教训。现在搞市场经济，若把高等教育定位于经济之中，按"利益"原则搞大学，同样是一种错位。当然，将高等教育定位于文化之中，遵从"理"的原则，并不是要排斥政治、经济对高等教育的作用，而是要求政治、经济为高等教育的发展提供良好的外部环境，使三者处于共生共荣的系统中。

我国是一个统一的多民族国家，在长期的历史发展过程中形成了"多元一体"的文化发展格局。在这里，"多元"指我国56个民族各具特色的本土文化，而"一体"指由56个具有本土文化的民族组成的统一国家及其各民族文化相互融合的趋势。在社会的政治、经济、文化三部分中，高等教育既然定位于文化之中，那么，在理论上我国56个民族都应该有属于自己本土文化的高等教育。所以，我们在研究少数民族高等教育时，正如不能用西方高等教育代替我国高等教育一样，不能用汉民族高等教育代替民族高等教育，尽管二者之间具有很大的联系。民族文化是每个民族得以生存和发展的根本动力，作为探索高深学问和培养高级人才的高等教育在不同的民族文化背景下表现出各不相同的个性。由于起源的多元和发展的多向，每一个民族文化的那部分高深学问和需要的高等教育也不尽相同。因此，笔者认为要想改变前面提及的民族高等教育研究中存在的"三重三轻"现状，深化民族高等教育研究，首先应该把握的原则就是以文化的视野，采用文化学的观点来探讨民族高等教育历史和现实中存在的问题。

坚持文化研究的原则就是时刻要自觉地将高等教育置于特定的具体的文化类型中看待。"一切普遍的超越的价值判断以及一切从其他文化类型中获得的论断，要使之在某种教育中获得效用，必须以这种教育所依赖的特定的文化类型的种种特点为实践前提"[4]。坚持文化研究的原则，可以使我们以特殊高于普遍的本体论和实践高于认识的认识论，客观公正地对待各少数民族高等教育的历史发展及其个性特点，不能简单地以彼国、彼民族、彼文化的高等教育标准来衡量此国、此民族、此文化的高等教育及其发展水平，从而避免诸如"西方中心论"、"华夏中心论"之类的文化偏见。

三、历史的观点——从文化变迁看民族高等教育的研究

从广义上讲，高等教育是一个抽象的普遍的概念，而相对于一个民族来说，高等教育又是一个具体的个别的概念。一个民族高等教育的演变与该民族的历史发展、文化变迁紧密相联。我们今天所讲的高等教育是指建立在普通教育之上的专业教育，是人类社会发展到一定阶段才出现的。它的形式与名称的确立，内容与功能的完善，经历了动态发展的过程。而且，时至今日，其外延与内涵仍在不断地变化之中。

高等教育"事实上，在许多方面都是以满足各自所属的历史时期的不同程度的需要来获得各自的合法地位的"。中世纪大学

将合法性建立在满足当时社会的专业期望上（文、法、神、医）；文艺复兴后的大学把合法性构筑于人文主义的抱负之上，以自由教育观为顶点（如英国式学院）；作为启蒙运动产物之一的德国大学以教学和科研统一的理念获得自己的合法地位；赠地大学的合法性依赖于其把人力、物力用于为社会和国家的发展服务。"这些获得合法地位的不同途径出现于不同的国家、不同时期或不同国家的不同时期。"民族文化是每个民族得以生存和发展的根本动力，文化一经产生就处于不断的变化之中。而文化发展不是单线的，也不是单向的。就起源来说，文化的发生是多元的；就路径来讲，文化的发展是多向的。在我国这样一个多民族国家的历史发展过程中，各民族文化的发展主要是由因族际交往所致的文化变迁来进行的，而各民族高等教育的演变也正是在这种文化变迁中实现的。在鸦片战争外族入侵之前，我国的历史就是一部南方的农耕文化与北方的游牧、狩猎半农耕文化的对立统一史。"我国经济、政治传统格局的形成和变化，在更大的程度上取决于农耕民族与游牧民族在政治、经济、军事、文化上的对峙、冲突、交流和融合。这是我国古代历史的一个基本主题"[5]。所以，在发生认识论上，产生于本民族文化土壤的各民族高等教育是随着本民族的历史发展和与他民族交往而导致的文化变迁而不断演化的。因此，研究民族高等教育应该从各民族历史发展和文化变迁的实际出发，不能以"现代"套"古代"，更不能无视各民族文化发展早期形成的传统高等教育的存在。这是我们应该把握的第二个原则，即用历史学的观点，从文化变迁的视角审视各民族高等教育的发生、发展，审视统一国家内各少数民族高等教育的发展状况。要贯彻这一原则，需要做到以下三点：

第一，反对文化优劣说，坚持文化平等。每个民族都有适应自己本土文化的高深学问和传授这些高深学问的传统高等教育形式。例如，蒙古民族传统高等教育的形成期在8世纪末到13世纪初，这一时期是蒙古高原游牧文化趋于整合，并最终形成蒙古民族共同体的时期。出现了适应当时文化发展需要的"高深学问"，即部族历史知识、原始宗教知识、军事知识和蒙古文字以及传授这些学问的"高等教育"方式，即家庭口承教育、萨满教仪式、怯薛制度和宫廷学校。应该指出的是，这些所谓的高等教育活动具有非正式性和弥散性的特点，在很大程度上处于自发状态。

第二，从我国多民族历史发展的实际出发，将各民族高等教育的发展演变置于"多元一体"的文化背景中，重视各民族交往过程中发生的文化变迁的作用与意义。例如，以游牧文化为根基发展起来的蒙古民族高等教育在其演变过程中表现出极大的变迁性：从高深知识角度来讲，蒙古民族传统文化形成后，共进行了三次转型，即从传统游牧文化向汉地儒家文化，向西藏喇嘛教文化和西方科学文化转变；从高等教育模式来看，伴随着高深知识的转型也发生了相应的变化，具体表现为嫁接中原汉文化高等教育，接纳喇嘛教寺院高等教育和引入西式现代高等教育。在知识的转型和教育模式的转变过程中基于文化适应的需要，蒙古民族高等教育或多或少都发生了一定的变异。所以，因族际交往（与汉民族、藏族、满族、西方人交往）而发生的文化变迁是影响蒙古民族高等教育演变走向及特点的根本原因。

第三，我国民族高等教育的历史研究范畴应该包括5个少数民族政权下即北魏、辽、金、元、清的民族高等教育，近代中华民族由自在实体到自觉实体以来的民族高等教育和各少数民族高等教育这样三个既相互联系又相互区别的部分。

参考文献

[1] 潘懋元:《潘懋元论高等教育》，福建教育出版社，2000年。

［2］马麒麟：《中国民族高等教育的改革与发展》，教育科学出版社．2000年。

［3］涂又光：《文明本土化与大学》，载《高等教育研究》，1998年第6期。

［4］周浩波：《教育哲学》，人民教育出版社，2000年。

［5］甘霖：《变局——前11世纪以来至21世纪中国区域发展与社会变迁》，上海人民出版社，1999年。

（原文刊登于《江苏高教》，2004年第1期，第13－15页。）

历史与比较中的我国民族高等教育研究

我国的民族高等教育，是指除了汉族以外的55个少数民族所实施的高等教育，也就是指建立在中等教育基础之上的以少数民族和民族地区学生为教育对象的各种专业教育。民族高等教育是我国民族教育的重要组成部分，同时也是我国高等教育的重要组成部分。它的这种两重性决定了作为一种反映民族高等教育实践的认识活动，民族高等教育研究必然具有两重性。作为民族教育的一部分，必然涉及我国多民族、多语言、多文字等多元文化的特点；作为高等教育的一部分，必然反映世界高等教育发展趋势和我国高等教育改革进程。可是，对于民族高等教育研究的这个特性，无论是普通高等教育研究还是民族教育都未予以足够的重视。普通高等教育研究中的民族高等教育基本上是无人问津的领域，鲜有民族高等教育研究的成果在我国如此庞大的高教研究刊物（400多种）上发表。例如，被称为新中国成立以来第一部大型高等教育研究专集，由北京大学陈学飞教授等选编的《中国高等教育研究50年》，收录书目达2400条，论文篇目多达12000余条，而关于民族高等教育的论文只有3篇。而民族教育研究中的民族高等教育虽然占有十分重要的位置，但是，与国内外整个高等教育研究相比，其研究的视角较为狭窄，较为关注民族高等教育的特殊性，即使是有一些高等教育的共性研究，"要么属于对当代普通高等教育热点问题的应答性探索，当然这类研究也十分必要；要么是局限于情况介绍、经验总结和意义阐述性的研究，采用多学科观点与方法进行的研究成果，如叶澜教授所言的符合教育基本特征的'事理性'研究在民族高等教育领域还不多见"。[1]在高等教育日益全球化和大众化的背景下，我国民族高等教育研究无论在课题的选择上，还是在视角的定位和方法的运用上，都表现出封闭的态势，没有实现"殊途同归"的共性概括。因此，笔者认为我国民族高等教育研究有必要进行"元研究"性质的反思，把握世界和我国普通高等教育研究的趋势与动向，在充分尊重我国"多元一体"民族文化背景的基础上，将共性研究和个性研究结合起来，提高研究的质量和水平，从而更好地为民族高等教育实践服务。

一、多学科研究——国外高等教育研究的发展路径

从发生学的角度来看中西高等教育发展演变存在很大的差异，欧美国家高等教育属内发自生型，是在其传统大学的基础上发展起来的自发组织系统；而我国高等教育属外发再生型，不是本国传统高等教育的自然延续，而是在移植欧美高等教育的基础上不断演化再生的。尽管二者是一种原发与移植的关系，但是，作为一种认识活动的高等教育研究二者走过不同的发展路径。

就广义而言，高等教育研究与高等教育活动相伴而生，起初这种研究是在高等教育活动的过程中进行的，多属一种工作性的思考。后来，随着高等教育规模的扩大和高等教育日益社会化，高等教育研究逐渐从高等教育活动过程本身分离出来，成为了一个比较专门的领域，出现了专门的研究机构和专业研究者。19世纪中叶，休伯所著的《英国的大学》和纽曼所著的《大学的理想》被看做高等教育领域具有创始意义的早期作品。美国学者弗莱克斯纳的《美国、英国和德国的大学》和著名学者赫钦斯的《美国的高等教育》是20世纪初高等教育的两部力作。20世纪中后期，克尔的《大学的功用》、阿什比的《科技发达时代的大学教育》、布鲁贝克的《高等教育哲学》、克拉克等的《高等教育的观点：八个学科的比较的观点》等名著的问世，标志着高等教育研究的水平和质量有了长足的发展。

高等教育是一门学科还是一个领域，尽管争论颇多，但是，对西方高等教育研究是以院校研究的建制而存在的多学科的研究领域这一命题，无论中外的学者都予以认同。德国学者乌尔里希·泰希勒认为，高等教育是一个典型的跨学科研究领域，因为正如其他学科研究领域一样，高等教育研究是以主题为基础的（theme-based）；高等教育研究经常是"战略性的"，不仅为基础研究贡献力量，而且为应用研究出力，有望在一再割裂的基础研究方法和应用研究方法之间架起一座桥梁；高等教育研究和大多数跨学科研究都具有相同的命运，与学科研究相比，他们的制度基础更为脆弱。[2]我国学者认为，高等教育的多学科研究是由高等教育自身的复杂性和特殊性决定的。潘懋元教授认为，高等教育自身内在地蕴涵着多学科的特点，他认为无论是从高等教育本身的构成来看，还是从高校培养人的教育教学活动，或是从高等教育同外部社会的关系和互动来看，都涉及诸多学科，需要多学科的支持。高等教育研究无论是基础理论的突破，还是现实问题的解决，都需要从多学科、多视角进行审视、探索，才能达成全面深入的理解"。[3]王建华则认为，以美国为代表的西方国家，学术研究以问题为导向的居多。虽然学科与大学直接相关，但大学建制的基础不仅仅是学科。就高等教育而言，在西方国家的大学里，它无须成为一个学科，只要问题存在，有学生愿意做，就可以开展相关的研究，并培养学生。再者，在问题意识导向下，西方国家关于高等教育的研究，以院校发展为核心，以实证为工具，对于理论体系的诉求也一直偏少，对体系的构建少有兴趣。这也从另一个方面导致了高等教育学学科建设在西方国家的无果而终。[4]

二、高等教育学——我国高等教育研究的发展道路

作为"外发再生型"的我国高等教育基本上走的是移植、

引进、借鉴的道路。严格意义上的中国现代高等教育产生于19世纪末20世纪初，它不是我国传统高等教育的自然延伸和前喻继承，而是在内忧外患的社会背景中和西学东渐潮流的冲击下，借鉴西方高等教育而产生发展起来的。"对西方高等教育的借鉴、模仿、融合所导致的发展模式的不断转换，就成为中国高等教育现代化过程中的一个突出的特点"，"百年间，我们在高等教育发展模式的选择上似乎走了一个大圆圈：被迫开放（无意识的泛化）——单一的价值取向——封闭——主动开放（世界范围内博采众长）。"但是，耐人寻味的是在高等教育研究的走向上，二者并没有同轨。"在西方，高等教育研究历来被看做'问题研究'，至今未形成高等教育学科；苏联的高等学校教育学，也只限于高等学校的教育。我国高等教育研究则具有学科指向的特点，在学科建设方面走在了前面。"[5]

我国近代高等教育发轫于清末的洋务运动，而高等教育研究的萌芽可以追溯到19世纪60年代。当时的一些官员和学者在对中西高等教育比较和理解的基础上发表了自己的言论，主要有张之洞的《劝学篇》、康有为的《大同书》和梁启超的《变法通议》。20世纪初，在中西文化思想冲突与融合的矛盾中，高等教育改革逐步开展，一些大学校长和高教行政领导者，尤其是留学归国的具有教育学背景的人员，或从实践出发，或从理论出发针对当时的高等教育改革提出了许多独到的见解。其中，蔡元培的《大学教育》、梅贻琦的《大学一解》、孟承宪的《大学教育》、蒋梦麟的《什么是教育的出产品》、罗家伦的《中国大学教育之危机》等等都是当时有影响的论著。步入20世纪50年代，我国进入全面学习苏联的时代，凯洛夫的《教育学》成为指导各级各类教育的蓝本，而苏联高等学校教育学的倾向也影响着当时的高等教育研究。厦门大学教育学教研室编写的《高等学校教育学讲义》，是我国学者力图构建高等教育学科的一种开拓性的尝试，被称为是普通教育学理论在特殊的高等教育领域的一种合乎逻辑的延伸。总体而言,这一时期的研究,在性质上缺乏理论性、系统性,在组织形式上零星、分散,研究主体上未形成专业队伍,基本属于一种"非制度化"阶段。改革开放以来,随着高等教育改革的深入和高等教育发展速度的加快,高等教育研究进入了蓬勃发展时期。潘懋元先生主编的《高等教育学》的问世,标志着我国高等教育学科的正式确立。学科地位的确立、学科群的建设、研究组织和机构的扩大、专业人才的培养、研究成果的大量涌现,表明高等教育研究在我国步入了制度化的阶段。

对于我国高等教育研究的学科化倾向,研究者从不同的角度予以了解释和理解。学科和专业的设立表面看起来与知识的自然演进和学科制度化有关系,其实,一国的高等教育管理制度和文化传统在更深的层面对它施加着影响。"在中国,由于高等教育集权管理的需要,政府部门经常直接设立学科,而不考虑该学科的学术合法性、合理性问题","在英美国家,政府根本没有学科设置的权力,更不存在起指导作用的学科专业目录"。所以,就出现了王建华所说的那种现象,就高等教育而言,在以美国为代表的西方国家,他以研究领域的姿势长期存在于大学之中,尽管其研究历史长,代表人物多,经典著作多;而在中国,则以高等教育学的形式获得了大学的建制,尽管还很落后,缺少代表性的人物和经典性的著作。并且,我们称之学科的未必真是学科,不称之为学科的未必真不是学科。另外,这种学科化的倾向与研究活动与自身发展逻辑有关,我国高等教育学的构建是与普通教育学的发展分不开的。"我国高等教育学产生伊始就采取了学科研究的形式,这是因为她生长在普通教育学的基础上,力图紧随20世纪70年代后我国高等教育大发展形势做出系统性研究,而不像西方早期研究对高等教育问题进行分门别类的探讨。"正因如此,一方面,高等教育学被定位于普通教育学门下的二级学科，高等教育学的框架和它的许多具体内容是沿袭普通教育学而来的，是并没有完全脱离的。另一方面，由于我国的普通教育学以学校教育中的基础教育为研究对象，其理论无法关照包括高等教育在内的其他教育存在，加上二者在系统的内部构成和系统与环境的互相关系等方面的差异，使得高等教育学无法在其上位学科中找到理论根基，只好另辟蹊径构建自身相对独立的理论体系。

三、学科乎？领域乎？模糊不定的民族高等教育研究走向

国外高等教育研究是以多学科的研究领域作为自己的定向，而我国高等教育研究走的是学科建设的道路。那么，作为我国高等教育重要组成部分的民族高等教育的研究该如何定向呢？或者说它的研究趋向如何呢？是作为研究领域来进行呢？还是要构建学科呢？回答这些问题有必要从我国民族高等教育发展历程和民族高等教育研究的历史逻辑出发来探讨。现代意义上的民族高等教育发轫于清末清政府建立的满蒙文高等学堂。随着西学东渐和现代学制的建立，20世纪初，一些高等院校在民族地区落户，如广西大学、甘肃法政专门学校、新疆俄文法政专门学校等。民国时期，主要通过在内地大学开办民族班来开展民族高等教育。此外，伪满时期，日本帝国主义在内蒙古开办过一些所谓的高等学校。1941年建立的延安民族学院是我国民族高等教育的一种新型模式。1949年后，民族高等教育主要以民族学院、民族地区普通高等学校、内地普通高校的民族班这样三种模式发展。50年来，除了"文化大革命"十年的重灾之外，整个民族高等教育有了很大的发展，基本上形成了结构合理，具有民族特点和时代特色，多规格、多层次、多样化办学协调发展的教育体系，并向着规模、结构、质量、效益全面协调发展的方向前进。"尽管这一时期民族教育实践发展很快，但是民族教育的理论研究成果

不多，而且散见在其他一些学科领域。"而民族高等教育研究较为滞后，研究的视野主要局限于政府的民族高等教育政策和民族高等教育的价值意义这两个老生常谈的领域，研究成果多属于情况介绍、经验总结、政策说明、意义阐述的描述性研究。真正意义上的民族高等教育研究始于20世纪80年代，是在民族教育学基础上作为一门学科来发展的。"中国有关民族教育学学科的提出和系统研究始于20世纪80年代中后期。迄今为止，孙若穷、滕星、王美逢主持编写的《中国少数民族教育学概论》；哈经雄主编的《中国少数民族高等教育学》；戴庆厦、滕星、关辛秋、董艳著的《中国少数民族双语教育概论》为代表的著作与论文标志着民族教育学这一学科在中国的独立。"[6]而1991年由哈经雄教授主编的《中国少数民高等教育学》的出版，标着民族高等教育研究开始走上了一条探索具有中国特色的民族高等教育学理论体系的道路。民族高等教育学被定位介于高等教育学、民族学和民族教育学之间的有着完整体系的一门新兴学科。可惜，这种趋向没有继续下去。最终，民族高等教育学依附于民族教育学，成为民族教育学的一个研究领域，而没有像高等教育学那样成为教育学的独立的二级学科。尽管这与我国的学科制度、高等教育管理体制、民族教育特性有关，但是，民族高等教育自身的研究取向和研究范式也影响了民族高等教育学的构建。我们在《中国学术期刊数据库》中检索到1994—2004年20年期间发表的，以民族高等教育为主题的论文共116篇。其中，问题偏向性研究居多，有105篇，占总数的90.5%，内容主要涉及民族高等教育宏观领域如应对国内外环境变化的发展性研究、民族高等教育历史回顾或前景展望的经验阐述性研究；理论性研究只有9篇，占总数的7.8%，主要以介绍和评价外国主要是美国高等教育的有关理论为主。元研究性质的反思性研究有2篇，仅占总数的1.7%，一篇涉及民族高等教育研究理论范畴，另一篇主要探讨民族高等教育研究的文化视角。由此可见，民族高等教育研究虽然力图走构建学科的道路，但是，名不副实，多数研究属追逐"热点"的问题偏向性研究，缺乏基础性、整体性的理论探索，研究主体的反思意识、学科规范意识较为薄弱。总体而言，我国民族高等教育研究尚处于没有代表性的人物、经典性的著作、专门的研究机构的非制度化阶段。

那么，如何改变我国目前民族高等教育研究相对滞后的现状呢？笔者认为，首先，我们应该摒弃那种把民族高等教育特殊化的封闭保守的观点，积极地借鉴国外多学科研究的观点和范式来尝试我国的民族高等教育研究，改变过去那种单从民族政策角度或者偏重从政治、经济的价值角度来看待民族高等教育发展的研究倾向。正像伯顿·克拉克所提倡的那样，从历史的、政治的、经济的、组织的、社会的、文化的、科学的、政策的观点和方法来看待、研究高等教育。因为高等教育发展及变化的迅速以及所带来的复杂性和不确定性使得高等教育的研究应该求助于一些相关学科及其观点，来探索高等教育的复杂现实。其好处是，多学科的认识方法和角度，可以使高等教育研究者和高等教育问题的分析家们视野更宽，而主观性更小。其次，民族高等教育研究应该突破民族教育学的藩篱，在全球一体化与民族文化多元化和国家一体化与民族文化多元对立统一的双重背景下展开研究，并做出自己原创性的贡献。因为高等教育对于各民族文化来说，不仅具有文化传承、文化选择的功能，而且还有文化整合和文化创造的功能；而接受高等教育的各民族学生已经经历了早期的社会化，多是具备了一定文化适应能力的双语学生。王伟廉教授认为，高等教育研究与中小学教育研究相比有不少特殊的地方，其特殊性主要表现在两个方面："一是宏观方面，高等教育研究在解决问题时要更多、更直接地涉及社会、经济、科技、政治、文化方面的研究内容，以解决高等教育与社会其他系统之间的关系问题，因此，需要更多地与社会接触。二是在微观方面，高等学校内部的教学、科研和社会服务等活动的研究，在复杂性上比中小学教育研究要大得多。在高等学校，学科专业林立、课程复杂多样，而且高等学校处在科学技术发展前沿，特别是大学，云集了各类科学家和高层次人才。"民族高等教育虽然具有多民族、多文化、多语言文字这些独有的特性，但是，在内涵上应该与普通高等教育具有一致性。因此，普通高等教育研究的这些特殊性同样适用于民族高等教育研究。高等教育的国际化问题、高等教育大众化问题、高等教育的机会问题、高等教育的质量问题、高等学校的制度建设问题、高等教育的政策问题、高等教育的管理与效率问题等理应成为民族高等教育研究的主题。第三，改变目前民族高等教育研究零星、分散和无序的局面，增强学科意识，明确研究的对象，逐步推进学科制度化。在全国高等教育研究会下设立民族高等教育研究分会，开展全国性的民族高等教育研究和学术交流活动；整合民族教育研究的学术刊物，创办全国性的民族高等教育专业学术期刊；在大学里开设有关民族高等教育的课程，培养民族高等教育方向的研究生。除了上述的外部制度建设外，还要构建民族高等教育学科的内在制度，即明确本学科的研究对象、定义本学科的学科内涵、建设本学科的理论体系。民族高等教育研究的主要对象应该具有三个层级，即活动性存在、观念性存在和反思性存在。活动性存在就是指民族高等教育实践形态，包括宏观（民族高等教育行政部门管理活动）、中观（民族高等教育主体机构，即民族地区高校、民族学院和内地普通高校民族班、少数民族培训中心）和微观（民族高等教育活动中师生的交往活动）三个层面，它是民族教育研究活动中最基础、最生动、最丰富的部分，是后面两个层级的源泉；观念性存在指民族高等教育的理论形态，就是通过概念、判断、推理等逻辑形式表达的对民族高等教育实践的各种认识，是脱离研究主体而相对独立存在的思维成果。如多元文化教育理论、教育机会平等理论等等，它对民族高等教育活动产生引导或指导的作用；反思性存在就是指对民族高等教育研究活动及其成果的再认识，具有检讨、评价、调节民族高等教育研究的功能。总之，民族高等教育研究的推进、民族高等教育学的构建任重而道远，需要研究界百家争鸣，一方面以开放的胸怀学习和借鉴国外、国内普通高等教育研究的理论与方法；另一方面还要关照民族高等教育活动得以展开的我国"多元一体"的文化背景，逐步实现民族高等教育研究的本土化。

参考文献

[1] 陈巴特尔：《关于我国民族高等教育研究的思考》，载《江苏高教》，2004年第1期。

[2] 乌尔里希·泰希勒：《高等教育研究：一个多学科研究的案例》，载《清华大学教育研究》，2003年第1期。

[3] 潘懋元：《多学科观点的高等教育研究》，上海教育出版社，2001年。

[4] 王建华：《高等教育作为一门学科》，载《高等教育研究》，2004年第1期。

[5] 高宝立：《中国高等教育研究：进展、问题与前景》，载《教育研究》，2003年第7期。

[6] 哈经雄、滕星：《民族教育学通论》，教育科学出版社，2001年。

（原文刊登于《高等理科教育》，2006年第3期，第42－46页。）

中国民族学院的历史演变及其组织特性

我国是由56个民族组成的多民族国家,在长期的历史发展过程中形成了多元一体的文化发展格局。在这里,"多元"指我国56个民族各具特色的本土文化,"一体"是指由56个具有本土文化的民族组成的统一国家及其相互融合的过程。和我国"多元一体"的文化发展格局相适应,我国的高等教育也具有多元的属性。而民族高等教育便是我国高等教育的重要而且是独具特色的组成部分。实施民族高等教育、承担民族高等教育任务的机构由三部分组成:一是以招收少数民族学生为主的民族学院;二是招收少数民族学生比例较大,主要为民族地区经济建设和社会发展服务的民族地区高等学校;三是内地普通高校中设立的专门招收少数民族学生的"民族班"和"民族预科班"。在上面三种形式民族高等学校当中,民族地区的高等院校、内地高校民族班除了招生对象的不同之外,在管理体制、运行机制方面与其他普通高校具有很大的共性,其产生和发展的路径基本上与其他普通高校相差无几。而民族学院无论在历史发展上,还是在制度构建上都表现出很大的变异性。"民族学院是为全体或多个少数民族办的,不管是招生环节,还是专业设置、学科建设、教学管理等方面表现的办学形式,既不同于其他普通高等学校,也不同于民族地区普通高等院校"。[1]也正是由于民族学院的这种特殊性,使得有人对民族学院的地位和作用及其继续存在的必要性提出各种疑问。本文拟从组织的观点,从高等学校组织的视角,来研究民族学院的组织特性及其演变问题。

一、高等学校的组织特性

高等教育具有培养人才、发展科学、服务社会的职能,而这些职能的实现、功能的发挥是通过高等学校这一机构来完成的。那么,高等学校是一个什么样的组织,这一组织又具有哪些特性呢?

社会上有许多形式多样、功能各异的组织结构,如何对其进行分类,是社会科学研究的重要课题。时至今日,社会结构分析模式从早先的国家一元论分析模式过渡到后来的国家——社会二元结构模式进而演化为现在的国家——经济——社会公共领域三元结构模式。著名学者塞拉蒙教授在分析美国社会结构时提出了政府部门——营利部门——非营利部门三元分析模式。政府部门是政治领域的主要组织形式,习惯上把政府相关组织的集合体称为第一部门,它是按国家机制运行的;企业部门是经济领域的主要组织形式,把企业相关组织的集合体称为第二部门,它是按市场机制运行的;非营利组织是社会领域的主要组织形式,把非公非私的介于政府与企业之间的由非营利组织构成的集合体则称之为第三部门,它是按公益原则行事的。"高等教育作为社会领域的一个特殊的组织系统,'不以营利为目的',被认为是第三部门的成员"[2],那么,高等学校自然就归属于第三部门了。

第三部门(the third sector)这一概念最早是由美国学者列维特(levitt)提出来的,他把非公非私,既不是国家机构也不是私营企业的组织称为第三部门,他们所从事的是政府与私营企业"不愿意做、做不好或不常做"的事情,可以填补市场与国家、企业与政府之间的巨大制度空白。根据组织结构和运作方式,可以把第三部门的组织特性归结为以下几点:1. 组织性。有内部规章制度、有负责人、有经常性的活动。2. 民间性。在体制上独立于政府,既不是政府的一部分,又不受制于政府。但这并不意味着完全不接受政府的资助，或完全没有政府官员参加活动。3. 非营利性。组织活动产生的利润服务于组织的基本使命，不能分配给所有者和管理者。4. 自治性：组织自己管理自己的失误，既不受制于政府，也不受制于企业，还不受制于诸如宗教组织这样的其他社会组织。5. 志愿性。参与组织的活动以志愿为基础，但并不意味着组织收入的全部或大部分就一定来自于志愿捐款，也并不等于说工作人员的全部或大部分是志愿者。6. 非政治性。指不是政党组织，不参加竞选等政治活动。7. 非宗教性。指不是宗教组织，不开展传教、礼拜等宗教活动。

从高等教育发展历史来看，作为高等教育原生机构的中世纪大学就是一种由学者志愿组成的介于教会和世俗中间的自治的非营利的民间行会组织。正是由中世纪大学发育而生的大学自治、学术自由等基本特性成为高等教育发展的内在逻辑，使大学成为涂尔干所描绘的"即使那么统一，又是那么多样；无论他用什么伪装都可以认出；但是，没有一个地方，它和任何其他机构完全相同"的独特的古老的学术机构。19世纪晚期，随着内外环境的变化，尤其是民族国家的普遍兴起，使高等教育的发展问题成为各国的事业和各级政府的责任，最终使大学纳入了政府的管理当中。政府通过立法来规定高等教育的方向，使其为国家和社会服务。政府的投入成为高等教育经费的主要来源，大学部分丧失了原来的一些传统权力，开始离开了高高在上的"象牙塔"步入社会，成为第一部门影响下的组织机构。从20世纪60年代起，欧美高等教育开始脱离精英教育的轨道，向大众化乃至普及化的方向发展。高等教育规模的扩大和学生入学人数的增加，不仅衍生了许多不同于大学的其他类型高等学校，而且使政府的经费投入越来越吃紧，高等教育呈现出"市场化"的特征。企业和其他组织投资兴办高等教育，使私立高等学校成为推动高等教育事业发展的重要力量。大学与企业以资金纽带开始了密切的联系，高等教育步入了社会的中心，高等学校成为第二部门影响下的组织机构。

由于政府的控制使高等学校不断地失去自主权，而企业的影响是高等学校越来越具有实用主义的功利色彩，并且政府控制与企业影响的交互作用使当代的高等教育改革陷入了困境。目前，出现的高等教育私营化、法人化与产业化观点都是这种困境的思想反映，于是有学者提出用第三部门的视野来看待高等学校，认为无论是政府的控制，还是企业的影响，都是大学的实然状态。而大学的应然坐标位于第三部门，大学自治和学术自由的传统使得大学存在着第三部门的天然倾向。"事实上，在高等教育改革的过程中，由于大学自治、学术自由等内在逻辑的要求，高等教育既要摆脱对政府的依赖，又要避免步入营利性部门的误区，只有向第三部门的方向发展"。[3]在第三部门中，高等学校虽然需要政府与企业的权力、财力支持，需要更好地服务于国家、社会、公共利益，但是他们是一种相对独立的组织系统，应该以非营利性社团法人的身份平等、自愿地与政府、企业进行合作，与其他社会组织发生关系。高等学校既不是政府下属的行政性组织，也不是企业的技术代理，应该以独立的人格步入社会的中心，发挥真正的社会轴心作用。

我国的高等教育属外发再生型，是典型的第一部门影响下的高等教育，各级各类的高等学校是政府官僚体制下的一个行政事业单位，他们先天就缺乏应有的自治程度。虽然在20世纪初，蔡元培先生在北京大学倡导以"教授治校、学术自由"为宗旨的大学改革运动，其意义和影响较为深远，但是，由于没有相应的制度环境和文化土壤，只能如昙花一现无果而终。改革开放以来，随着社会转型，社会结构发生变化，经济上从计划经济向市场经济过渡，政治上从单一集权式治理向民主化管理过渡。在这样的社会大背景下，高等教育改革也在不断地深化，私立高等学校发展较快，高等学校的办学自主权问题得到重视，高等学校的第三部门化倾向开始显现。

二、民族学院的发展历程

与普通高等学校相比，甚至与民族自治地方高等学校以及内地普通高校的民族班相比，无论在对政府的依赖性上，还是对市场的敏感性上，民族学院具有自己的特殊性。因此，探讨民族学院的组织特性，了解民族学院的历史变迁对改变人们对民族学院的模糊认识和深化民族高等教育改革无疑具有十分重要的意义。

民族学院的历史可以追溯到1941年我党建立的延安民族学院，是一所专门招收少数民族青年，培养抗日民族统一战线骨干力量的政治取向性的学校。学院分为研究班、普通班、文化班三个层次，主要教学内容分政治课和文化课。20世纪50年代初，为了培养少数民族地区政权建设人才，根据行政区域的划分，陆续建立了西北民族学院、贵州民族学院、中央民族学院、西南民族学院、云南民族学院、中南民族学院、广西民族学院7所民族学院。当时民族学院的办学宗旨是"培养普通政治干部为主，迫切需要的专业和技术干部为辅"。学员的文化程度普遍较低，绝大多数仅有小学、初中文化程度，来自民族地区的基层干部、积极分子及部分民族、宗教界上层子弟；教学内容还是政治教育和文化教育两大类。此外，根据民族地区建设事业需要，开办了农牧、师范、财务、司法、民政、民族语文、体育、艺术等不同程度和不同类型的专业班次。"这个时期的民族学院除中央民族学院、西北民族学院开始了相当于大学层次的语文、政治等少数专业外，其他民族学院实际实施的教育只是中等程度的教育，尚未形成真正的高等教育办学形式"，"民族学院在性质上基本上是以培养党政干部为主的政治性高等学校"[4]。

1956年我国基本完成了生产资料私有制社会主义改造之后，

进入了全面建设社会主义时期，为适应民族地区经济建设和社会发展对人才的需求，民族学院的办学宗旨得到了部分的调整。从以前的"培养政治干部为主，迫切需要的专业和技术干部为辅"，调整为"培养政治干部与培养专业技术干部并举"。各民族学院在继续培养政治干部的同时，开始注重发展民族高等专业教育。又先后建立了青海民族学院、广东民族学院和西藏民族学院。这样，到1965年底全国已有10所民族学院。与前一时期相比，这一时期的最大变化在于各个民族学院开始以学科为基础，划分和设置专业，建立科系，各民族院校先后设置了一批文科、理科、农科、财经、师范类专业，实施大专和本科学历教育。按照霍文达教授的研究，开始实现四个方面的转向，即开始从过去单一的政治干部训练教育转向多种科类的高等专业教育；从过去的专科专业层次教育转向本科专业层次教育；从过去单一的文科单科专业层次结构型转向文理学科专业型；从过去推荐选拔招生制度转向参加全国高等学校统一高考招生制。尽管如此，民族学院既不同于一般的少数民族政治干部学校，又不同于一般的普通高等院校，是兼具这两个方面特征的少数民族高等学校。在这期间，由于极"左"思潮的影响，使民族院校的办学方针摇摆不定，如1958年召开的全国第二次民族学院院长会议，重新强调民族学院的性质是政治学校。1964年5月，第四次民族学院院长会议指出，民族院校是革命的抗大式的政治学校，要集中力量办好干训部，现有的专业学科要调整，没办的本科不再办。各民族院校的本专科专业又纷纷下马。1966年到1976年的10年动乱，民族学院成为重灾区。除中央民族学院外，其余9所均先后被合并、停办和撤销。

改革开放以来，民族学院进入了恢复和调整发展的时期。已建的民族学院陆续得以恢复，新的民族学院也积极筹建。1984年在银川建立西北第二民族学院，1989年在湖北恩施建立湖北民族学院，1997年将筹建的东北民族学院改建为大连民族学院，2000年将内蒙古民族师范学院、内蒙古蒙医学院、哲里木畜牧学院合并组建为内蒙古民族大学。从1993年开始，已有部分民族学院如中央、中南、西南、西北等民族学院陆续更名为民族大学。这一时期对民族学院的定位已经发生了很大的变化，民族学院是培养少数民族政治干部和专业技术干部的社会主义新型大学。既有培养少数民族政治干部的部分，又有培养各种专门技术人才的系科。干部培养由以前轮训式的短期培训转向正规化的学历教育，从推荐选拔制转为全国统考招生制；培养对象由过去的党政干部扩大到经济管理干部、行政管理干部、教育管理干部等多科类的专业技术干部；各民院正式成立干训部作为系一级的教学行政单位，设置各类专业及课程。另一方面，在全国第五次民族学院院长会议上，第一次把发展各类专业技术教育、培养各类专业技术人才提到了主要地位，作为今后民族学院的主要任务。此后，经过20世纪80年代和90年代的发展，民族学院也由最初单一的培训干部的学院，发展成为多学科、多层次的综合性大学。在办学层次上，可以进行预科、专科、本科、硕士研究生、博士研究生五个层次的高等专业教育，其中，以全日制本科为主；在学科专业建设上，在保持民族学学科特色外，加强了工科、财经、政法、管理等科类专业的建设力度，基本上改变了民族学院长期以来形成的传统的文理型高等院校的局面。

三、民族学院的组织特性及其演变

根据民族学院发展的历程，我们从组织的角度来梳理一下其特性及其演变。从组织的目标来讲，无论是革命时期建立的延安民族学院，还是建设时期建立的10所民族学院，其办学主要宗旨是培养少数民族和民族地区的政治干部，尽管这一宗旨后来有过一些调整，如以政治干部为主、专业技术干部为辅或者二者并举,但是始终没有脱离干部培训这一主要的任务。可以说这一时期的民族学院是典型的第一部门影响下的政治性质的特殊的高等教育机构。从组织结构来看,这一时期的民族学院是隶属于政府下属的事业单位,是受国家民族事务委员会领导的,在业务上受教育部指导的一个附属机构,是一种严格按照下级服从上级原则行事的行政科层制组织。从组织行为来看,主要是干部培训式的教学模式,学员是民族地区的民族、宗教界上层人士,县、区、乡少数民族领导干部,军队中的营、连职干部和少数民族中的积极分子及部分社会青年和上层人士子弟,教学内容分为政治和文化两大类,政治教育以爱国主义教育、马克思主义民族观教育、阶级教育为主要内容,文化教育以汉语文、民族语文为主要内容。在这一时期,尽管有些民族学院开始举办三年制专科和四年制本科专业,但是要么专业仅限于语文和政治两科,要么被停办或者调整。如1964年召开的第四次全国民族学院院长会议,强调民族学院是革命的抗大式的学校,指出民族学院的首要任务是轮训和培养少数民族政治干部,干训生在全校学生中的比例要达到60%—70%,要求各民族学院必须集中力量办好干部轮训班。这样,减缓了民族学院向正规化、专业化高等学校迈进的步伐。

改革开放以来一直到上个世纪末,民族学院的组织特性发生了很大的改变。从组织的目标来讲,和以前相比有了很大的不同,由以前的培养政治干部为主转变为培养高级专门人才为主,而政治干部教育也从最早的业余培训变成后来的轮流培训,进而过渡到正规的学历教育。从组织结构来讲,在宏观上,民族学院也和我国普通高等学校一样存在着"条块分割"和"封闭办学"的问题。"以民族学院为例,5所委属院校由国家民委和所在省市自治区人民政府双重领导,以国家民委领导为主。其余省属民族学院则由省民委、省教委双重领导,以教委领导为主"。[5]在微观上,民族学院内部形成了以学科专业为基础的教学院系和以行政科层为基础的部处组成的矩阵结构，形成了由学术权力和行政权力构成的二元权力结构，教学院系主要体现为"学术导向"，而各部处等职能部门主要体现为"行政导向"。从组织行为来看，民族学院内部基本上依靠行政权力来管理学校，而学术权力的作用没有得到很好的发挥。而这种行政权力是各级民委教育行政部门、教育部和各级教委的民族教育行政部门的管理权力在民族学院的延伸和反应，最明显的标志就是在民族学院组织的内部都有相应的机构与上级机关对应与衔接。尽管如此，民族学院的组织行为越来越具有"底部沉重"的倾向性，即院、系成为组织的主体。院、系处于组织矩阵的交叉点上，院、系尽管也是民族学院的一级行政单位，但不是诸如各职能部门那样的纯行政单位，而是以教学、科研为主的学术单位。院、系的组织行为具有双重性，既有行政上的制衡，又有学术上的规约。而教师的行为也有两重性，教师首先从属于某一个学科专业意味着要对自己的学科和专业忠诚，不断追求学科专业的发展；同时要从属于一个院系（事业单位）意味着要完成一定的教学和科研任务，并和同事一起努力实现学校的组织目标。

步入新世纪，随着高等教育发展内外环境的变化，随着高等教育改革的不断深化，民族学院的发展又呈现出一些新的特点。办学规模扩大，办学实力增强，民族学院相继更名为民族大学，除了1993年中央民族学院更名为中央民族大学外，2003年中南民族学院、西南民族学院、西北民族学院、云南民族学院分别更名为中南民族大学、西南民族大学、西北民族大学；办学水平有了很大的提高，一些民族院校相继取得了博士，硕士授予权，研究生教育从无到有初具规模。截至2000年，民族学院已有博士后流动站一个，博士学位授权专业点9个，硕士学位授权专业点101个；办学质量得到显著的改善，中央民族大学列入国家"211工程"和"985工程"建设学校，并立志建设世界一流的民族大学。中南民族大学本科教学工作随机性水平评估取得优秀，西北第二民族学院和大连民族学院通过教育部本科教学合格评估，西南民族大学在教育部本科教学水平评估中获得优秀。

从组织目标来看，民族学院已经成为我国少数民族和民族地区培养高级专门人才的具备了本科、专科为主，兼有干部培训、预科、留学生和研究生多层次、多类型办学能力，兴办文、理、工、农、医、师范、财经、政法、体育、艺术等各学科门类的300多个专业的多学科的综合性高等学校；从组织结构来看，宏观上民族学院过去条块分割、封闭办学的局面得到了很大的改善。目前，我国有12所民族学院，其中有国家民委直属的中央民族大学和西北民族大学、西南民族大学、中南民族大学、西北第二民族学院、大连民族学院，以及各省区所属的青海民族学院、云南民族学院、贵州民族学院、广西民族学院、湖北民族学院、西藏民族学院。民委所属的民族学院继续实行国家民委与学院所在省（区）、市政府双重领导，以国家民委为主的管理体制。随着我国高等教育管理体制改革的深化，民族学院纷纷迈开了合作共建的步伐。中央民族大学由国家民委、教育部、北京市合作共建，中南民族大学由国家民委和武汉市合作共建，西南民族大学由国家民委和成都市合作共建，云南民族大学由国家民委和云南省合作共建，广西民族学院由国家民委和广西壮族自治区合作共建。尤为重要的是除了上面省（区）部纵向合作共建外，中国科学院与国家民委直属6所民族学院的横向合作共建也拉开了序幕。这样，民族学院高等教育将摆脱以前的条块分割的局面，步入条块有机结合的良性发展轨道。从微观上，国家民委已确定，对6所委属民族院校由对所属院校的直接行政管理转变为运用多种手段宏观管理，这就意味着民族学院和普通高等学校一样逐渐成为面向社会自主办学的独立的法人实体。今后，民族学院不再是政府行政部门的附属物，国家民委和民族学院所在省

（区）、市政府将逐步简政放权，改变以往的直接行政管理变为运用财政拨款、规划、评估、立法、信息服务等手段进行宏观管理；而民族学院将面向社会，主动适应民族地区和少数民族经济建设与社会发展的需要，依法行使自主招生、专业调整、机构设置、干部任免、经费使用、职称评定、工资分配和国际交流等方面的办学自主权。而在组织行为方面，具体承担教学和科研任务的学院和系所的地位和作用日益受到重视，而校内各职能部门开始改变以往的机关作风，树立服务专业学院和各系所的意识和态度，在人、财、物、信息、政策等方面提供保障，提高学校的教学质量和科研水平，教师的主体地位和学术权力有了一定程度的改善。

参考文献

［1］马麒麟：《中国民族高等教育的改革与发展》，教育科学出版社，2000年。

［2］邬大光、王建华：《第三部门视野中的高等教育》，载《高等教育研究》，2002年第2期。

［3］王建华：《走向第三部门的高等教育》，载《比较教育研究》，2004年第6期。

［4］霍文达：《略论我国民族学院学科专业建设的发展变化》，载《中央民族大学学报》，1995年第6期。

［5］马麒麟：《中国民族高等教育的改革与发展》，《教育科学出版社》，2000年。

（本文第二作者为Peter. Englert教授，刊登于《北京大学教育评论》，2008年第2期，第72-78页。）

中 篇
文化自觉：蒙古民族文化与教育

人类文化的起源是多元的，人类文化的发展是多向的，因为不同地域人类的生存环境及其所遭遇的问题是不同的，为了满足这种多样性生存和发展要求而产生的知识形态是多样化的。文化类型不同，知识形态不同，而与此对应的承担传承文化、选择知识重任的教育形态自然也各不相同。因此，在探讨蒙古民族教育问题时，既不能以"西方教育"套"蒙古民族"的，也不能以"中国汉民族"的套"蒙古民族"的，更不能以"现代"的套"古代"的，尽管彼此之间有很大的联系，而要做到这一点，只能从蒙古民族自身的历史发展入手，从蒙古民族与其他民族交往而发生的文化变迁来做具体的分析。

关于蒙古族儿童双语及三语学习态度的调查研究

一、研究目的

双语、三语学习态度是双语教育心理学的基本问题之一，是构成双语、三语学习动力的重要因素。对此课题，国内外的研究不多，不甚具体。国外的研究大多集中于双语教学的认知领域，把重点放在学生的智力因素上，而对于诸如个性、态度、兴趣这些属于情感领域的非智力因素的研究未予以足够的重视。国内的研究处于起步之始，有关双语教学的可能性与必要性的研究居多，而关于双语学习动力、双语学习态度的研究较少。因此，在双语教育理论中，补充这方面的研究是十分必要的。本研究意在通过自制的语言学习态度量表测量内蒙古蒙古族学生的双语及三语学习态度，了解蒙古族学生的双语及三语学习态度的差异情况及其差异形成的原因，以便为我国的民族儿童心理学、跨文化心理学、双语教育学提供一些有益的资料，并为双语教育实践提供参考。

二、研究方法

（一）被试

从内蒙古哲里木盟蒙校随机选取小学三年级、五年级，初中一年级、三年级学生，每年级 30 名，共 120 名。其中，初中一年级、三年级的 60 名学生为三语学生。从哲里木盟后旗巴雅斯古楞苏木中学初一、初三年级、中心小学三年级、五年级随机选取 120 名学生（每年级 30 名），以上学校的教学用语和学习用语均为蒙古语，即纯蒙古语授课。所有被试者均为蒙古族。本次测量的有效问卷为233人，取样归纳为表一：

表一 被试情况表

		城市	农村	合计
三年级	男	14	10	24
	女	16	14	30
五年级	男	18	14	32
	女	12	15	27
六年级	男	13	17	30
	女	17	13	30
八年级	男	13	13	26
	女	17	17	34
总计		120	113	233

（二）方法

采用调查与态度量表测量相结合的方法。调查方面，走访教师、家长、随堂听课、观察，以了解双语教学的一般情况；测量方面，自制蒙古、汉、英3种语言学习态度总加量表用来测量被试以上3种语言的学习态度。

（三）测量过程

1. 自制语言学习态度量表

根据态度学习理论及利克特型（Liket，1932年）态度总加量表的编制原理自制蒙古语、汉语、英语三种语言学习态度量表，内容涉及学生对这三种语言的价值认知、情感好恶及学习每种语言的行为倾向这三个方面。量表一律用蒙古文编写。

2. 预试

三种语言学习态度量表在正式施测前在有代表性的被试样本中进行了预试，删除了10个鉴别力低的项目。此外，还增加了2个开放性问题，内容涉及语言学习动机、语言学习困难等。

3. 实测

集中被试，集体施测。然后回收全部量表，计算被试的语言学习态度分数。最后，汇总所有被试的测试结果。

4. 结果处理

对本研究样本按年级、城乡、男女等计算出平均分数和标准差，然后做 F 检验和 T 检验。

5. 量表的信度、效度

信度检验：内部一致性即分半相关系数，分别为蒙古语学习态度量表 r1 = 0.89、汉语学习态度量表 r2 = 0.88、英语学习态度量表 r3 = 0.92。证明量表所测结果可靠，基本达到显著相关。

效度检验：内容效度采用逻辑法，请由儿童心理学教授、研究人员和三语教师组成的专家小组对量表进行考核。效标效度，请有经验的班主任根据量表内容鉴定了 50 名学生三语学习态度的等级，并与其三语态度量表所测的分数求相关，其值分别为 r1 = 0.60、r2 = 0.59、r3 = 0.61，已达到显著水平。

三、结果

数据整理的结果参看以下各表。

表2　233 名蒙古族学生双语学习态度分数的比较（均数）

	X	S	T
蒙古语	56.19	3.12	7.378
汉语	53.63	4.28	

表3　80 名蒙古族学生三语学习态度分数比较（均数）

	X	S	T
蒙古语	56.50	3.51	1.581
汉语	55.80	3.73	
英语	55.27	4.17	

由表2、表3可知，蒙古族儿童的蒙古语、汉语、英语三语学习态度很端正，他们的双语、三语学习态度平均分数均很高，在50分以上，满分为60分。蒙古族儿童双语及三语学习态度之间确实存在一定的差异，最突出的一点是蒙古族儿童的蒙古语学习态度分数高于汉语学习态度分数和英语学习态度分数。下面从双语、三语这两个方面，年级、城乡、性别这三个维度具体地加以说明。

（一）蒙古族儿童的双语学习态度

1. 蒙古族儿童双语学习态度的年级差异见表4。

表4 不同年级蒙古族儿童双语学习态度分数比较（均数）

	N	蒙古语 X	蒙古语 S	汉语 X	汉语 S	T
三年级	54	55.46	3.78	51.02	4.36	5.654[2]
五年级	59	56.41	2.65	55.09	3.44	2.335[1]
六年级	60	55.62	3.40	54.80	3.50	1.302
八年级	60	57.20	2.25	53.37	4.63	5.763[2]
F		4.001[1]		12.036[3]		

[1] $P<0.05$。[2] $P<0.01$。[3] $P<0.001$。

（1）不同年级蒙古族学生的蒙古、汉双语学习态度分数都很高，均在51-58分之间。但是，蒙古语与汉语比较，蒙古语学习态度分数各个年级都高于汉语学习态度分数，除六年级外，五年级、特别是三年级、八年级的双语学习态度之间差异特别显著。

（2）蒙古族学生蒙古语学习态度的年纪差异明显，五年级、八年级蒙古族学生的分数高于三年级、六年级蒙古族学生的分数。蒙古族学生汉语学习态度的年纪差异十分明显，三年级蒙古族学生的分数最低，五年级蒙古族学生的分数最高。

2. 蒙古族儿童双语学习态度的城乡差异见表5。

表5　城乡蒙古族儿童双语学习态度分数比较(均数)

	N	蒙古语		汉语		T
		X	S	X	S	
城市	120	56.22	3.67	54.57	4.61	3.068[2]
农村	113	56.17	2.41	52.63	3.68	8.555[3]
F		0.124		3.560[1]		

[1] $P<0.05$。[2] $P<0.01$。[3] $P<0.001$。

（1）无论是城市蒙古族学生，还是农村蒙古族学生，其双语学习态度分数均很高，在52-57分之间，但是，蒙古语与汉语比较，城乡蒙古族学生的蒙古语学习态度分数明显地高于汉语学习态度的分数。

（2）城市蒙古族学生的蒙古、汉双语学习态度分数都高于农村蒙古族学生的双语学习分数。其中，蒙古语学习态度的城乡差异不大，而汉语学习态度的城乡差异比较显著。城市蒙古族学生的汉语学习态度分数除三年级低于农村蒙古族学生的分数外，其他各年级的分数都高于农村蒙古族学生的分数，经检验，这种差异很显著。

3. 蒙古族儿童双语学习态度的性别差异

（1）蒙古族儿童双语学习态度的性别差异不大，经检验，未达到显著性水平。

（2）无论男生，还是女生，其蒙古语学习态度的分数显著地高于汉语学习态度的分数。

（二）蒙古族儿童的三语学习态度见表6。

表6 不同年级蒙古族儿童三语学习态度分数比较

	N	蒙古语 X	蒙古语 S	汉语 X	汉语 S	英语 X	英语 S	T
六年级	30	55.93	4.03	56.37	3.47	57.30	3.35	1.171
八年级	30	57.07	2.84	55.23	3.95	53.20	3.92	8.64[1]
F		1.267		1.182		4.355[2]		

[1] $P<0.01$。[2] $P<0.001$。

1. 蒙古族儿童三语学习态度的年级差异

英语学习态度的年纪差异十分显著，六年级蒙古族学生的英语学习态度明显地高于八年级蒙古族学生。蒙古、汉双语学习态度的年级差异不大，均未达到显著性水平。

2. 蒙古族儿童三语学习态度的城乡差异

蒙古族三语学生只限于城市，无须探讨城乡差异。

3. 蒙古族儿童三语学习态度的性别差异

蒙古族儿童在蒙古、汉、英三语学习态度上未见明显的性别差异。总的看来，女生在汉语和英语学习态度分数上高于男生，但是差异不大。同一性别内，蒙古、汉、英三语学习态度之间没有明显的差异。

四、分析与讨论

（一）语言学习态度的偏好问题

在双语、三语学习态度上，无论在城市，还是在农村，无论是小学，还是初中，蒙古族学生蒙古语学习态度均强于汉语学习态度和英语学习态度，为什么会存在这一偏好现象呢？

1. 蒙古语是蒙古族儿童的母语

蒙古语是蒙古族儿童幼儿时期在家里首次习得的语言。与第二语言和英语相比，无论是在交际中被使用的机会，还是在进行心智活动时作为中介的数量上，母语具有先天的优势。

2. 语言的民族性与文化性影响人的语言学习态度

语言与文化关系极为密切，语言代表了使用该语言的民族文化的精华，所表达的内容隐含着该民族的生活方式、历史传统、价值观念。儿童通过习得与学习母语，从而获得代表该民族文化的一定的价值取向，逐步培养他们对本民族文化和语言的深厚感情和民族自尊心。

总之，笔者认为，由于母语这一现实，决定了蒙古语在认知领域内的先天优势，这一优势又为儿童的情感因素——民族与文化的深层心理所推动而得以发挥，最终造成了蒙古语学习态度强于汉语学习态度这一事实。

(二) 双语学习态度与城乡差异

研究结果告诉我们，蒙古族学生在蒙古、汉双语学习态度上呈现出一定的城乡差异，其中，蒙古语学习态度的城乡差异不大，汉语学习态度的城乡差异十分显著。原因何在？

1. 被试所处的地域、文化背景不同

地域不同可能造成不同的文化环境，从而对身处这种文化环境种的人的心理发生作用。我们选择的被试，其所处的地域是不同的。城市蒙古族学生居住在通辽市，这里蒙古族和汉族大杂居，汉语的语言环境特别好，蒙古族儿童能够接受大量的汉语信息，蒙古语只限于学校的蒙古语课堂和家庭的日常对话。与之相比，农村的蒙古族学生就大相径庭了。农村被试居住在偏僻的苏木，这里蒙古族人口占多数，蒙古语是他们交际、思维的主要工具。汉语的语言环境极差，学生汉语文信息的接受率极低，仅限于汉语文课堂。农村蒙古族学生在汉语学习经验与能力上都不能与城市蒙古族学生相提并论。

2. 第二语言学习动机及特点在蒙古族儿童双语学习态度中的作用

加拿大学者 Grandner 和 Lambert 认为，第二语言及外语学习动机有两种。一种是工具型动机，就是为了某些实际目的而学习另一种语言。一种是融合型动机，学习另一种语言的目的是要成为该语言社团的成员。根据我们的调查，发现蒙古族儿童汉语学习动机大多是工具型动机。农村蒙古族学生尽管具有效用较强的工具型动机，但这种动机缺乏迫切性与积极性。因为他们依靠蒙古语就可以解决一切交际问题，满足其生活、社会文化及增长知识等方面的需要。而城市蒙古族学生身处蒙、汉文化交织发展的区域之种，大范围的交际需要，文化与生活、深化知识的需要都要借助汉语来满足，这样，汉语学习动机的迫切性与积极性就很强，远在农村蒙古族学生之上。

（三）语言学习兴趣、语言适应困难对蒙古族儿童双语及三语学习态度的影响

研究结果表明：城市初一蒙古族学生的英语学习态度分数不仅高于初三蒙古族学生的分数，而且高于他们自己的汉语甚至蒙古语学习态度分数。而处于汉语环境极差的农村三年级蒙古族学生的汉语学习态度分数却超过了城市三年级蒙古族学生。笔者认为，这种现象与语言学习兴趣有关。对城市初一蒙古族学生和农村三年级蒙古族学生来说，英语和汉语是他们首次学习的语言。学习一种新语言是新奇的，一种新语言的开设为他们的学习带来了浓厚的兴趣。随着年级的升高，语言适应的困难逐渐显露，语言学习兴趣开始分化。语言学习困难主要有：1. 没有合适的教材与参考书，没有蒙文版的英语课本及课外读物。2. 语言环境极差，学生要求学校建立完备的英语电化教育体系，要求教师创设多种多样的英语学习环境。3. 教师素质不高，许多教师汉语、英语口语不过关，发音不准。有些教师不通蒙古语，不能很好地发挥母语在三语教学中的拐杖作用。

五、小结

（一）蒙古族儿童的蒙古语、汉语、英语三语学习态度分数都在 50 分以上（满分为 60 分），这表明蒙古族儿童对这种语言的学习持积极态度，这是保证三语教学得以成功的有利条件。

（二）在蒙古族儿童的双语、三语学习中，不同程度地存在蒙古族儿童比较倾向与愿意学习自己的母语——蒙古语。这说明语言的民族性与文化性、语言学习的情感因素影响儿童的语言学习态度。因此，教师在三语教学中应充分利用母语的优势，注意民族儿童的情感因素。

（三）蒙古族儿童的双语、三语学习态度具有一定的年级差异。这主要与语言学习兴趣、语言适应困难有关。语言学习困难的主要问题在教材和教师素质上，必须加强教材建设，提高教师素质。

（四）蒙古族儿童的双语学习态度具有一定的城乡差异。这可能与被试者所处的文化背景及由此所致的语言学习动机的迫切性与积极性有关。所以，教师在三语教学中要想方设法为学生提供良好的语言环境，从而提高学生学习汉语、英语的迫切性与积极性，保证三语教学的质量。

（五）蒙古族儿童在蒙古、汉、英三语学习态度上性别差异不大。

双语、三语学习态度是一个十分重要而又非常复杂的问题，必须对此进行全方位、多样化的研究。本研究由于种种原因存在样本容量不大、语言学习态度总加量表的编制与测量较为简单等不足之处。本研究仅是一次初步的尝试，还需要不断地深入、完善。

参考文献

[1] M. F. 麦凯、M. 西格恩：《双语教育概论》，光明日报出版社，1985年。

[2] 张伟：《论双语人的语言态度极其影响》，载《民族语文》，1988年第1期。

[3] W. Jack. Duncan：《态度及其测量》，载《外国心理学》，1985年第4期。

[4] 代忠恒：《心理与教育测量》，华东师范大学出版社，1987年。

[5] 桂诗春：《心理语言学》，上海外语教育出版社，1985年。

[6] Stephen. D. K. Tashen：《如何习得第二语言能力》，载《国外外语教学》，1986年第3期。

（本文是在硕士论文基础上修改而成，刊登于《中国儿童发展》，1992年第5期，第15-20页。）

高校收费条件下蒙古族贫困生助学贷款的调查研究

一、研究背景与目的

内蒙古属于欠发达的边远少数民族地区，蒙古族主要聚居于经济不发达的半农半牧区和农区。蒙古族总人口的 18.6% 居住在农区，56.3% 居住在半农半牧区，16.3% 居住在牧区。[1] 实行缴费上大学的成本分担制度，对经济上处于不利的群体来说无疑是雪上加霜。而蒙古族大学生多来自上述经济落后的蒙古族聚居区，这便是本研究得以开展的背景。

本研究的目的在于了解我国收费条件下高校少数民族贫困生获得资助的一般情况；考察收费条件下民族高等教育特殊照顾政策的变化情况；以期明了收费对少数民族贫困生的影响，并探讨少数民族贫困生助学贷款中出现的问题，从而向有关部门反映情况并提供建议。

二、调查结果与分析

笔者采用文献法、问卷法和谈话法，以蒙古族贫困生为样本，对助学贷款政策演变、助学贷款中存在的问题及贫困生对助学贷款的态度等问题进行了调查研究。

1. 关于收费情况的调查结果与分析

根据文献资料汇总，内蒙古地区高校收费呈逐年递增的趋势。从 1997 年的 2000 元/年增至现在的 3500 元/年。1997 年、1998 年一般院校学费为 2000 元/年，师范、农林类免缴学费（签订合同，毕业后需在内蒙古服务 5 年），艺术外语类可适当提高，但原则上不超过 3500 元/年；1999 年一般院校上调为 2500 元/年，有些专业可上浮，但不高于 2800 元/年，艺术类由 3000 元/年调整为 6000 元/年，农林、师范类开始收费，标准为每生每年 1500 元（政府财政另补贴 1000 元）；2000 年至今收费有了很大上升，一般院校为 3500 元/年，师范、农林为 3000 元/年。同时，对蒙古族学生中的蒙古语授课学生收费政策从 1997 年全免学费过渡到现在的收取 80% 的学费，即农林、师范类收费为 2400 元/年，一般院校为 2800 元/年。尽管内蒙古自治区高等学校实行了收费制度，但是学费收缴情况不良，据 2001 年统计，全区 16 所高校（共有普通高校 18 所）共有在校生 89935 人，其中 21873 人未缴纳学费，占应交学费人数比例的 26.1%；共有新生 31335 人，欠学费者 5167 人，占应交学费人数比例的 18.37%。

从以上的结果中我们可以发现：内蒙古地区高校收费虽然呈逐年上升趋势，但是增幅并不大，与全国高校收费的平均增幅水平相比也不属前列。可是欠学费情况如此严重，不能不令人深思。根据调查结果，我们分析主要原因有：

第一，内蒙古自治区在我国属欠发达地区，工资基数较低。各高校生源主要来自农村、牧区及各旗县。

第二，近几年来，内蒙古自治区自然灾害严重，冬雪夏旱直接影响农牧业生产，从而影响近两年新生入学的学费正常缴纳。

第三，助学贷款工作起步晚、成效慢，真正实施国家助学贷款的学校数量少。学费拖欠既给学生本人带来心理压力，影响其学习积极性，又严重影响了各院校的事业收入，阻碍高等教育事业的发展，不利于民族地区高等教育大众化的实现。

2. 关于助学贷款情况的调查结果与分析

内蒙古地区高校助学贷款工作从 1999 年开始试点，2000 年正式实施。开展学生贷款种类有两种形式，即"国家助学贷款"

和"西部开发助学工程"。首先来看一看国家助学贷款情况。国家助学贷款的最高限额为：学费贷款每生每年最高不超过3500元，生活费每生每年最高不超过2500元，两项合计每生每年最高不超过6000元。贷款期限一般不超过8年（由于在校4年，需在毕业后4年还清）。贷款利息的50%由财政补贴，其余50%由学生个人负担。据2001年年底统计，内蒙古自治区有普通高校18所，在校生94612人，少数民族在校生27419人，贫困学生23045人，贫困生占在校生总数的24%。2000年已有6所高校开办了国家助学贷款业务，共为2668名学生发放国家助学贷款1130.75万元。2001年已有9所高校开办了国家助学贷款业务，又为1271名学生发放了国家助学贷款551.11万元。除了国家助学贷款外，从2000年开始启动"西部开发助学工程"。2001年全区"西部开发助学工程"特殊助学金贫困生资助名额分配如下：赤峰市11名，呼和浩特、包头、通辽市各9名，呼伦贝尔盟、乌兰察布盟各8名，巴彦淖尔盟、伊克昭盟、锡林郭勒盟各6名，乌海市、兴安盟各5名，阿拉善盟3名。到了2001年年底，资助政策有所变化，资助对象转向内蒙古贫困地区特别是2001年遭受特大自然灾害地区的大学生，资助金额为200万元，资助人数从以前的85人增至200人，每人资助1万元，分4年支配使用。"西部开发助学工程"特殊助学金具体分配名额为：内蒙古大学46名，内蒙古师范大学42名，内蒙古工业大学34名，内蒙古农业大学42名，内蒙古民族大学36名。在内蒙古自治区实施的"国家助学贷款"和"西部开发助学工程"过程中，没有对包括蒙古族在内的少数民族贫困生做出特殊的规定和照顾。

助学贷款试点工作从1999年开始在工商银行实行，2000年、2001年陆续在工商银行、中国农业银行、中国银行和中国建设银行全面展开。助学贷款工作虽有一定的进展，但成效不太显著，贷款人数和金额分别占申贷人数和申贷金额的11.8%和11.01%，有近90%的贫困生得不到国家助学贷款资助。长此以往，势必影响贫困生入学及坚持在校学习直至完成学业，影响高校的正常办学秩序，影响高等教育事业的健康持续发展。究其原因如下：内蒙古属边远、落后的少数民族地区，灾情严重，经济欠发达，财政困难，国家助学贷款财政贴息缺口大。2000年、2001年财政安排贴息资金299万元，实际仅贴出33.3万元。自国家助学贷款业务开展以来，各院校积极争取，虽然取得了一定的进展，但由于操作此业务的各商业银行配合力度不够，发展较为缓慢。相比较而言，各商业银行更愿意选择知名度高、毕业生就业前景好的院校合作开办助学贷款业务。从银行的角度来看，财政贴息缺口大、学生还贷的信用问题使放贷银行承受巨大的风险与压力。此外，贫困生身份的确认、助学贷款多头管理和政府、自治区教育主管部门、学校与银行间的协调问题以及贷款手续复杂等问题也影响助学贷款的顺利实施。

3. 关于学费标准及对助学贷款态度的调查结果与分析

从教育主管部门和高校角度来看，他们对学费标准、助学贷款额度持肯定态度。他们认为助学贷款中主要存在约束机制差、学生诚信意识淡薄、银行合作意愿不强、申贷手续复杂等问题。但在学费收取、助学贷款中是否对少数民族学生进行特殊照顾这一问题上存在分歧。有人赞同实行倾斜政策，适当照顾；有人主张少数民族学生应与汉族学生平等对待、一视同仁。

下面考察一下贷款受益者蒙古族贫困学生的看法。本次调查共发放问卷320份，收回问卷257份，有效问卷是238份。其中，内蒙古大学69人、内蒙古农业大学46人、内蒙古师范大学50人、内蒙古财经学院73人，男生112人，女生126人。本次调查反馈的信息如下：第一，尽管内蒙古地区高校收费与全国其他省区相比比较低，但仍有74.8%的蒙古族贫困生认为学费额高,有60.9%的学生赞成减免学费,理由是少数民族学生家庭经济生活水平较低,缴费上学对这些学生的择校、入学产生影响和压力。第二,在报考大学时考虑的主要因素中排在前三位的分别是:高考成绩(42%)、个人的兴趣爱好(28.6%)、高校收费额度(16.8%);有39.1%和43.7%的学生在填报志愿和拿到录取通知书时就已经开始关注学费的筹措问题。第三,对助学贷款学生们普遍表示欢迎。但是有82.3%的学生表示担忧,最主要的原因是偿还贷款的压力大(54.2%)。而背后的深层原因是这些学生多数来自经济水平较低的家庭,他们所学的蒙古语授课专业多属人文、社科类,社会需求少,适用范围不广,因而造成就业压力大。蒙古族贫困生认为,国家助学贷款在实施过程中主要存在以下问题:申请手续过于复杂(26.9%)、还款期限短(18.9%)、贷款金额少(12.2%)和贷款不能按时发放(11.3%)。

三、结论与建议

第一,国家、政府对于民族区域自治地区的少数民族大学生长期给予减免全部或部分学费的照顾政策,落实了党的民族政策。但这种政策随着高等教育改革,尤其是缴费上学制度的实行有所改变。内蒙古地区高校用蒙古语授课专业的大学生学费从全免过渡到现在的减免20%。而用汉语授课专业的蒙古族大学生则不能享受这种优惠政策。由于自然灾害、经济落后和助学贷款起步晚等原因,内蒙古自治区高校学生欠费现象较严重。欠费生占学生总数的26.1%,其中不乏蒙古族贫困生。这种状况若继续下去,不利于内蒙古地区高等教育事业的健康发展,更不利于民族地区高等教育大众化的实现。令人欣慰的是这一现象已引起政府领导及有关部门的高度重视,采取了相应的措施,相信这一问题会得到逐步解决。

第二，内蒙古地区高校助学贷款起步晚、成效慢、覆盖面小。1999年开始试点工作，2000年开始推广，到2001年底，全区18所高校有9所开办了国家助学贷款业务，但仍有90%的贫困生申请后未得到国家助学贷款，在这些学生中，蒙古族贫困生占有很大的比例。另据从事助学贷款工作的人员反映，国家助学贷款实施过程中主要存在自治区政府财政贴息缺口大、各商业银行配合力度不够、申贷手续复杂、约束机制差、学生诚信意识不强等问题。除了国家助学贷款外，从2000年开始实施"西部开发助学工程"，但资助范围较小，覆盖面不大。这两种资助政策中都没有对蒙古族贫困生的特殊倾斜内容。

第三，高校收费上学制度对蒙古族贫困生择校、入学产生了一定的压力。许多学生早在填报志愿或拿到录取通知书时就开始考虑学费多少和如何筹措学费问题。在开始大学生活之初，又要考虑申请助学贷款问题，这无疑会在心理上对其学业的完成造成影响。大多数蒙古族贫困生对助学贷款感到有所顾虑，最主要的原因是还贷压力大，因为这些学生多数来自贫困旗县，家庭经济水平低。还有一个原因不可忽视，蒙古语专业多属人文类，适用范围小，就业压力大。

针对上述结论中存在的问题，提出以下建议：

第一，学费的减免不要仅限制于接受蒙古语授课的蒙古族学生，其他专业的蒙古族学生也应享受这一政策。要鼓励、资助蒙古族学生接受理、工、中文、信息、管理、边贸等专业高等教育，突破传统蒙古语授课模式，以利于他们适应多元化的社会环境，促进民族地区现代化的早日实现。

第二，加强对蒙古族贫困生的调查研究工作，贯彻民族区域自治法，落实民族教育政策。

在内蒙古汉族人口主要集中于城镇，而蒙古族人口约74.9%居住在较贫困的农区和半农半牧区。因此对于来自农区、半农半牧区的蒙古族特困生应作具体的分类，在奖学金、助学金、勤工助学和国家助学贷款政策上予以特殊的倾斜政策。不仅保证他们入学机会的平等，还要保证完成学业机会和就业机会的平等。

第三，中央对欠发达的边远少数民族地区应加大财政拨款的力度，其中应设立专项的助学基金；争取国际组织的援助；欢迎用人单位在学校设立专项助学金。同时，反思国家助学贷款实施过程中存在的问题，简化申请贷款和审批手续，不断完善助学贷款运行机制，做好相关单位间的协调工作，形成齐抓共管的良性运行局面。

参考文献

[1] 色音：《蒙古族游牧社会的变迁》内蒙古人民出版社，1998年。

（本文刊登于《民族教育研究》，2003年第1期，第24－27页。）

试论蒙古民族传统文化的形成、变迁及其特点

游牧文化是蒙古民族的传统文化,是蒙古民族得以生存和发展的根本动力。在蒙古历史发展的漫长岁月中,由于族际交往的发生和生存环境的改变,游牧文化这一蒙古民族的本土文化也在不断地发生变迁。而这种文化变迁对蒙古民族历史发展的走向、对蒙古民族现代发展格局的形成发生了深刻的影响。这里笔者根据蒙古历史发展的进程和文化演变的次序,对蒙古民族传统文化的形成、变迁及其特点进行梳理。

第一阶段:蒙古民族传统文化的形成期

这一阶段大约从8世纪下半叶成吉思汗先世孛儿帖·赤那由蒙古高原东部额尔古纳河西迁开始一直到13世纪初成吉思汗统一蒙古高原各部,建立大蒙古国为止。从生存环境来讲,蒙古民族从东部的森林地带迁徙到位于三河流域(斡难河、土拉河、克鲁伦河)的草原地带;从生存方式来看,蒙古民族从以狩猎为主游牧为辅的狩猎——游牧型向游牧为主狩猎为辅的游牧——狩猎型转化;从社会组织来讲,蒙古民族从一个以血缘关系为基础的氏族、部落发展成为以地域关系为基础的部落联盟乃至早期国家形态。这次西迁对蒙古民族的历史发展意义重大,不仅形成了蒙古民族传统文化——游牧文化,孕育了游牧文化中心——三河流域,自此之后,三河流域成为蒙古的大后方;而且造就了以成吉思汗为代表的孛儿只斤氏——黄金家族的正统汗权。正统汗权的树立不仅形成了蒙古人尊崇汗权的意识,而且使以后蒙古民族的历史充满了争夺汗权的斗争。游牧文化使蒙古民族历史表现出巨

大的变异性与开放性。钱穆在其所著的《中国文化史导论》中对人类不同类型文化进行了比较,他认为游牧文化发源在高寒的草原地带,这种类型文化起于内不足,内不足则需向外寻求发展,因此,它是流动的、进取的。游牧民族"其凭以为资生之地者不仅感其不足,抑且深苦其阻碍,于是遂有强烈战胜与克服欲。"[1]札奇斯钦在其所著《蒙古文化概要》中对游牧文化进行了论述,他认为:"游牧生活是把衣食住行都依赖在他们所放牧的家畜之上。在游牧社会里,人类的生活,是不能与家畜分开的。游牧民族的财富,是以家畜的头数为标准的。为了保持财富,增加财富,他们必须寻求更好更宽广的牧场。遇有天灾,游牧民族必须驱家畜而迁徙。因之极有可能导致部族与部族之间的摩擦,甚至战争。"[2]高寒、干燥的内陆高原自然环境、逐水草畜牧的生活方式、家畜不断增加对牧场的无限需求,造就了游牧文化必以流动性和开放性为其主要特点。蒙古文化发展的这一阶段最终以成吉思汗统一蒙古高原上近百个部落,建立大蒙古国,从而形成蒙古民族传统文化——游牧文化,完成文化整合而成为蒙古民族共同体而告结束。"无论是部落时代,还是在近800年的民族时期,作为文化群体的蒙古人,基本保持着'逐水草而游牧'的生存样式。这种生业方式,当成为一种历史实践时,必然地创造出了与之相应的物质财富和精神财富。从宏观角度,我们把这种生业方式和与之相应的'财富',统称为蒙古游牧文化。"[3]除了流动性、开放性之外,多元性是蒙古传统文化的又一个特点。多元性主要表现在两个方面:第一,从纵向来看,在13世纪初,成吉思汗统一蒙古诸部之前,在蒙古高原上,匈奴、鲜卑、突厥、契丹、女真等民族相继兴起,先后建立过强大的汗权,持续了千余年。他们在政权形式、经济类型、语言文化诸方面对蒙古传统文化的形成产生了深刻的影响。蒙古民族传统文化在某种程度上可以说是在承袭上述民族文化的基础上发展起来的一种多元文化。所以，有人将蒙古传统文化视为蒙古高原游牧文化的集大成者。"蒙古民族是自古以来活动在蒙古地区的各部族和部落的大集成"[4]。第二，从横向来讲，蒙古民族与其同时并存的其他民族发生了战争、联盟、贸易、和亲等多种形式的文化接触与交流，最终，通过文化整合将蒙古语系和突厥语系的蒙古地区众多部落融合成为一个多民族共同体。在族属不同、各有名号、语言各异、信仰有别、发展程度多样的诸部落结合成为一个民族共同体的过程中，以成吉思汗为首的蒙古部起到了核心作用。"由于成吉思汗及其宗族的兴隆，由于他们是蒙古人，于是各有某种名字和专称的突厥部落，如札剌亦儿、塔塔儿、斡亦剌惕、汪古惕、克烈亦惕、乃蛮、唐兀惕，为了自我吹嘘起见，都自称为蒙古人，尽管在古代他们并不承认这个名字。"[5]这样，"蒙古"由部落名称变成了一个民族名称。蒙古传统文化所具有的流动性、开放性和多元性对日后蒙古历史的发展，对蒙古文化的变迁，对现代蒙古民族分布格局发生了深刻的影响。这一时期文化发展的主题是蒙古高原游牧文化的整合与蒙古民族传统文化的成型。

第二阶段：蒙古民族文化的鼎盛时期

这一阶段始于13世纪初大蒙古国的建立，结束于忽必烈统一中国，建立世界性的蒙元帝国。这一时期的文化发展主要表现为文化适应的特征。成吉思汗在统一蒙古高原各部及建立蒙古汗国的过程中，实行分封制，建立十进制的军事、行政组织——千户制，颁布法律《大札撒》，扩建了护卫军——"怯薛军"，决定建都于哈剌和林，这些措施加强了中央集权的国家体制，结束了各部之间的混战，增强了蒙古国的活力，基本实现了以蒙古民族为核心的多元文化的整合。随着西征与南伐的胜利，尤其是长期经略漠南汉地的忽必烈在争夺汗权的斗争中取得胜利，蒙古民族文化进入了一个新的阶段。统一中国后,"崇佛重儒",采纳中原汉地儒士的建议,建立元朝,迁都北京,标志着蒙古政治、经济、文化中心南移,标志着世界性的蒙元帝国的正式形成。至此,以蒙古高原为摇篮、以游牧为生业方式的蒙古民族传统文化又经历一次大的文化变迁。蒙元帝国疆域辽阔,横跨欧亚大陆,主要包括西部的四大汗国、南部的元朝和北部的蒙古本土三大部分。蒙元帝国内部文化类型多元,既有以流动性为主要特点的游牧文化,也有以定居为主要特征的农业文化,还有以城镇化为标志的商业文化。"领土东起中国东北,西迄俄罗斯的蒙古帝国,是靠武力征服起来的庞然大物。帝国疆域内的各民族,各有自己的语言、宗教信仰、生活方式,社会发展水平也不尽相同,蒙古帝国堪称为复杂的多民族政治联合体。"[4]以蒙古民族为主体的统治者,主要采用文化适应的原则以实现对其庞大帝国的经营。文化适应的模式一般有三种:其一为被他文化同化;其二为两种文化趋于融合;其三文化嫁接。西部四大汗国民族成分复杂,既有钦察人、俄罗斯人,也有波斯人、阿拉伯人,还有畏兀儿人、哈尔鲁人、契丹人和土库曼人;他们所信仰的宗教既有东正教,还有伊斯兰教和佛教;他们所操的语言既有突厥语,还有波斯语和阿拉伯语;他们的生业方式各异,有农业、畜牧业和商业。可见,西方四个兀鲁思,在政治、经济、文化诸方面与蒙元帝国的中心有很大差异。所以,他们逐步为西方当地的文化所同化。"在西方兀鲁思中,蒙古人数很少,而且与其他民族杂居、通婚,很快被当地民族所同化。同化的过程首先始于统治阶级上层,他们迷恋于城市生活,放弃了本民族的语言文字和风俗习惯。到14世纪,术赤兀鲁思的蒙古人已操突厥语;察合台兀鲁思和旭烈兀鲁思到14世纪末也已完成了伊斯兰化过程。"[4]相对而言,成吉思汗诸弟分得的东部领地与其幼子拖雷分得的蒙古本部领地二者无论在民族成分,还是在地理环境、经济基础上保持了极大的一体性，基本保留了蒙古民族传统游牧文化的特性。正是由于这一大本营的存在，使得蒙古民族在长期的历史演变中没有消失或被同化而得以继续生存和发展下去，也未出现像其他民族一样整体融合到汉民族中去。到了忽必烈时代，主要以文化嫁接的方式来顺应文化变迁所带来的冲击与挑战，在保留蒙古民族传统文化基础上吸收了中原汉地文化，使得蒙元帝国的政治、经济、文化和教育具有鲜明的二元性，蒙古民族与汉民族文化首次进行了全方位的接触与交流。但是，由于游牧文化与农业文化在类型及其内涵上二者相去甚远，二者只达到了形式上的互补，最终未能实现实质性的耦合。这一点从后来蒙古历史所呈现出来的断裂性和蒙古文化发生的变迁性可以得到说明。这一时期文化变迁的主题是蒙古社会多元文化的共生和蒙汉文化由冲突而综合。

第三阶段：蒙古民族文化的低落转型期

这一时期从 14 世纪下半叶蒙元帝国分裂、元朝统治崩溃，蒙古人退出中原开始一直到 19 世纪末清朝摇摇欲坠为止。所谓低落就是指蒙古社会因帝国的分裂和元廷的北迁而失去了昔日多元文化同生共长的繁荣景象，陷入了在内诸部分裂、在外与明朝对立的"内外交困"的艰难境地。"被逐出中原后，蒙古人陷入了一种比以前更加孤立的状态中，和文明国家的贸易及其他联系一律中断，经济处于极度困难之中，帝国时期所取得的各种文化成就迅速地丧失，再加上封建割据的内讧战争，使这一时期被称为蒙古人的'黑暗时代'。"[3] 与明朝对峙近两个世纪，内部封建割据与内讧不断构成了这一时期重要的历史画卷。所谓转型是指蒙古民族传统的游牧文化随着西藏喇嘛教的传入和清朝盟旗制度的实施所发生的形态及其特征的变化。16 世纪后半期，蒙古民族文化史上发生了影响深远的一件大事，佛教新派由西藏传入蒙古。"这个新派宗喀巴创立和组织的一种所谓黄帽派，在蒙古的社会生活中起了重大的作用"[6]。由于蒙古和西藏同属游牧文化,喇嘛教信仰与蒙古民族原始信仰萨满教在许多方面有相通之处,再加上新兴的格鲁派急需蒙古军事力量的支持,而觊觎汗权的蒙古上层又需要喇嘛教为其汗权正统提供理论依据,因此,在双向需要的激励下,藏传佛教迅速在蒙古社会自上而下、自南向北而西传播。寺院广泛建立,信徒日益增多,一个以佛教僧侣为代表的新的社会力量便在蒙古社会里扎根,并与王公贵族一起成为蒙古封建社会的两大支柱。政教结合、转世、因果思想,日益深入到蒙古社会生活的各个领域。总之,藏传佛教的引入与传播给当时封闭、混乱的蒙古社会带来了一线生机,为蒙古文化的又一次变迁奠定了基础。因此,有人将这一时期称为蒙古文化的"复兴时期"。在蒙古与明朝对峙之际,东北的满族人乘势兴起,他们削弱了辽东的明朝势力后,将矛头指向蒙古,采用征伐与羁縻相结合的手段由东到西依次使蒙古人俯首称臣。"还在17世纪,南蒙古对于约在17世纪中叶占领全中国的新兴满洲帝国,已处于从属地位。到17世纪末,南蒙古正式归附满洲,北蒙古人亦即喀尔喀的大部分接着也成了他的藩属。以后,卫拉特人又逐渐归附;所有游牧在准噶尔、西藏山麓和阿拉善地区的卫拉特人,有的由于'自愿',有的由于征伐,统统在18世纪中叶成为满族皇帝的臣属。"[6]清朝通过政治联姻、盟旗制度和保护黄教对蒙古地区进行了有效的统治。"对上层极尽笼络,给予高官厚禄,亲王、郡王、贝勒、贝子,不一而足。""概中外黄教,总司此二人(指达赖、班禅),各部蒙古,一心归之。兴黄教,即所以安众蒙古,所系非小,故不可不保护之。"[7]盟旗制度使建立在流动性基础上的逐水草而居的蒙古民族游牧文化丧失了其机动性的基础。"旗"变成了一个游牧领地,成为最基本封建单位。各个旗的内部和外缘,设立了硬性的界限。移牧和迁徙变成了古老的传说。至此,蒙古民族文化已失去往昔多元性、开放性和流动性的特点，开始出现基本形态的转变。至此，一个充满活力的曾经胸怀世界的民族被禁锢在清朝设置的纵横交织的网络中。从横的方面，通过盟旗使蒙古各部相互割裂分散，尽力隔绝蒙古人之间横的联系。从纵的方面，通过封爵、世袭、分封使蒙古各部统一接受朝廷的统治，尽量加强盟旗与朝廷纵的联系，最终达到分而治之的目的。这种状况直到清末，才发生了根本的改变。这一时期文化转型的特点是实现了蒙古与西藏文化的融合、蒙古与满族文化的综合。

第四阶段：蒙古民族的觉醒与蒙古民族文化的现代化时期

鸦片战争失败，使清朝被迫走上了洋务运动的轨道，而中日甲午战争的失败又引发了戊戌变法。一系列不平等条约的签订和外国资本主义势力的进入，国内太平天国起义的爆发和义和团运动的兴起使腐朽不堪的清朝统治遥遥欲坠。清政府被迫改变对蒙古地区的封禁政策，在蒙古地区移民实边、放牧垦地、推行新政，以抵御外族的入侵。使长期处于封闭状态的蒙古地区全面开放，使蒙古文化再次有机会与内地的汉文化和国外的西洋文化发生接触。在与各种文化的对比中，蒙古民族开始从"沉睡"中醒来，产生了创新民族文化的自觉意识。下层风起云涌的农牧民起义，上层以贡桑诺尔布为代表的进步封建王公的"励精图治"，正是蒙古民族文化心态走向成熟的反映。另一方面，许多蒙古青年走出去，到内地深造或去国外留学，受到不同文化的影响和不同思想的启蒙。他们在多元文化的冲突与融合中形成了各自的文化鉴别和选择能力，因而出现了不同的政治和文化分野，从而选择了不同的民族自决、自治的道路。外力的冲击和内力的涌动奠定了现代蒙古民族文化发展的格局。现代的蒙古民族一分为二，外蒙古在苏联的帮助下成为独立的国家，走上了苏联式的社会主义道路；而内蒙古在中国共产党的领导下，结束了长期被分割统治的局面，实现了统一的民族区域自治，走上了有中国特色的社会主义道路。这一时期文化发展的特点就是蒙古民族主体在中国传统封建文化、本民族传统文化、西方资本主义文化的多元文化的基础上做出自己的判断和选择，以改造和重建适合时代发展的本民族文化。

参考文献

[1] 钱穆：《中国文化史导论》，生活·读书·新知三联书店，1988年。

[2] 札奇斯钦：《蒙古文化概要》，台湾中央文物供应社，中华民国75年。

[3] 乌云巴图、葛根高娃：《蒙古族传统文化论》，远方出版社，2001年。

[4] 内蒙古社科院历史所蒙古族通史编写组：《蒙古族通史》上卷，民族出版社，2000年。

[5] [波斯] 拉施特：《史集》卷1第1册，商务印书馆，1983年。

[6] [苏] 符拉基米尔佐夫：《蒙古社会制度史》，中国社会科学出版社，1980年。

[7] 苏发祥：《清代治藏政策研究》，民族出版社，2001年。

（本文刊登于《内蒙古大学学报》人文社会科学版，2004年第5期，第66－69页。）

元代书院官学化的历史文化解释

我国是一个统一的多民族国家,在长期的历史发展过程中形成了"多元一体"的文化发展格局。元朝是我国北方游牧民族——蒙古族建立的第一个统一的全国性王朝,在建立元朝的过程中,蒙古族的游牧文化与汉族的农耕文化从对峙、冲突走向交流与融合。"国子学的多样化、书院的官学化和科举考试的时断时续"便是这种文化变迁在高等教育演变上的显著反映。

书院始于唐朝,兴盛于宋元,明清得以承袭,清末废止,改为学堂,是中国封建社会特有的一种教育组织和学术研究机构。对于书院的性质,涂又光先生在其所著的《中国高等教育史论》中作过鉴定。他认为书院是官费民营的地方高等教育机构。"书院的体制是地方高等教育,兴办书院,都有地方长官大力支持,都有地方财政、学田租课为经费来源。由此而言,书院不是民办。书院的宗旨、方针、内容、方法,都是跟学校选举对着干。由此而言,书院不像官办。"[1]他认为,综合而言,元朝之前书院是官费民营的地方高等教育机构,蒙古太宗(窝阔台)八年(1236)创办太极书院,到元世祖(忽必烈)至元二十八年将书院纳入官学系统。加拿大许美德教授在其所著的《中国大学——1895-1995一个文化冲突的世纪》一书中,对书院与官学的关系作过阐述,她认为书院与官学是对立的两端。中国传统高等教育存在相对的两极,一端为帝国的士大夫学术垄断,另一端为书院的脆弱而又支离破碎的自治。二者是一种持续的紧张关系。书院一般与官府没有直接的财政关系,主要靠所拥有的土地收入来维持。这种教育组织的主持人通常是"学术大师",他主要是靠自身高深的学术造诣,开学授徒和聚众讲学。无论是"官费民营"的地方高等教育机构，还是与官学对立的拥有脆弱而又支离破碎的自治的私学，在游牧民族蒙古人统治的元朝却殊途同归，走上了官学化的轨道，这是值得我们进一步探究的课题。

一、元代书院的发展及其官学化

太极书院创建于1236年即太宗八年，这是元朝蒙古官方创建的第一个书院。太极书院的建立与杨惟中、姚枢和赵复三人密不可分。杨惟中是受蒙古王朝重用的一个汉族儒士，曾继耶律楚才任中书令，他不仅在战火中发现了赵复，而且将战争中获得的伊洛诸书8000余卷送至燕京作为太极书院的教材。更为重要的是他和姚枢一起谋划创办书院；姚枢是元初著名学者，曾任元世祖忽必烈儿子真金的老师，是忽必烈居潜邸时重要谋士之一。不仅在战俘中发现了赵复，而且挽救了欲投河自尽的赵复，并最终说服赵复北上，建书院，传播程朱理学。后来他隐退苏门，继续赵复的事业，使程朱理学在北方传播。他和杨惟中都是太极书院的创始人。赵复是太极书院的主持人，可以说他是太极书院的山长。他在被姚枢挽救后，将程朱理学的各种经传注释全部抄录交与姚枢，随姚枢北上建太极书院。刚到北方就有100人随他学习理学。在书院内，设立了周子祠，以程颢、程颐、张载、杨龟山、游定夫六人从祀，以表示对宋代理学大师的崇敬。他对书院最大贡献在于教学，编著了《传道图》、《伊洛发挥》、《师友图》、《希贤录》等书，为学生的学习提供指导。他著《传道图》意在使学生明了学术源流和儒家道统，明确宋学在儒学史上的地位；著《伊洛发挥》目的是择取宋学精华，帮助学生掌握宋学的宗旨和要义，书后列条目是为了方便学生自学，通过参考文献使学生得知为学之序和求学门径；作《师友图》一是通过知晓师承关系，为学生提供访学求师的线索，二是通过梳理各学派之间的异同，利于学生深入分析和理解；作《希贤录》为学生树立学习的榜样,以伊尹和颜渊的言行教导学生。可见太极书院的教学是读书思考与讲述讨论并举。

蒙元书院的发展大致可以分为两个阶段。以世祖至元二十八年(1291)为界分为两个阶段。前一个阶段为自然发展的私学阶段;后一个阶段为加强管理的官学化阶段。1291年以前主要采取了保护宋朝遗民所建的书院和仿而建立新书院进行讲学的政策。如中统二年(1261)忽必烈下诏禁止诸官使臣的兵马进入宣圣庙和管内书院,凡有书院之地,不得使人骚扰。除了保护书院不受侵扰外,还创办了一批书院,如前面提到的1236年建立的太极书院,宪宗蒙哥汗时期有乾州(今陕西大荔)紫阳书院的建立,真定路元氏县(今属河北)封龙书院的修复,还有姚枢于至元初年(1264)在家乡河南辉县建立的百泉书院。1291年以后,对于数量众多的书院尤其是江南书院蒙元当局采取严格报批手续、委任山长、置拨学田、官府办学等措施促使其官学化。首先是书院学校化,将书院和各级官学一视同仁,至元二十八年(1291)在正式的官方诏令里将山长与学正、学录等相提并论,在山长待遇和学生出路等方面,书院和学校同等对待。在某种程度上,已将书院纳入了蒙元的官学体系之中。积极主动地鼓励私人创建书院,凡是先儒过化之地,名贤行经之所,只要有经济实力者,均可纳生请师,创办书院。后来随着学校、书院的增多,开始严格书院的报批制度。"世祖皇帝混一区宇,郡县学益崇且侈,愿以力创书院者,有司弗夺其志,部使者加察详焉,行省设官以主之,其选视学正录。"虽鼓励私人、地方官府捐助田产钱谷兴修书院,但需部使者详察、行省设官、选视学正,与以前宽松的政策和环境相比,显然要严格许多。徐梓的研究也表明,世祖至元(1264—1294)之后地方官府和私人创建书院都变得越来越不易,最主要的一点是创建书院需官府审批,且报批的手续繁难。其次,山长逐步变为学官,而书院学生学成后经考核或为教官，或为吏属。山长是书院教学和院务的负责人。按照书院传统，山长非大儒或名宿莫任。宋末，山长开始学官化，以地方官和学官兼任山长。元代将山长置入学官系列之中，在由高到低依次为路教授、散府上州教授、学正山长、教谕学录和直学元代地方学官系列中，山长居中。尽管元代书院的山长由大儒名宿、昔贤子孙、晋升的学官、下第举人等不同人员担任过，但这些人的任职都需院、台的推举和政府的委任，"正、长、录、教谕或由集贤院及台宪等官举充之"。1291年元朝规定：州县书院的山长与学正、学录、教谕一样，"并受礼部付身"；各省所属书院的山长，则与所属州县学正、学录、教谕一样，"并受行省及宣慰司札付"。学官历考合格后可依次递升，"正、长一考，升散府中州教授"。此外，书院学生的待遇与各级官学学生的待遇一样。书院学生和京学及州县学生徒一样，肄业后经守令举荐、台宪考核后，或"用为教官"或"取为吏属"。由此可见，书院的师生与官学的师生已相差无几。第三，置拨学田，推进官办书院的发展。蒙宋战争期间，宋代学田曾分隶各级官府，对因战火而遭破坏的书院，一些豪强、浮屠乘机侵占学田。至元二十三年（1286）忽必烈采纳江南奉使彻里的建议，下令将官府强占的学田归还学校，严禁以"理财"为名变卖学校和书院的学田。蒙古人灭宋后，元世祖忽必烈针对江南诸路学田昔皆隶官的情况，下诏明令复给本学，以便教养。根据陈良弼的考证，世祖平定江南，诸色财富皆归有司，唯养士田粮仍赐予学。此外还专门设置学官直学以掌钱谷。直学由郡守及宪府官试补。不仅如此，官府还置拨学田给书院。元成宗铁穆耳即位后，继续忽必烈的书院政策，除了承认原有的书院、保护已存的书院外，还置拨官田以补书院廪饩钱谷之不足。如元成宗早在其即位诏书中就说："其无学田去出，置拨荒闲田土，给赡生徒"。在置拨官田扶持书院发展的同时，元朝官办书院呈增长之势，有统计表明，元代官办书院和两宋相比,增加了两个百分点。蒙元官办书院,朝廷直接兴办的为数较少,而地方官府创办的居多。

二、学界对元代书院官学化的评论

对于元代书院的官学化,学界进行了大量的研究,对此褒贬不一,综合起来主要形成了以下三种观点:第一种观点是对书院官学化持基本否定的态度,其立论的依据主要在于尊崇程朱理学和破坏了书院自身的个性之上。正如王炳照先生所言:"元代在尊崇程朱理学的旗帜下,丢弃了其原有的社会和教育批判的生动内容,以及朱熹所开创的书院传统和精神,进而导致了程朱理学的僵化和空疏;同时,元代在重视书院,大力兴办书院的过程中,却扼杀了书院讲学研究的特点和学风。而尊崇程朱理学和书院的官学化又是互为因果,几乎是同步得到强化的。"[2]第二种观点是基本上持肯定态度。认为元代书院官学化对书院的制度化、书院生徒的就业等不乏积极意义。如欧阳周认为,书院的突出特点就是官学化,政府对书院的师资任用、组织管理、乃至经费供给等加以控制。元朝政府对书院的严格,主要是出于巩固封建政权的目的。书院在管理、财政、人事、教材等方面受到政府的控制,在一定程度上限制了书院学术思想的活跃。但是,另一方面,也正因如此,使书院在教师任免、学生来源、财政收入、教学秩序等方面得以制度化,为书院的进一步发展提供了可靠的保证。书院的官学化使书院的生徒与官学学生享有同样的权利和待遇,使书院的生徒获得了参加科举考试的机会,扩大了他们的出路。这种鼓励社会办学,政府从宏观上加以管理和进行具体指导的做法,在今天对我们仍有积极的借鉴意义。第三种观点是褒贬参半,在指出弊端的同时肯定其积极意义。如徐梓在其所著的《元代书院研究》一书中就元代书院的官学化问题做了较为全面翔实的论述。首先,他认为元代书院的官学化,是书院历史发展的必然趋势。接着他通过引用程钜夫、吴澄等人的评述,指出书院官学化造成的弊端。"元代书院的官学化,从根本斫失了书院的传统和精神","不客气地说,官学化的书院,不过徒有书院之名而已"。最后,他也强调了书院官学化所带来的积极作用,"书院的官学化,也促进了元代书院的发展,特别是数量上的增加";"书院的官学化,为保护书院财产、维持书院正常的教学,树起了一道有力的屏障";"书院的官学化,通过保证生徒的权利,对生徒有益,从而对书院的发展有利"。

对于上面的几种观点,笔者在此不予评价。由于研究的视角和研究的目的不同,得出不同的结论是很自然的事情,并且学术研究应该鼓励不同观点的争鸣和不同思想的碰撞。但是,应该指出的是在对元代书院官学化问题进行分析、评价时,不能忽略这样的一个事实,那就是蒙古族游牧文化和汉族农耕文化的区别和联系。换句话说,对元代书院官学化问题作文化学的解释可能会为我们的研究提供一种新的视角。

三、元代书院官学化的文化解释

我国的历史在某种程度上就是南北对立统一的历史。南方是从事农耕的汉族,而北方则是从事游牧、狩猎半农耕民族或畜牧半农耕民族。我国历史上的北魏、辽、金、元和清政权就是分别由北方的鲜卑、契丹、女真、蒙古和满族建立的。在上述五个政权中,北魏、辽、金统治中国的半壁江山,"北魏和江南的南朝相对立,辽拥有(今)河北、山西两省的一部分,金在淮水以北与宋对峙。"[3]而元和清朝建立了统一的中央政权,统治我国全境。就书院这种高等教育形式来说,辽、金都不具备发展基础。"辽金时期基本上没有建过书院,在民间虽然有大量的私学存在,但由于规模很小,没有什么很有影响的学派,同时也没有受到宋朝建立书院的影响,所以书院的建立和发展不具备条件","元朝建立以后，对宋朝文化教育上的这一遗产颇为重视，并采取了若干有利于书院建设的措施，使元朝的书院较之前代有了进一步的发展。"[4]

太极书院创建于1236年即太宗八年，是蒙古灭金的第二年。正处于蒙古游牧文化与中原农耕文化相冲突而以战争为主题的特殊历史时期。这也是蒙古官方创建的第一个书院，可以说是蒙古人多元文化、多元宗教政策和对儒、道、释、医、卜等特殊人群采取保护和重用政策的一个产物，当然这与金朝遗臣和汉地儒士从对亡国、被占的消极悲观态度开始向依赖蒙元新主，保全中国正统儒家文化的积极合作态度转变是分不开的。灭金后，战争的主要目标是西方和南宋，而对于已被征服的中原之地则以安抚和治理为主，而偃武兴文、因俗以汉法治汉地无疑是必不可少的措施。1234年以金之枢密院为宣圣庙，尊崇孔子；1236年立编修所、经籍所编集经史，创建太极书院；1237年耶律楚才建议的戊戌考试等都是当时蒙汉文化由冲突向适应过渡的一种反映。这也证明了蒙古族游牧文化的开放性和包容性。太极书院创办的意义不仅在于开了蒙元游牧民族入主中原官办书院的先河，而且培养了第一批通晓儒家传统和宋代理学的学者，使得宋代理学即使在元宋对峙的战火纷飞中的中原也得以为继，并发扬光大，"北方知有程、朱之学，自复始"。徐梓认为："太极书院的建立可以看做是一个特例，看做是蒙古统治者为行将到来的全国统治摸索文教政策的一种尝试，看做是蒙古统治者来培养自己的高级专门人才的一种尝试"。

1291年以前是蒙金和蒙宋战争以及战后百废待兴时期，金与宋分别于1234年和1279年被蒙古所灭。1261年忽必烈即位，在诏书中总结了成吉思汗50年来创业经验，针对"武功迭兴，文治多缺"，提出要"建极体元，与民更始"。这标志着蒙古对汉地政策由武功转向文治。而尊孔崇儒、兴办学校、保护书院便是开始实行文治政策的具体体现。在与南宋的对峙时期,主要采取了保护宋朝遗民所建的书院和仿而建立新书院进行讲学的政策。如中统二年(1261)忽必烈下诏禁止诸官使臣的兵马进入宣圣庙和管内书院,凡有书院之地,不得使人骚扰。除了保护书院不受侵扰外,还创办了一批书院,如1236年建立的太极书院,宪宗蒙哥汗时期有乾州(今陕西大荔)紫阳书院的建立和真定路元氏县(今枢河北)封龙书院的修复,还有姚枢于至元初年(1264)在家乡河南辉县建立的百泉书院。1291年以后,战争结束,国家统一,南宋遗民也变成了蒙元的臣民。对于数量众多的书院,尤其是江南书院蒙元当局采取严格报批手续、委任山长、置拨学田、官府办学等措施促使其官学化。蒙元这种"复给本学""仍赐予学"的积极政策为保证学田为书院拥有,保证书院的正常运转,从而促进元代书院的兴盛产生了积极的作用。不仅如此,官府还置拨学田给书院。元成宗铁穆耳即位后,继续忽必烈的书院政策,除了承认原有的书院、保护已存的书院外,还置拨官田以补书院廪饩钱穀之不足。如元成宗早在其即位诏书中就说:"其无学田去出,置拨荒闲田土,给赡生徒"。[5]

对于蒙元时期书院的官学化,我们应该以辩证的观点来看待。笔者认为,在蒙汉两种异质文化接触的历史文化背景下,作为统治民族以武治平天下的蒙古人能够礼遇孔庙、宽容书院,"战争时期,发布政令保护书院以使其免于人为的破坏,统一全国之后,承认不与新朝合作的宋朝遗民所创建的书院,积极鼓励私人捐助田产钱谷兴修书院,直至以政府的力量出面创立书院"[6],这些都是难能可贵的。这些从深层上讲与蒙古传统文化的多元性与开放性有关,是蒙古人多元文化政策的一种延续;而在现实上当然与统治者缓和民族矛盾、笼络人心、崇儒兴学,从而达到以汉法治汉地长治久安的用心有关。至于提到书院官学化的弊端,笔者也承认在一定程度上影响了书院原有的传统和精神,但是依蒙古人一贯坚持的多元文化兼收并蓄的做法和元代书院仍以民办为居多(官办为31%,民办为37%)的历史事实,对元代书院一概而论,认为丧失了书院本来的学术自由的精神是有失公允的。笔者认同欧阳周的观点,即:"元朝政府对书院虽加以控制,但实际上对教学活动则未多加干涉或过问,不论是官办书院还是私立书院,学术空气都比较浓厚,可以自由地讲学,宣扬自己的学术观点,很少受到干预,没有太多的拘束"[7]。还有一个不容忽视的事实,书院的官学化并非蒙古人的专利,其实在北宋时期,书院的发展已处于有私学向官学逐步演变的官学化的过程中。宋初的四大书院中,应天府书院于庆历年间(1041—1048)改成南京国子监;石鼓书院在景祐年间(1034—1038)改为州学;而白鹿洞书院也具有厚重的官学化色彩。而此时的蒙古人却在蒙古高原上忙于部落之间的战争。到了南宋末年,书院官学化趋势愈强,朝廷曾给一部分书院的山长授予官职,更多的是选派官员充任或兼任书院山长,从领导权入手,改变书院的私学性质。所以,"元代书院的官学化,是书院历史发展的必然趋势","不过是宋代尤其是宋末书院发展过程中这一发展趋势的继续,正可谓是'萧规曹随',元代不过是因循宋制而已"。[8]

参考文献

[1] 涂又光著:《中国高等教育史论》,湖北教育出版社,1997年。

[2] 徐梓著:《元代书院研究》,社会科学文献出版社,2000年。

[3] 日本东亚研究所编:《异民族统治中国史》,商务印书馆,1964年。

[4] 程方平:《辽金元教育史》,重庆出版社,1993年。

[5] [元]《大元圣政国朝典章》,中国广播电视出版社影

印，1998年。

［6］徐梓著：《元代书院研究》，社会科学文献出版社，2000年。

［7］欧阳周：《中国元代教育史》，人民出版社，1994年。

［8］徐梓著：《元代书院研究》，社会科学文献出版社，2000年。

（本文第二作者为李莉，发表于《新疆大学学报》哲学·人文社会科学版，2005年第3期，第104－107页。）

试论蒙古民族传统游牧文化知识形态及其教育形式

科学主义的盛行使脱胎于西方文化的科学知识一统天下的局面旷日持久,从而也使科学教育占有长期的垄断地位,而迫使那些源自非西方的许多本土文化的知识及其教育日益处于边缘的境地。虽然这种趋势受到20世纪末后现代思潮的冲击和20世纪中叶兴起的多元文化教育的批判,但是依然气势很盛。在中国这样一个"多元一体"的多民族的国度里,这种移植西方文化的知识形态及其教育形式仍然占据着主导地位。其造成的最显著的结果之一就是使教育失去了其自身应有的人文性。为此,许多有识之士提出要恢复教育的人文性,用人文教育整合科学教育。还有专家预言,人文教育和科学教育的融合是21世纪教育发展的重要课题。我国是一个统一的多民族国家,在长期的历史发展过程中形成了"多元一体"的文化发展格局。以尊重各民族文化差异和实现各民族教育机会均等为目标的多元文化整合教育,理应成为我国人文素质教育的应有之义。而要实现上述的目标,我们必须坚持文化平等的原则,重视挖掘、整理历史上各民族不同文化背景下形成的知识形态和教育形式。

人类文化的起源是多元的,人类文化的发展是多向的,因为不同地域人类的生存环境及其所遭遇的问题是不同的,而为了满足这种多样性生存和发展要求而产生的知识形态是多样化的。文化类型不同,知识形态不同,而与此对应的承担传承文化、选择知识重任的教育形态自然也各不相同。

蒙古民族是蒙古高原游牧文化的集大成者,从7世纪到13世纪中叶是蒙古民族传统游牧文化形成与定型时期。在这一时期，蒙古民族经历了从氏族、部落到部落联盟、早期阶级国家的历史发展时期。从知识形态来讲，氏族、部落的历史知识、萨满教崇拜礼仪知识、军事知识、掌握文字所需的知识在当时蒙古社会占据核心地位，而这些知识的传授与发展需要通过相应的教育形式来完成。

一、部族历史知识和家庭口承教育

任何民族的教育在其历史发展的早期主要表现为本民族文化的传承，这种文化的传承以"文化前喻"的方式来完成，即在氏族内部或家庭内部年老者以口承或示范的方法将本民族的信仰、礼仪、部族历史、道德规范、价值观等传递给年轻者。氏族是古代蒙古民族社会制度的基础，氏族扩大还可导致一个氏族分化为若干个副氏族——牙孙。蒙古的氏族是父系氏族，每一个氏族的成员都是出自一个共同祖先的子孙。这种氏族实行族外婚姻制，任何一个氏族的男子都不能与同氏族的女子结婚。那么，蒙古氏族社会的教育是如何来进行的呢？札奇思钦在所著的《蒙古文化与社会》一书中认为："在成吉思汗之前，蒙古各氏族对于青年们的教育只靠口述的承传。从蒙古秘史一书里，仍可看出他的余绪。"关于蒙古民族早期口承文化形式的教育，施拉特在其所著的《史集》中解释得非常清楚。"蒙古人自古以来就有记住自己的族源和氏族的习惯。因为他们和其他部落不同，没有可资训诫子孙的宗教与信仰，所以父母对每一个新生的孩子，都讲述祖先和氏族的情况。他们总是守着这样的规矩，直到今天这个规矩还受到他们的尊重"，"他们都有一个可以查问出来的清楚明白的系谱，因为蒙古人有一种记住自己祖先的来源的习惯；他们对每一个新生的孩子说明他是哪一族的人，就像别的民族说'咱们据说是某一个民族的子孙'一样。因为这个缘故，他们便没有一个人不知道自己的部落和他的来源。除蒙古人外，其他部落没有这样的习惯，唯一的例外，便是像护持珍珠般地记住自己族源的阿拉伯人"。由上面施拉特的解释，我们至少可以判定蒙古民族在其氏族时代就已经存在文化传承性质的教育活动，这种教育活动是通过父母向子女口承来完成，所要传承的学问与知识就是本氏族部落的历史包括氏族的起源、世系、祖先的事迹及其遗言等。后来，随着文字的产生、推广和宫廷学校的出现，统治阶级垄断了高级文化知识和学校教育。部族历史知识尤其是蒙古黄金家族历史知识成为学校教育的重要内容，其他部分转入民间，以口承的方式保存和传播。

二、原始宗教知识和萨满教仪式

蒙古民族和其他北亚诸游牧民族一样，共同信仰泛神的萨满教。蒙古人继承和发扬了这种宗教传统。"萨满"一词出自通古斯语，金史里称为"珊蛮"或"撒卯"，清朝时改称"萨满"，其义为巫祝，所以有人将萨满教视为巫教。萨满教是一种较为原始的自然宗教，最早源于在森林居住的狩猎民族。蒙古人的先民起初是生活在森林中过着狩猎——游牧型的生活，他们起初信奉萨满教，而且蒙古人的这种信仰一直延续到16世纪中叶蒙古民族开始至上而下皈依藏传佛教为止。蒙古萨满教相信万物有灵，主要崇拜自然、祖先和天神。在蒙古萨满教信仰中，天——腾格里是最高的神，年运好坏、旦夕祸福、牲畜兴旺、战争胜负，都是由腾格里决定的，甚至他们认为自己民族的祖先也是奉天命而生的。仅次于上天的崇拜对象是大地。至今仍在蒙古族地区广泛流行的敖包崇拜，"最初是为祭祀大地之神而举行的"[1]。山在一望无际的大草原上显得巍峨、挺拔，既神秘又凸出，许多代表地方神祇居住的"敖包"大多建在山顶上。河流、湖泊是逐水草而徙的蒙古人及其牲畜的生存所依，山岳、河川与湖泊常会神灵化，成为崇拜的对象。日月星辰是长生天的荣光，水和火是圣洁的象征，自然成为崇拜的对象。除上述的天神（腾格里）崇拜、自然崇拜外，祖先崇拜也是萨满教的重要礼仪之一。"蒙古族萨满教的真正起源就是祖先崇拜。"[2]各地的头人或氏族的祖先死后，其神灵被制成名叫"翁衮"的崇拜偶像。翁衮可以是为善的，也可以是作恶的神灵。蒙古萨满教的巫师称为"孛额"，字义为"师公"。最高一级的孛额是能与长生天——腾格里来往，能通天意，传达上天旨意，可以祝福、降福的巫师；一般普通的孛额能与自然界的诸神灵沟通，可以为他人驱邪、占卜、治病。总之，在当时的蒙古社会里，"孛额"是一个特殊的阶层，他们在当时扮演着十分重要的角色，他们能沟通民间与天上、此生与彼世。"他们兼行人、解梦人、卜人、星者、医师于一身，活动在整个蒙古高原上，为数颇众。"[3]在氏族、部落时代，蒙古人的政治与祭祀互不相分，二者统一在一起。有的氏族的祭祀活动由氏族长执行，而有的氏族则由"孛额"来主持，而一些氏族、部落的首领本身就是"孛额"，这种身兼氏族长与孛额于一身的人被尊称为"别乞"，他们享有很高的社会地位。后来，随着蒙古历史与文化的发展，随着贫富分化和阶级社会的出现，原始萨满教发生了很大的变化。这种变化体现在两个方面：一方面，向下转入民间，随着时间的推移，萨满教中的有些崇拜逐步失去严格意义上的宗教性质从而转变为民俗礼仪的一部分，有些一直延续到现在，成为蒙古民族文化价值体系不可缺少的内容，成为蒙古民族文化心理积淀的一部分（如敖包崇拜和祭灶火）；另一方面，向上成为统治阶级天命论思想的哲学基础。蒙古历史中的"阿兰豁阿的感光生子说"，"豁尔赤斤的倡言符瑞"，"阔阔出的汗权天授论"，"成吉思汗的'天无二日，地无二主'"思想直接或间接地来源于萨满教的天神论。于是，萨满"孛额"的地位大大提升，成为受人尊敬而具有影响力的人物。例如，成吉思汗对兀孙老人敬重有加，"授命别乞，叫他穿白衣，骑白马，聚会时坐在上席，议论年岁，岁岁月月都给他赏赐"[4]。尽管在蒙古历史文献中还没有有关早期蒙古人宗教礼仪教育的直接记录，但是我们从一些间接的史实中可以判断出这种教育确实存在，而且这种教育对于增强当时蒙古社会纽带，促进社会成员间认同具有普遍的意义。例如，《蒙古秘史》第四十三节就有这样的记载："从孛端察儿的正妻所生的，名叫巴林失亦剌秃合必赤。孛端察儿把合必赤的母亲从嫁来的女子受了作妾，生了一个儿子名叫沼兀列歹，以前沼兀列歹曾参加以竿悬肉祭天的礼节。"这种竿悬肉祭天的礼节在蒙古语里叫"主格黎"，祭祀时把动物未切开的心肺肝悬挂在竿上祭天。这种祭祀是全氏族主要的大典，是全氏族成员对其氏族神或祖先的祭祀。凡由"主格黎"中被除名者，就等于被逐出氏族外。苏联著名蒙古史学家符拉基米尔佐夫在其所著的《蒙古社会制度史》中对蒙古人萨满教礼仪进行了论述。他认为，在蒙古语中，"别乞（Beki）这个词是'僧正'的意思，当然，这一称号（chief priest）按萨满教的含义，即是大祭司。必须注意，篾儿乞惕和斡亦剌惕这些'森林之民'的首领，拥有别乞称号，在他们当中，萨满教是特别盛行的。"他还指出了祭祀在氏族制度中的重要性，"只有本氏族的成员才能够参加祭祀；不准参加祭祀，等于从氏族、氏族社会中被驱逐出去"。由他们上面的论述中，我们可以推断出，在当时肯定存在着有关萨满教宗教礼仪知识学习和传授的教育形式。那些能够带领人们与其所崇拜的神秘力量沟通并转述神的启示的"孛额"和"以都根"就是当时蒙古社会的知识分子和教师，所有参加仪式的人都是学生，而教育内容包括氏族或部落所信奉的神灵或图腾，与祭祀仪式有关的礼节和禁忌，以及神灵保佑下的氏族、部落的历史、血亲仇敌、社会规范等。如果没有这种形式的教育，在蒙古社会中，"别乞"阶层的产生和"主格黎"仪式的进行与传播都是不可想象的。这种宗教仪式本身就是一种课堂，有着教化、教学和选拔功能的仪式,对早期蒙古人的社会化具有特殊的意义,是其获得合格社会成员资格,分享社会权利与义务的必要途径。在今天看来,萨满教信仰趋于衰落,但是在当时对古代蒙古人来说,有关萨满教的知识具有神秘性、仪式性、高深性的特点。尤为重要的是蒙古人多神论的萨满教信仰为以后蒙元帝国实行多元文化教育政策,嫁接中原汉文化教育,特别是对16世纪中后期蒙古民族寺院教育的产生奠定了认识论的基础。

三、军事知识和怯薛制度

蒙古民族被誉为"马背民族",除了具有游牧民族这层含义外,还是一个英勇善战的民族。从氏族时代起,战争就开始伴随其左右,可以说,蒙古民族的历史就是一部战争史。对蒙古民族的好战,人们褒贬不一。若从其文化根基,历史发展的视角考察,这种好战也不难理解。游牧经济最大的弱点,就是内需不足;内需不足必然向外求发展,而发展的方式多种多样,如朝贡、互市以及战争等。正像萧启庆在其《北亚游牧民族南侵各种原因的检讨》一文中所说的那样,"游牧经济有对自然变化的脆弱性,对农耕社会的依存性和工艺文明的迟进性"[5]的弱点。贸易和战争便是游牧民族不断扩展牧场而弥补其经济内需不足最经常的方式。尤其是游牧民族在其成长的早期,其实力还不足以与外力抗衡时,发生在游牧诸部落内部的战争远比贸易来得频繁。这种情况对蒙古民族也不例外,并且在早期的战争多表现为血族复仇。"古代蒙古人对本部落、本氏族的主要义务之一就是血族复仇,类似的记载在史籍中比比皆是,成吉思汗征讨泰亦赤兀惕人、塔塔儿人及金朝就是以此为借口的。"[6]到了成吉思汗统一蒙古高原各部,建立了大蒙古国后,这种血族复仇就发展成为实现其"天无二日,地无二主"帝国梦想的无数次战争。正是这种勇敢尚武的精神使得蒙古人从一个小小的草原游牧部落起家,奇迹般地建立了一个横跨欧亚的世界性帝国。那么，蒙古人这种勇敢尚武精神是如何培养起来的呢？依赖于在长期战争实践中实施的军事教育。这种军事教育主要表现在两个方面：第一，骑射和围猎。摔跤（角力）、赛马、射箭是蒙古民族传统的竞技项目，也是蒙古男子汉"三技"。其中，射箭是成年男子的表演项目，有步射和马上放矢两种。骑射主要是要表演可能在战场或狩猎场上使用弓箭的技术。蒙古人西迁后，其生业方式逐步从狩猎——游牧型向游牧——狩猎型过渡。尽管如此，狩猎也还是其生产手段之一，其主要目的是为了以狩猎所得弥补家畜的不足。除此之外，狩猎对蒙古人来说，还有军事训练、交换和娱乐的作用。"鞑人生长马鞍间，人自习战，自春徂冬，旦旦逐猎，乃其生涯，故无步卒，悉是骑军。"[7] 狩猎有两种方法：一种是大规模的团体围猎，蒙古语为"Aba"；另一种是小规模的行猎，叫"Ang"。"凡从事战争者必先训练使用武器，必须熟于围猎，如何迫近野兽，如何遵守秩序，如何依人数多寡，包围兽类。围猎之先，必派斥侯侦查消息。蒙古人不从事战争之时，就举行围猎，使其军队训练无间。其目的不仅在于围猎本身，乃在于训练战士，熟于射术，能耐艰苦"，"骑射和围猎都是很好的军事训练，特别是越到后来，围猎越用于军事目的，成为军事演习和训练的一种形式，成为增强部族人组织纪律和作战能力的一种手段。这是因为'猎足以习战'，其中的一些环节与战争的哨探、扎营、冲阵等有着相通之处，以致有的人说'蒙古人之围猎有类出兵'"[8]。第二，伴当制和怯薛制是蒙古民族在其历史发展过程中形成的培养高级人才的独特形式，二者互为渊源关系，怯薛是由伴当演变而来的。11—12世纪，在蒙古部落里，氏族制处于瓦解阶段，剩余产品的不断增多，交换的不断发生导致阶级分化，出现了伯颜（富人）、孛额勒（奴隶）和答儿罕（自由民）等不同社会阶层。氏族不断分化和重组，形成部落联盟，一些"有势力、最能干、最机智、最富有者"成为部落首领"罕"。"罕"的权力和义务就是领导战争和组织围猎。这样，建立在血缘关系之上的氏族开始被建立在更为复杂社会关系之上的部落联合集团所代替。诸罕之间为争夺牧场、阿寅勒、畜群、猎场、字额勒乃至罕位而进行战争便成为很自然的事情。与此同时，许多人开始超越血缘局限安身在那些更能保证自己的阿寅勒、畜群和猎场安全的"部落罕"的福荫里。当初，朱里牙惕部的四百猎人自愿归附、服从并托庇于成吉思汗就是因为"这位君主铁木真，把自己的衣服脱下来给人穿；下了自己的马把它给人骑。他是有国家、让军队吃得饱，把兀鲁思管得好的人。"[9]而伴当就是归附并受命于"部落罕"人群中的一个特殊阶层，这一阶层后来演变为怯薛，为蒙古民族的统一和蒙古帝国的建立立下了汗马功劳。伴当在蒙古语里叫做那可儿，复数称为那可惕，根据字面意为朋友。按照符拉基米尔佐夫定义，伴当即主要以战士的资格为氏族和部落首领服役的自由人。伴当是蒙古氏族制解体，阶级社会形成过程中的一种产物。伴当多来自于另一氏族或部落，投奔并效力于一个势力较大或有发展前途的部落罕，承认罕为自己的主君，而主君对其也有义务，二者之间具有个人从属关系。伴当有别于属于全氏族或部落的世袭隶属民（奴隶）和普通平民（哈剌抽）。伴当有为主君统御军队，担任卫士及操作家务的责任，而主君亦有给予伴当生计及保护的义务。来自外族的伴当是主人对内摆脱族内牵绊，对外与他族争胜的有力工具。成吉思汗力压群雄、统一各部，得力于为数众多、人才济济的伴当。成吉思汗"四杰"的博尔术、木华黎、博尔忽和赤老温就是这些伴当群中的典型代表。这四杰由于战功显赫，后来成为世袭贵族，成为蒙古汗国及蒙元帝国权倾一时的四大怯薛家族，他们的后裔均有享受最高、最好教育的特权。随着成吉思汗势力的逐步扩大，其威望在蒙古高原越来越高，投身其门下做伴当的人数也越来越多。于是他在伴当的基础上创建了怯薛制度，成吉思汗最初组织怯薛是在1198年被推举为蒙古本部大罕后，他将家务组织扩大，将伴当专业化。首次任命了箭士（近箭、远箭）、豁火赤（带弓箭的）、保兀儿赤（厨子）、火你赤（放牧羊群的）、云都赤（带刀的）、阿都赤（放马的）、管理修车及家内人口等官吏，并任命者勒篾和博尔术为怯薛长。1203年他任命80人为宿卫、70人为散班，这些人合称怯薛。他们战时，冲锋在前，平日做护卫的勇士。1206年成吉思汗建立大蒙古国后，怯薛再度扩大，宿卫一千人，散班八千人，另有箭士，共计一万人。这一万人组成四个各具功能的轮值班分别由上文提到的"四杰"带领。怯薛歹（兵）都是当时蒙古社会的优秀分子，从千户、百户、十户及白身人中选拔而来，唯有能干、健康和相貌端正者方可入选。怯薛功能有："他不仅是皇家的卫队、家务机构和帝国的中央军，也是主要的中央行政机构，此外又兼具质子营和军官学校的性质。"[10]元初，怯薛的影响仍很大，怯薛长在政治、经济上享有很大的特权。元中期后开始衰败。总之，伴当及其怯薛制度是适应当时蒙古社会尤其是战争需要而产生的一种培养人才的形式，为蒙古民族的统一和蒙古帝国的建立输送了大批高级军事人才。"当时，一部分伴当变成了氏族军的各部队的指挥者，而另一部分则构成了特殊精锐的部队；从伴当中也培养出了一些团队和'军'的指挥官。那可儿同自己的首领朝夕共处的这种战斗友谊关系是军队的萌芽和护卫军的萌芽；每一个那可儿是未来的军官和统将。因此，古代蒙古首领们的侍从队是特殊的军事学校。"[11]由怯薛制产生的四大家族不仅成为以后蒙古社会上层统治的重要力量，而且他们的子弟成为蒙元帝国享有教育特权的一个重要群体。

四、蒙古文字和宫廷学校

对于以游牧为生业基础的蒙古民族来说，文字的产生和宫廷教育的出现是其历史发展历程中具有划时代意义的大事。游牧文化的开放性决定了其在发展演变过程中必然从纵横两个方面继承、吸收其他文化中适合自己的因素。从纵的方面来讲，在政治、经济、军事等方面蒙古人不同程度地继承了北亚草原匈奴、鲜卑、突厥等民族一千多年的文明传统，如十进制的军事行政划分、蒙古语中的匈奴、突厥外来语等；从横的方面来说，蒙古人在整合同时代蒙古高原诸民族文化，建立多元统一的蒙古国家的过程中，注意吸收、融合其他民族文化中的有利成分。如，成吉思汗兴起前蒙古部落本无文字，随着与辽（契丹）、金（女真）的交往，一些蒙古部落开始借用临近诸族的文字。正是在多种文化的纵向继承发扬和横向交流融合的过程中成吉思汗经过17年的艰苦努力，将蒙古高原上百个大小不一，不相统属，语言和宗教信仰有差异，文化发展水平不等的部落融为一个具有共同地域、共同经济生活、共同语言和共同心理素质的民族共同体，并且以"蒙古"作为全体部族的总称，并于1206年建立"蒙古汗国"。千户制的建立、怯薛军的扩编、"札撒克"大法的成文以及文字的创立，标志着蒙古民族真正跨入了文明社会的发展阶段。国家各项制度的逐步完善，南下西征战役的扩展，国家对各类人才的需求越来越强烈，单单依靠口耳相传、模仿体会的传统教育培养、选用人才已无法满足新时期蒙古社会对各类人才的需求。于是，兴学养士、发展新型教育成为一项急迫而重要的事情。而当时蒙古文化的发展为蒙古民族正规化教育的产生提供了合适的土壤。其中，"文字的创制为教育的正规化发展创造了最为基本的条件"[12]。据史载，蒙古起初并无文字，习用刻木记事。蒙古诸部在建立统一的蒙古汗国前，文字不相统一，"行于回回者用回回字，行于汉人、契丹、女真诸亡国者，祗用汉字"[13]。当时，乃蛮部与蒙古部相邻而居，1204年成吉思汗在征伐乃蛮部的时候，乃蛮部塔阳汗忠实的掌印官，深通文字的畏兀儿人塔塔统阿正在抱着印寻找他的旧主塔阳汗,被成吉思汗俘获。成吉思汗见他为人诚实,便叫他掌管文书印信之事。《元史》中说:"塔塔统阿,畏兀儿人。深通本国文字。(太祖)遂命教太子诸王以畏兀儿字书国言。"[14]这是蒙古人正式使用文字的开端,也是蒙古人正式使用文字开展教育的开端。当然,从事这种文字推广与教育皇族子弟的并非塔塔统阿一人。元史称:"哈剌亦哈赤北鲁,畏兀儿人也。性聪敏,习事。驰归太祖,一见大悦,即令诸皇子受学焉。"[15]此外,成吉思汗幼子拖雷之妃庄圣太后锁鲁和帖尼曾命畏兀儿人朵罗术教授忽必烈阅读和书写蒙文。维兀儿文人阿怜帖木儿归附成吉思汗后,诸皇子曾受学于他。窝阔台汗时,成吉思汗长子术赤从西域派畏兀儿阔儿吉思来蒙古教授儿童。可见,在 13 世纪初,族际之间的横向交流融合的过程中,畏兀儿对蒙古民族文化、教育的影响至深。他们不仅为蒙古人创制文字,而且成为推广文字、教育皇族子女的御师(八合赤)。畏兀儿通过创制文字和担任教师在蒙古民族教育从口耳相传的原始类型向有专门人员从事和专门机构支持的正规类型的过渡转变中,发挥了积极的作用。这种建立在文字基础之上的正规性教育的范围主要限于宫廷、皇族内部,教育对象是太子、诸王及其子弟。"成吉思汗统一蒙古各部后,建立蒙古汗国,蒙古统治者为了培养为其效力的统治人才,重视对贵族子弟的教育,使贵族子弟有受教育的特权。"[16]文字的产生和宫廷教育的出现,为制度化学校教育的产生奠定了基础,预示着知识转型和与之相应的新式学校不久将在蒙古社会问世。蒙元时期创立的教育机构——蒙古国子学与蒙古文字的教学及推广有直接的关系。

参考文献

[1] 乌云巴图、葛根高娃:《蒙古族传统文化论》,远方出版社,2001 年。

[2] [德] 海西希：《蒙古人的萨满教》，载《蒙古学》，1984 年第 2 期。

[3] 乌兰察夫：《蒙古族哲学思想史》，内蒙古大学出版社，1994 年。

[4] 札奇思钦：《蒙古秘史新译并注释》，台湾联经出版事业公司，中华民国 68 年。

[5] 萧启庆：《元代史新探》，台湾新文丰出版公司，中华民国 72 年。

[6] 乌云巴图、葛根高娃：《蒙古族传统文化论》，远方出版社，2001 年。

[7] [宋] 赵珙著，王国维笺：《蒙鞑备录》，《内蒙古史志资料选编第三辑》，第 11 期。

[8] 韩达：《中国少数民族教育史》，第二卷，蒙古族教育史，云南、广西、广州教育出版社，1998 年。

[9] [波斯] 拉施特：《史集》，卷 1 第 2 册，商务印书馆，1983 年。

[10] 萧启庆：《元代史新探》，台湾新文丰出版公司，中华民国 72 年。

[11] [苏] 苻拉基米尔佐夫：《蒙古社会制度史》，中国社会科学出版社，1980 年。

[12] 周竞红：《简论历史上族际关系对蒙古族教育发展的影响》，载《民族教育研究》，1999 年第 3 期。

[13] [宋] 彭大雅撰，徐霆疏证，王国维笺：《黑鞑事略》，《内蒙古史志资料选编第三辑》。

[14] [明] 宋濂等撰：《元史》卷一二四，列传十一，《塔塔统阿传》，中华书局，1976 年。

[15] [明] 宋濂等撰：《元史》卷一二四，列传十一，《哈剌亦哈赤北鲁传》，中华书局，1976 年。

[16] 蔡志纯等：《蒙古族文化》，中国社会科学出版社，1993年。

（本文发表于《贵州民族研究》，2005年第6期，第135－140页。）

蒙古民族高等教育演变的历史轨迹

从广义上讲，高等教育是一个抽象的普遍的概念，而相对于一个民族来说，高等教育又是一个具体的个别的概念。一个民族的高等教育演变与该民族的历史发展、文化变迁紧密相联。考察中外高等教育发展的历史，我们发现高等教育存在的合理性不外乎两种，即高深学问的探讨和高级专门人才的培养。布鲁贝克在其所著的《高等教育哲学》一书中，从历史发展的角度探讨了高等教育存在的合理性问题。首先他认为："高等教育与中等、初等教育的主要差别在于教材的不同：高等教育研究高深学问"，"这些学问或者还处于已知与未知之间的交界处，或者是虽然已知，但由于它们过于深奥，常人的才智难以把握。"同时，他又承认"在另一种意义上，所谓'高深'又是极为含糊不清的。这种模糊之状是由美国教育阶梯的历史发展造成的"。其次，他认为高等教育哲学随着历史的发展而显现不同的变化，也就是说，"事实上，这许多方面都是以满足各自所属的历史时期的不同程度的需要来获得各自的合法地位的"。中世纪大学将合法性建立在满足当时社会的专业期望上（文、法、神、医）；文艺复兴后的大学把合法性构筑于人文主义的抱负之上，它以自由教育观念为顶点（如英国式学院）；作为启蒙运动产物之一的德国大学以教学和科研统一的理念获得自己的合法地位；赠地大学的合法性依赖于其把人力、物力用于为社会和国家的发展服务。"这些获得合法地位的不同途径出现于不同的国家、不同的时期或不同国家的不同时期。"[1] 我国著名学者涂又光先生在其所著的《中国高等教育史论》中，"始终把高等教育定位在文化里，用文化视角，站在哲学高度，坚持实践高于认识的认识论原则和特殊高于普遍的本体论原则，研讨和评介中国高等教育的历史"。涂先生认为："中国高等教育是中国文化的一部分，随着中国文化的发展而发展。""中国高等教育历史发展有三个阶段：自传说五帝至清末为'人文'阶段，近百年来为'科学'阶段，正在发展为'人文·科学'阶段。四五千年高等教育人文阶段的高等教育机构是成均、私学、太学和书院，而科学阶段的高等教育机构为大学；'大学'的'学'字指学问，又指'学校'，中国高等教育'人文'阶段的特点是重在'学问'，不重在'学校'。这套学问就是'明明德'，以修身为本，进而齐家、治国、平天下、配天地。'科学'阶段则不然。科学学问，只有在学校里学，在中式学校里还不行，只有在西式学校里学。所以中国高等教育'科学'阶段重在学校，此其特点。"[2] 以上是西方和中国高等教育的历史缩影。而作为更小概念的蒙古民族高等教育的历史演变情况如何，是我们接下来要探讨的问题。

我国是一个统一的多民族国家，在长期的历史发展过程中形成了"多元一体"的文化发展格局。在这里，"多元"指我国56个民族各具特色的本土文化，而"一体"指由56个具有本土文化的民族组成的统一国家及其各民族文化相互融合的趋势。反观我国的民族高等教育研究明显地存在"三重三轻"倾向：即重视普通高等教育的研究，相对忽视民族高等教育尤其是各少数民族高等教育的研究；重视从整个国家政治、经济角度研究高等教育，而轻视从文化，尤其是各民族的本土文化去研究高等教育；重视民族学院高等教育研究，相对忽视民族地区尤其是单个民族高等教育的研究。这种状况与我国在长期的历史发展过程中形成的各民族"多元一体"的文化发展格局不相适应，同时也不利于民族高等教育理论与实践的健康发展。笔者认为，从民族本土文化的视角出发，从各民族文化交往所引起的文化变迁的历史过程考察研究民族高等教育不失为一种合理的方法。

基于上述考虑，在探讨蒙古民族高等教育的演变问题时，既不能以"西方的高等教育"套"蒙古民族"的，也不能以"中国汉民族"的套"蒙古民族"的，更不能以"现代"套"古代"的，尽管它们之间有很大的联系。而要做到这一点，只能从蒙古民族自身的历史文化入手来做具体的分析。

伯顿·R.克拉克认为，知识尽管是广义的，"但知识材料，尤其高深的知识材料，处于任何高等教育系统的目的和实质的核心。不仅历史上如此，不同的社会也同样如此"，"（高深知识）它的基本材料在很大程度上构成各民族中比较深奥的那部分文化的高深思想和有关技能"。[3]蒙古民族在其历史发展过程中，在其文化发展的不同阶段积累了不同的高深知识，这些高深知识之间既相互区别，又相互联系，围绕着这些高深知识展开了独具自己文化个性的高等教育活动。蒙古民族高等教育，无论在形式和内容上，还是在结构和功能上都经历了一个不断嬗变的动态发展的过程。与蒙古民族的历史发展进程和文化变迁顺序相应，我们将蒙古民族高等教育的演变划分为四个阶段，每一个阶段都有自己不同的内容和特点。

一、蒙古民族传统高等教育的萌芽时期

自蒙兀室韦西迁到成吉思汗统一蒙古高原各部，建立大蒙古国，形成民族共同体为止，这一阶段为蒙古民族高等教育的萌芽时期。在这一时期蒙古人经历了由氏族向部落，进而由部落联盟向民族共同体乃至国家的过渡。在这一历史发展过程中实现了蒙古高原游牧文化的整合，使蒙古民族传统文化得以形成和定型。在氏族、部落时代，游牧文化逐渐占据主导地位，家庭是当时社会的基本单位，而建立在血缘关系基础之上的氏族、部落是主要的社会组织。当时，在蒙古游牧文化中，占据垄断地位的高深知识有两种，即原始宗教和部族历史，而围绕这两类知识材料展开的活动是蒙古民族最早的高等教育形式。这样，古代蒙古民族高等教育传授高深知识的功能也相伴而生。这两类高深知识的保存与传播主要是通过萨满信仰仪式和家庭口承教育来完成的。后来，随着阶级的分化、汗权的产生和部落联盟的形成，为了争夺牧场、人口乃至汗位使部落间或部落内部的战争频繁发生。这样，军事训练成为当时蒙古社会之必需。于是，"伴当"及其建立在"伴当"基础之上的"怯薛"制度成为蒙古社会培养军事人才的一种形式，这是蒙古民族高等教育培养高级人才功能的最早显现。1206年，成吉思汗统一蒙古高原各部，建立大蒙古国标志着蒙古民族共同体的形成和蒙古高原游牧文化的整合。顺应文化整合需要而创造的文字和围绕文字教学而建立的学校是蒙古民族教育专门化的伊始。这样，出现了以皇亲贵戚为对象，以文字教育为主要形式，以培养当时蒙古国家所需高级统治人才为目的的"宫廷学校"。"这种学校的诞生一方面是由于生产力发展造成的社会分工（尤其是体力与脑力劳动的分工）使一部分人能够脱离物质生产劳动而专门从事对社会的管理和对人类各种经验的系统总结，从而促进了社会上层建筑和意识形态的发展，尤其是大大加速了文字的发展，这就为实施专门化教育的学校之诞生创造了条件，提供了可能；另一方面则由于随着阶级的分化、国家的产生，统治阶级不仅垄断文化知识，而且需要将这些文化知识以及他们管理国家、统治人民的经验系统地传授给他们的子弟，以便将其统治延续下去。"[4]可见，这种宫廷教育是当时社会培养高层统治人才的最高等级的学校。这对于居无定所，以游牧为生的蒙古民族来说，无疑具有高等教育萌芽的特殊意义，并且丰富了高等教育培养高级专门人才的功能。

二、嫁接中原汉文化高等教育时期

从成吉思汗西征、南下开始到蒙元帝国衰落、蒙古汗廷北迁蒙古本土为止，这一阶段为嫁接中原汉文化高等教育时期。西征、南下的结果使蒙古人建立了横跨欧、亚的大帝国，从而使以游牧文化为根基的蒙古文化有机会与西方的商业文化和中原的农耕定居文化进行广泛的接触。在西方，由于人数、宗教信仰、语言等因素的影响，蒙古人融合到当地文化中；而在东方，由于亲中原汉地文化的忽必烈最终在汗权斗争中获胜，他崇佛重儒，采纳汉制，建立元朝，最终使蒙汉文化进行了一次从制度到思想的全方位接触并走向综合化。在整个元代，蒙古人尤其是那些进入中原的蒙古人，无论是贵族，还是平民百姓，都或多或少地受到了汉族文化的影响。元世祖忽必烈对儒家文化持积极、灵活的学习态度，许多儒家经典如《大学》、《论语》都被译成蒙文，信任并重用了一大批儒士。他既吸收了儒家思想中的较积极、较实用的成分，同时继承、发展了蒙古民族传统的天命论思想，从而在保持自己民族特点的基础上适应了异民族的文化环境。"儒家思想帮助蒙古人及时适应了新的政治形势，帮助他们在辽阔的中原大地上站稳了脚跟，成功地实现了自己的统治，并成功地将游牧文化的发展提到了新的高度。"[5]顺应这种文化适应的需要，蒙古社会的高深知识开始转型。高等教育活动主要围绕儒家文化高深学问而展开，一种全新的具有多民族特点的专门、独立的高等教育体系得以建立，蒙古民族高等教育从萌芽阶段进入一个崭新的阶段。"国子学的多元性"、"书院的官学化"、"科举的时断时续"构成了蒙元时期高等教育的主要特点。除了在招收对象、授课语言、生员待遇上有所不同外，可以说，蒙古人在制度、内容和形式上全面沿用了汉地的高等教育。这一时期，尽管出现了中央官学与地方官学的区分，尽管将书院纳入官学体系，但是它们之间很少存在必然的衔接关系。所以，它还不是一种建立在完整的普通教育之上的专业教育。值得一提的是，由于蒙汉两种文化属异质文化，二者只进行了形式上的综合，远未形成实质上的融合，以至使随后的蒙古历史与文化发生了断裂，而高等教育的自然演变也受到了很大的影响。

三、喇嘛教寺院高等教育占主导地位的时期

从元廷北迁开始到清末为止，属喇嘛教寺院高等教育占主导地位的时期。这一阶段的前期，蒙古与明朝对峙了近两个世纪，封建割据与短暂统一交替进行，蒙元帝国时期充满活力的多元文化共存相融的情景已消失，蒙古文化处于"黑暗时期"，帝国时期拥有的文化成果已经失去，蒙古人退回到相对封闭的蒙古高原，逐渐分离为漠南、漠北和漠西三大部分。这时，藏传佛教顺势而入，西藏格鲁派黄教与蒙古封建上层为满足各自的需要达成默契，最终导致蒙古地区自上而下，全民皈依了佛教，并在清朝达到高峰。喇嘛教寺院高等教育是蒙藏文化综合的产物。在蒙明对峙时，满族人乘势兴起，拉蒙灭明，通过政治联姻、盟旗制度和扶持黄教使蒙古各部自东向西就范，使一向以"流动性"、"开放性"、"多元性"为特点的蒙古民族游牧文化发生了巨大的变迁，同时将喇嘛教寺院高等教育的发展推向了顶峰。喇嘛教在改造萨满教的基础上在蒙古社会广泛传播，并最终渗透到蒙古文化的各个方面，不仅使蒙古文化转型，而且成为以后蒙古文化不可缺少的组成部分。在学问上，喇嘛教构建了一套由显至密的具有不同次第的知识体系，在教育上，建立了一套以"扎仓"为基本单位的严格的修习制度和学位制度。在这里，高等教育探求喇嘛教高深学问和培养高级喇嘛的功能合二为一，表明蒙古民族寺院高等教育走向定型。除此之外，蒙古人还在清朝举办的汉式高等学校（如国子学）和满式高等学校（如八旗官学）中接受高等教育，成为清帝国的高层统治人才。

四、蒙古民族现代高等教育的产生和发展时期

从清末至今，为蒙古民族现代高等教育的产生和发展时期。清政府的腐败与无能导致国门被迫打开，在外力的冲击下，地处边地的蒙古地区首当其冲，成为日、俄瓜分的对象。这使处于封闭状态的蒙古文化再次与汉族文化、西方文化发生接触，一批外发再生性的西式学堂在蒙古地区落户，一批蒙古民族青年或赴内地深造或出国留学，这些为蒙西文化的综合和蒙汉文化的融合创造了条件。同时在文化接触中提高了蒙古民族的文化自觉意识，出现了以贡桑诺尔布为代表的民族教育家群体，他们为蒙古民族教育的现代转型发挥了积极的作用。满蒙文高等学堂是清末新政中满蒙文化、汉族文化和西洋文化综合作用的产物，是蒙古民族第一所具有现代意义的高等院校。民国时期，多种力量（苏俄、日本、国民党、共产党）影响下的蒙古民族高等教育呈现多元分化的趋势，与普通教育衔接的培养高级专门人才的高等院校在蒙古地方出现。从此，蒙古民族高等教育步入了高等教育的"科学"阶段。

从20世纪20年代开始，受到国际大环境和国际政治力量的影响，蒙古民族逐步成为跨国民族。外蒙古在苏联的帮助下，于1924年建立蒙古共和国，走上了苏联模式的社会主义道路。其高等教育在体制和思想等方面深深印上了苏联高等教育的烙印。内蒙古在中国共产党的领导下，于1947年成立了我国第一个民族自治区。中华人民共和国成立后，作为一个民族的蒙古族的历史与我国整个国家的历史步入同轨，蒙古民族高等教育成为我国高等教育的组成部分，同时也成为我国民族高等教育的一部分。一方面其发展受主体社会大环境的影响，与我国的普通高等教育经历了相同的历程；另一方面受到国家民族政策的影响，在许多方面表现出自己的特殊性。在现代中国，就整体而言，蒙古民族

子女主要通过两种渠道接受高等教育：一是在国家创办的普通高校，特别是在设在内蒙古的高等学校接受高等教育；二是在国家特设的民族院校接受高等教育。而这两类高校在其演变过程中许多方面诸如培养目标、专业和课程设置、招生对象等呈现出不同的特点。还有一点值得重视的是，在内蒙古地区高等学校设立的蒙语授课高等教育，是蒙古民族高等教育的一个重要而独特的形式。

参考文献

[1] 约翰·S. 布鲁贝克：《高等教育哲学》，浙江出版社，1987年。

[2] 涂又光：《中国高等教育史论》，湖北教育出版社，1997年。

[3] 伯顿·R. 克拉克：《高等教育系统——学术组织的跨国研究》，杭州大学出版社，1994年。

[4] 桑新民：《呼唤新世纪的教育哲学——人类自身生产探秘》，教育科学出版社，1993年。

[5] 乌云巴图、葛根高娃：《蒙古族传统文化论》，远方出版社，2001年。

（本文发表于《中央民族大学学报》哲学社会科学版，2005年第2期，第114–117页。）

元代科举考试时断时续的文化解释

我国是一个统一的多民族国家,在长期的历史发展过程中形成了"多元一体"的文化发展格局。元朝是我国北方游牧民族——蒙古族建立的第一个统一的全国性王朝,在建立元朝的过程中,蒙古族的游牧文化与汉族的农耕文化从对峙、冲突走向交流与融合。"国子学的多样化、书院的官学化和科举考试的时断时续"便是这种文化变迁在高等教育演变上的显著反映。本文在回顾我国科举考试的历史和分析元代科举考试特点的基础上,对元代科举考试的时断时续问题进行了文化解释。

一、科举制度及其发展

科举制度指的是隋朝以后的封建王朝设科考试以选拔官吏的制度,因分科取士而得名。隋朝以前各王朝实行的是荐举制,而科举制度与荐举制度有所不同,就是选拔人才不经过推举,而是由中央政府有关部门或皇帝本人亲自进行考试以录取人才,选拔官吏。科举制度始于隋朝,主要是为了消除自魏晋南北朝以来九品中正制形成的"上品无寒门,下品无士族"[1]的积弊而设立的。隋文帝开皇七年(587)规定,每州每岁贡士3人,考试标准是文章华美,相当于秀才科。开皇十八年(598)设志行修谨、清平干济两科举人,以德才为选士标准。隋炀帝大业三年(607)又以十科举人。十科分别为孝悌有闻、德行敦厚、节义可称、操履清洁、强毅正直、执宪不挠、学业优敏、文才秀美、才堪将略、膂力骁壮[1]。这十科中,"学业优敏"后来变成了明经科,而"文才秀美"变成了进士科[1],对后世科举制度发展影响至深。大业五年(609)又诏"诸郡学业该通,才艺优洽;膂力骁壮，超绝等伦；在官勤奋，堪理政事；立行政直，不避强御四科举人"[1]。这样，选拔人才和分科考试发生了必然的联系。尽管如此，无论是二科、十科举人，还是四科举人，科举还未制度化，只是偶一行之。到了唐朝，科举开始定制，大体分为两类。一类为常科，每年定期举行，分为秀才、明经、进士、明书、明法、明算诸科，还有一史、三史、开元礼、童子、道举等科。武则天亲行殿试，增设武举。常科生源有二，即生徒和乡贡。生徒指中央和地方官学经考试合格后送尚书省参加科举的学生；乡贡指未在学校学习而自学成才者，向州县提出申请并经考试合格后由州送尚书省参加科举的人员。常科中以明经和进士为主，颇受重视。尤其是进士科逐渐成为高级官吏的主要来源。除了常科外，还有制科，即根据需要临时设置的考试科目，较为重要的科目有贤良方正直言极谏科、才识兼茂明于体用科等。宋代科举基本上沿用唐代旧制，分常科和制科两种。常科设进士、九经、五经、开元礼、三史、三礼、三传、学究、明经、明法等科。其中，以进士科为最重，得士最多。而制科由天子亲策，科目变更无常，时间没有固定。科举规模增大，及第名额最多曾达到四五百人，平时亦百人左右。而且进士及第后直接被授官任职。在元代，被宋人视为"为官须作相，及第必争先"[2]的科举制度，直到元世祖忽必烈于中统元年（1260）即位后55年的仁宗延祐二年（1315）才正式实施。元代科举制度中最重要、对后世影响最深而且遭非议最多的莫过于以宋儒朱熹的《四书集注》为科举考试的标准，从中出题、依此制卷、按此评卷。明清时期，科举兴盛，"中外文臣皆由科举而进，非科举者勿得与官"。明代只余进士一科，入学中举，考取进士，谋得高官厚禄，已成社会时尚，已深入士子之心并持续至清末。宋朝废贴经、墨义后，经义一直为后世科举考试的内容。元代以四书为准，明中叶至清末开始盛行以"八股文"取士。明清两朝自《四书》、《五经》出题，规定以"八股文"为答题格式,解释须以朱熹《四书集注》等书为标准。在内容和形式上都束缚了士人的思想。1905年推行学校教育,科举制度终被废除。

二、元代科举考试及其特征

蒙元时期科举制度的最显著特点就是时断时续,举棋不定,最主要的表现就是多次有臣上奏要求科举取士,世祖忽必烈多次下诏定制开科取士,但迟迟未能实施科举考试。从第一次元太宗十年(1238)的"戊戌考试"到元仁宗皇庆二年(1313)正式施行科举共76年,历经乃马真后称制、定宗、海迷失后称制、宪宗、世祖、成宗、武宗七朝,均未开科取士。期间不乏有大臣上奏,请行选举法开科取士;上奏者中有汉人翰林院学士王鹗,还有蒙古人火鲁火孙丞相。不仅如此,而且临朝皇帝多认同大臣的上奏并命行之。"世祖、裕宗累尝命行,成宗、武宗寻亦有旨"[3],可是,科举制度始终没有付诸行动。

经过长达76年的酝酿准备、讨论斟酌(先定制、后实行),元代科举制度终于在元仁宗皇庆二年(1313)年10月下诏在蒙古社会正式实施了。诏书中,对科举考试的目的和任务、指导思想、开考时限、考生资格、考试程式、应考内容、中选者品秩等,都作了明确的阐述与规定。而中书省又根据仁宗的诏书制定了具体而翔实的科举条例,下面作一扼要的解释。

元代的科举依前例分为三种,即乡试、会试、御试三种,每三年开试一次。乡试考三场,分别于八月二十日、八月二十三日和八月二十六日,分别在11个行省(河南、陕西、辽阳、四川、甘肃、云南、岭北、征东、江浙、江西、湖广),两个宣慰司(河东、山东),直隶省四路(真定、东平、大都、上都)同时举行;会试同乡试考三场,分别于乡试的第二年二月初一、初三和初五在省部举行;御试考一场,于会试当年三月初七在殿厅举行。考生资格,考生由所辖官司推举,要求年龄在 25 岁以上,以德行为首,注重孝悌、信义、明经、修行。可见对考生资格的规定较为宽松,诸色人种只要不属于"倡优之家及患废疾,若犯十恶奸道之人"[4]之列均可参加科举考试。科举与学校联系不是十分紧密,国子监学生员及伴读依旧例实行贡举,愿意试者听其自便;不在官方学校就读的学生如出身私学、书院、自学成才者照样可以参加科举考试。与元朝以前的唐宋和元以后的明清相比,无疑条件宽松了许多。

在考试程式上如考试内容、考试场次、考试名额分配上体现了蒙元社会的多民族性和在取人问题上的权力分配倾向。蒙古、色目人与汉人、南人相比,在考试内容上要简单一些;在场次上要少考一场;在参加会试、御试的名额分配上占优。第一场,蒙古、色目人经问五条,自《四书》内出题,用朱氏章句集注回答。其义理精明、文辞典雅者为中选。而汉人、南人则明经经疑二问,虽出题也自《四书》,用朱氏章句集注回答,但要求以己意结之,且限 300 字以上。除此之外,还要考经义,要求各治一经。题出自《五经》,每经的答题要求都不相同,字数在 500 字以上。第二场,蒙古、色目人只考一道策,以时务出题,限字 500 以上。而汉人、南人考古赋、诏诰、章表内科一道。第三场只考汉人、南人,试策,经史时务内出题,限字数在 1000 以上。[4]作榜时也进行区别,蒙古、色目人为一榜,汉人、南人为一榜。可见,从开考到公布结果整个过程对蒙古、色目举人以优待政策。乡试合格后,录取 300 人参加会试,蒙古人、色目人、汉人、南人各取 75 人。会试后,在蒙古、色目、汉人、南人中各取 25 人分卷开考,参加御试[4]。显然,从人口比例的角度来考察,蒙古、色目人被录取的比例远远高于汉人、南人。此外,对考试官员的选择、对考场的纪律、答卷的要求、阅卷的规则、泄露题目者的惩罚等都作了具体、详细、周全的规定。这些实施细则对明清科举制度产生了较大的影响,是明清科举制度必不可少的蓝本。

科举考试自仁宗下诏、中书省定条目、有关官员拟实施细则到具体实施,基本上没有多大变动。只是在考试程式、招生对象、进士出路和品秩等方面作了一些调整。元顺帝元统元年(1333)稍异其制,左右榜各三人,皆赐进士及第,余皆赐进士出身或同进士出身;元顺帝至元二年稍变考举程式,减蒙古、色目人明经二条,增本经义,变更汉人、南人第一场《四书》疑一道为本经疑,增第二场古赋外,于诏诰、表章内又科一道。[4] 规定国子生依例参加考试,录取18人,其中蒙古人6名,从六品出身;色目人6名,正七品出身;汉人、南人6名,从七品出身;元顺帝至正八年(1348)增加国子生录取名额为38人,其中正榜例取18人,今后再取副榜20人。其中蒙古、色目各4名,前2名充任司乐,后2名侍仪舍人。汉人取12名,前3名充学正、司乐,次4名充学录、典籍管勾,余下5名充舍人;元顺帝至正二十六年(1366)提高进士品秩:第一甲,授承直郎,正六品;第二甲,授承务郎,从六品;第三甲,授从侍郎,从七品。增加国子生录取名额及进士品秩。正榜增至20人,其中蒙古7名,正六品;色目6名,从六品;汉人7名,正七品。正副榜共计40人。元代科举除了设进士科外,还设置了童子科,选拔少年儿童中优秀人才。前后共举16人,入选者入国子学继续深造,而不授予官职。[4]

三、元代科举考试的文化解释

科举制度在长达76年的时间里,始终没有付诸行动。这确实是一件令人费解的事情。如果从历史发展、文化变迁的角度去审视,这一问题就比较容易得到解释。蒙古游牧文化和汉族农耕文化是两个性质完全不同的文化,由此两个异质文化从冲突到适应,最终趋于融合并非一朝一夕所能完成。在战争、冲突的年代,蒙古人的目标在于征服、掠夺,实现目标的方式就是武治。更何况在蒙金、蒙宋战争之前,蒙古人与汉人的接触尤其是直接交流少而又少,因为辽、金、西夏等地曾是蒙汉冲突的缓冲地带。可见,当时蒙古人对汉人的文化知之甚少,而且对汉人及文化极为冷漠,如近臣别迭认为"汉人无补于国,可悉空其人以为牧地"[5],要求"以蒙变夏";而汉地儒士文人则陷入了"天纲绝、地轴折、人理灭"[6]的悲观境地。"重武轻文、马上征世"的行国价值观与"偃武修文、化民成俗"居国价值观之间全无相合之处。后来,随着战局的发展,尤其是蒙古灭金拥有了中原汉地后情况发生了变化。在继续征服的过程中,如何治理已成为自己领土一部分的中原汉地成为当务之急。儒士耶律楚才、真人邱处机、名僧海云和色目高智辉等人的被信任和重用,通过他们的出谋划策,蒙古人开始了解、认识汉族文化,对儒家有所尊崇,而儒士的福祉相应地受到了重视。而1238年的第一次科举考试"戊戌选举"便是在这样的文化背景下进行的。"严格而论,这次考试不能称之为科举。在形式上,只有路试而无会试。在难易上,'不失文义'便可中选,一次便录取4030人,远较宋金科举为容易。科举的目的本在于为全国选拔合格之官吏;而这次考中之儒生仅有少数获得出仕的机会,而且所得者仅为地方性的议事官。因此,"戊戌选举"在历史上的重要性,不在于选拔官吏,而在于救济流离失所及陷于奴籍的儒士,使他们以儒户的身份,取得优免赋役的特权。"[6]这是蒙古朝廷保护汉地儒人的开始。随着在真定路自幼受汉文化影响的忽必烈授命领漠南汉地军国庶事,使他有机会更多地接触、认识、理解儒家文化。他早在潜邸时就"思大有为于天下,延藩府旧臣及四方文学之士,问以治道"[4]。据萧启庆统计,忽必烈所延揽的人才,从1224年起,到1260即大汗位止,可考者约有六十余人,都是当时东西各国及北中国最优秀的俊彦。在这些人当中除了窦默、姚枢、李俊民、李治、魏璠外，名学者赵壁、许衡、张德辉、郝经及太一教大师萧公弼、吐蕃喇嘛大师八思巴等都受到礼遇与聘用。可见，汉族儒士在忽必烈潜邸幕府中占有相当的比例。这就为蒙古文化的变迁，为适应文化变迁而产生的知识转型、教育改革奠定了基础。当然，这种蒙汉两种异质文化的双向适应，除了忽必烈等一些统治者好儒崇礼的影响之外，在北方汉地汉人这一方，他们因长期生活在少数民族政权统治地区，尤其是他们目睹了蒙元统一大业的势不可挡，他们自身的思想也在转变，他们开始以务实的态度走与元廷合作的道路。灭南宋、统一中国为忽必烈的以兴学重教崇儒为主的文治政策的实行提供了安定的社会环境。

有元一代，教育事业可谓兴盛。既有政府在京师创办中央官学，又有在地方设立的各级儒学、设学、蒙古字学、医学和阴阳学。庙学的普遍设置、私人办学的兴起和书院的保护、鼓励使元代的教育呈现繁荣的景象。而唯独科举制度踌躇不前，多次上奏、多次下诏而终未实行。原因何在？除了当时战事频繁，不仅要统一中国，还要远征异国，同时平定内乱的客观原因外，笔者认为，在现实上就当时的蒙古社会而言，取士较为急迫，更为关键、也更事关蒙元帝国的江山社稷，因此，科举考试这一不甚完善的汉地选拔人才方式不可能马上直接被引进到蒙古社会。换句话说，科举制度的蒙古化尚需时间来斟酌、内化，这恐怕是科举制度屡奏屡诏未果的一个直接原因。另外，以忽必烈为首的统治集团针对"武功迭兴，文治多缺"问题，尽管"变易旧章"、"以夏治夏"以满足文化适应的需要，达到因俗而治的目的，但是作为蒙古贵族的总代表，注重总结历史经验的忽必烈对于前人总结的"辽以释废，金以儒亡"的教训不会置于脑后，又不能不考虑本民族蒙古人的利益以及民族众多、幅员辽阔、文化多元的整个蒙元帝国的大局。这种考虑不但体现在蒙古化的各类国子学高等教育中，而且在随后的科举考试中必然有所表现。更何况当时蒙古社会进身为官的途径多种多样，并未达到非科举不可的地步。实行科举前蒙古人采取了灵活多样的取仕措施，出身学校的国子监、蒙古国子学、回回国子学和医学、阴阳学等学生经贡举和私试可授官；社会上的遗逸、茂异、求言者及童子经荐举可委官；出自宿卫和勋臣之家的子弟，可不按寻常的次序提升。而对于儒士为官者多采用岁贡的方式。如至元十九年（1282）下诏："诸路岁贡人吏，补充内外职官"；至元二十八年（1291）有诏令"南方儒人，若有隐遗、德行、文章、正事可取者，其依内郡体例，各路岁贡一人，朝廷量才录用"。

对于元代的科举制度，由于研究的视角不同，学者也褒贬不一。但是从总体上看，贬多于褒。对它的批判主要集中于两点：第一认为元代的科举考试不公平，民族歧视政策贯穿于整个科举制度之中；第二认为元代的科举考试走向僵化，最主要的表现是以程朱理学作为科举考试出题的范围。

元代是中国科举史上第一个实行民族配额制度的朝代，可以说实行种族配额是元代科举最显著的特点，同时也是遭受非议最多的地方。笔者认为，元代科举的种族配额规定比较准确地反映了元代社会和政治制度的多元性特色。按照王风雷先生的说法是："综观历史，蒙古统治者在科举考试上的具体规定，比较适合蒙古、色目、汉人、南人的实际。他们比较客观地考虑了蒙古、色目、汉人、南人间的文化差异，因而其采取的措施，基本平衡了各家的利益。"[2]蒙元帝国首先是一个横跨亚、欧的多民族、多文化的帝国，正像萧启庆先生所言："元朝不仅是一个征服王朝，而且在理论上仍是蒙古世界帝国的一部分，是一个多元种族、多元文化的社会；忽必烈及其子孙不仅是中国的皇帝，而且也是整个蒙古帝国的可汗。"[6]元朝人分四等，除了作为统治阶级的蒙古人外，以归附蒙古的先后顺序，将所征服地区的人分为色目人、汉人和南人。在官制上也遵循了上面的等级，政府中高级职位大多给予蒙古、色目人，办理实际事务的职位则需由汉人、南人来充当。因此，在决定以科举取士后，制定考试程式时必然要考虑官制的实际需要。另外，从这四个等级人群的文化差异来讲，这种民族配额具有其合理性。科举考试的最终目的是择优选录官员，而科举的内容以宋代程朱理学为主，这样，汉地的汉人、南人与蒙古、色目人相比，无论是在语言上，还是在理解上，都具有先天的优势。若整齐化一，将蒙古、色目人和汉人、南人放在同一起跑线上，一方面自然会损害蒙古人自身的利益，影响蒙元社会各民族间的权力制衡；另一方面也有失公平竞争。可见，承认差异，区别对待无疑是一种比较务实的做法。

至于蒙元科举制度遭到的另一个非议，即以儒家经典为考试内容、以程朱理学家的注释为标准禁锢了人们的思想。笔者认为，元代虽然进行了16次科举考试，录取进士1139人，但是科举考试只是元代选官制度的一个补充形式。根据史料记载，其规模与唐宋相比大相径庭，唐朝进士有6077人，宋朝仅仁宗一代就录取进士4570人；就是在元代多种选官的途径中，科举取士的人数也只占文官总数的百分之二强。反观元代科举考试，反映出蒙古人的一种务实精神。以孔子为代表的儒家文化自东汉董仲舒以来一直是汉文化的高深学问，为适应以汉俗治汉的需要而建立的蒙元高等教育机构和科举制度正是直接抓住了汉文化的精髓——儒家经典和程朱理学。无论是仁宗在诏令中要求："举人亦以德行为首，试艺则以经术为先，词章次之。浮华过实，朕所不取"[4]；还是精减科举考试科目，只设进士一科，都反映了蒙古传统文化所具有的朴实、简约的个性。

总之，蒙元科举制度的发展从一个侧面反映了蒙古文化的变迁历程。成吉思汗统一蒙古高原各部，建立大蒙古国，意味着蒙古游牧文化的一次大的整合。随后开始了南下、西征的征服世界征程，同时也拉开了蒙古游牧文化与西亚商业文化、华夏农耕文化直接接触的历史。蒙元时期，蒙汉两种文化经历了从冲突、适应到相融的历程。冲突阶段，战争是第一位的，蒙古人对汉文化认识肤浅，基本采取了冷漠的态度，缺乏科举取士的环境，至于太宗时期的"戊戌选举"科考仅仅是出于确立儒户、保护儒户的考虑，不具有科举考试选拔、任用官员的作用；文化适应阶段，治理重于战争，蒙古人开始重视汉人文化的经典——儒家文化，基本采取以其所长为我所用的嫁接方法，在保证本民族利益的前提条件下，发展适应蒙元多元社会需要的教育。统治阶层开始考虑开科取士，下有奏议，上有旨意，最终没有表现在行动上。元朝对科举考试举棋不定的主要原因在于取士毕竟是涉及权力制衡的关键问题；蒙汉两种文化经过一个多世纪的接触，在元末呈现融合的趋势。就高等教育而言，国子学、蒙古国子学、回回国子学逐步完善，书院走向官学化。尤为重要的是通过高等教育已培养出一批蒙汉兼通的高级人才，蒙古人当中熟悉、精通汉文化的人越来越多，就连皇帝如英宗、文宗、惠宗，在汉语、汉文方面都有很高的修养。这样，忽必烈去世后，成宗、武宗延续忽必烈的政策，保持守成局面，仍未行科举。"其结果，元代实施科举的重任，历史地落在了崇信儒术的仁宗皇帝的肩上。"[7]至此，科举除了因顺帝至元元年的那次争论而停试五年外，一直延续元末。即使在农民起义蔓延全国、江南四川等地连遭战乱而危及政权时，科举考试仍如期举行。至此，蒙古人有了第一批自己培养、选拔的状元，他们依次为："护都沓儿、忽都达儿、泰普化、八剌、阿察赤、笃列图、同同、拜住、普颜不化、阿鲁辉铁木儿、朵列图、薛朝晤、蛻征、买住、宝宝、赫德溥化。"[8]可以说，他们是蒙汉文化融合的一个产物。

参考文献

[1] 中国大百科全书总编辑委员会《教育》编辑委员会：《中国大百科全书·教育》，中国大百科全书出版社，1985年。

[2] 徐梓：《元代书院研究》，社会科学文献出版社，2000年。

[3] [明] 陈邦瞻：《元史纪事本末》，中华书局，1979年。

[4] [明] 宋濂：《元史》，中华书局，1976年。

[5] 樊善国、徐梓：《元史选译》，巴蜀书社，1991年。

[6] 萧启庆：《元代史新探》，台湾新文丰出版公司，1983年。

[7] 王风雷：《补论元代科举考试中的几个问题》，《内蒙古师大学报》（哲学社会科学版），2001年第1期。

[8] 韩达主编：《中国少数民族教育史》，第二卷，《蒙古族教育史》，云南、广西、广东教育出版社，1998年。

（本文发表于《中央民族大学学报》哲学社会科学版，2007年第2期，第42－47页。）

下 篇
比较借鉴：国外原住民及少数民族教育

在多民族国家里，接受教育，对于原住民及少数民族来说，不仅是他们进入主流社会赢得社会地位的手段，而且是传承和发展其宝贵文化的有效途径。由于各国的制度、历史发展、文化格局和民族关系不同，他们发展原住民及少数民族高等教育的实践也各不相同。对于原住民、少数民族教育的研究，无论国内，还是国外，在过去比较重视教育在帮助少数民族融入主流社会中的作用问题，尤其关注少数民族学业成就低下的问题，并从经济条件、政治地位和文化背景等纬度对其进行归因分析。20世纪中后叶，尤其是自1968年"国际土著事务工作组"成立以来，随着后现代思潮和后殖民研究的兴起，随着原住民、少数民族研究者的成长和文化自觉，国外的少数民族尤其是原住民教育研究开始突破西方科学研究的范式，力图构建基于本土文化之上的土著教育理论体系。

试论自治领成立前加拿大土著人的教育
——以印第安人为例

加拿大是一个多语言、多文化的多民族国家，从大的范围来讲，其国内的人群由土著民族、英裔和法裔民族和移民组成。有学者把这三类人群分别称为"第一民族"、"建国民族"和"第三势力"。据2003年人口统计，土著人约有100万人，占全国人口的3.2%，其中印第安人占65%，因纽特人占5%，梅蒂人占30%，这些土著民族多分布在安大略省、不列颠哥伦比亚省、草原诸省和魁北克省北部地区。[1] 由于这些土著民族的祖先是最早来到加拿大生活的居民，所以，有人把土著人称为加拿大的第一个民族（First Nations）；在加拿大多民族社会里，英裔和法裔人口所占比例最大，按照1996年以英、法民族为母语的人数统计，英裔有1698万人，约占全国总人口的57%，分布全国各地，除魁北克省外，在各省占多数。法裔有664万人，约占全国总人口的22%，多数居住在圣劳伦斯河谷地区，以魁北克省最为集中。除此之外，就是移民民族，人口632万，占全国人口的17%，其中，来自英、法两国以外的欧洲移民最多，其次为东亚和东南亚地区的人，还有一些来自南亚、加勒比地区、阿拉伯人、非洲和西亚人。

在加拿大，最初的土著居民指印第安人和因纽特人，现在法定的土著人中还包括了印第安妇女和最初的法国移民所生的混血后裔即梅蒂人。加拿大印第安人分为"条约印第安人"和"非条约印第安人"两种。所谓"条约印第安人"，是指得到加拿大官方正式承认的印第安人，大约有54万人。除了条约印第安人以外，加拿大还存在"非条约印第安人"和一些印第安混血者，两者加起来人口约有 100 万。由于二者的区别，习惯上在研究加拿大土著人问题时一般仅指条约印第安人。加拿大印第安人包括 20 多个民族，有 50 多种方言，目前多数土著人都会讲一种官方语言。这些人大多数居住在 2242 个保留地里，并相互结成 537 个村落社。保留地是由联邦政府划定的属于印第安人的土地，他人不得随意侵占；村落社是得到联邦政府承认的印第安人的基层政权单位，直接受联邦政府的派出机构管辖。

欧洲殖民者的到来，使西方文明与加拿大的土著文明发生了接触，从此揭开了加拿大土著人全球化的历程和土著文化变迁的历史，而土著人的教育随着文化的变迁和历史的发展不断地发生演变。在加拿大成立自治领，开始其建国道路之前，土著人教育的历史可以划分为以下三个阶段。

第一阶段：土著人的传统教育（1603 年以前）

根据加拿大的考古研究，大约在公元前 1 万年以前北美的许多地区就有人类出现。据研究，在公元前 12000 年以前，通过亚洲与北美相接的白令海峡，最早的移民来到北美，他们在阿拉斯加和育空地区的非冻土地带安顿下来。后来，由于环境的恶化，他们不断向南面和东面扩展，逐次遍布整个北美大陆，形成了与生存环境相适应的各具特色的古代平原文化、森林文化、地盾文化和海岸文化。在欧洲人到来之前，加拿大原始人在这片土地上繁衍生息了几千年，他们共有 12 种语种，包括更多的语言。北部森林地区从拉布拉多海岸一直到马更些河下游和育空地区居住着以狩猎为生的操阿萨巴斯卡语和阿尔贡金语的林地印第安人；东部安大略南部和圣劳伦斯河谷居住着以农业为生的印第安易洛魁人，他们有几种不同的方言，五个部落组成联盟，北部易洛魁人还和林地阿尔贡金印第安人进行贸易活动。此外，这一地区还有休伦、伊犁和纳特拉尔人，其中休伦部人主要从事贸易和捕鱼，他们也组成五部联盟，以保持共同的商业和军事利益；在马尼托巴、萨斯喀彻温和艾尔伯塔的草原地区生活着平原印第安人，他们靠狩猎尤其是捕杀野牛为生，此外，也捕鱼，红鹿、狼、海狸、水鸟也是他们喜欢的猎物；落基山脉以西，太平洋沿岸则居住着海岸印第安人，他们是渔民和商人，而马哈鱼既是食物，又是流通的主要商品；而在北极，生活着被称为爱斯基摩的因纽特人，他们在寒冷的地带靠狩猎为生。根据不同的自然环境，这些土著人分别靠狩猎、捕鱼、农耕和贸易为生，形成了与其生活方式相适应的传统文化，创造了各具特色的民族教育。在法国人到达加拿大之前，印第安人对他们的孩子所实施的是印第安人的传统教育，是在日常生活和生产中进行的维护其文化和为其民族生存所必需的知识教育。教育内容主要有两类：一类是生存知识和技能如狩猎、捕鱼、耕种，随季节和气候搬迁等等；另一类是文化传统如印第安人的风俗习惯、宗教信仰、婚姻制度及其不成文的习惯法等等。"土著人虽然没有正式创办正式意义上的学校，但却以自己特殊的传统教育方式，沿袭自己的民族文化和生存方式，儿童从父母及年长者那里学习生存技术和传统文化，如捕鱼、狩猎、根据气候变化而迁徙居住地以及自己的风俗习惯、婚丧、宗教仪式和社会的传统法规等"。[2]

第二阶段：新法兰西时期的土著人教育（1603—1763）

这个阶段从 1603 年法国人在芬地湾的圣克洛伊克斯岛建立了最初殖民点起，一直到 1763 年英法战争以法国战败结束，最终签订《巴黎协定》为止。这一时期是法兰西文化和北美土著文化接触后发生文化变迁的时期，与先前土著人的自然发展相比，这一时期土著人的教育有了一些明显的变化和特点。两种不同文化的碰撞、接触，必然出现或冲突、对立，或相容、信赖的局面。在新法兰西时代，土著部落因为毛皮贸易和白人建立了相互依赖的关系，双方虽有冲突，但烈度和频率均不强。法国人进入加拿大，不仅带来了探险家、传教士、商人、军人、移民，而且通过建立殖民地把城镇、教堂、学校等社会组织和领主制、天主教信仰、法律规范等社会制度移植到新法兰西中。在这样的文化背景下，这些地区的印第安人的教育进入了以教会宗教教育为主的时期。"在新法兰西的建立过程中，宗教起了重要的作用。在法国本土，天主教的势力非常强大，许多教士有着极虔诚的宗教信仰。他们主动要求到新法兰西传播天主教，其主要目的甚至不是为了少数法国商人服务，而是为了转变和教化那里的土著居民。"[3]加拿大的首批正规学校是由教会团体创办，意在教育殖民者的子女，也为了教诲印第安人和因纽特人改信基督教。1608年，法国的圣方济修会和耶稣会在新法兰西的魁北克建立了加拿大的第一所正式学校。1663年，拉瓦尔主教还在魁北克建立了高等教育机构即魁北克神学院。教育内容具有浓厚的宗教色彩，在传授圣经的同时，也教印第安人欧洲人的耕种技术和贸易；教育经费主要从殖民地的母国社会募捐，教学语言使用印第安语；还有一个重要特点就是印第安学生和殖民者孩子同校上课。"这个时期的各殖民地政府也为印第安人开办教育，但教育目的不是保留和发展印第安文化、语言，而是尽可能把印第安人儿童培养成为对欧洲移民有利的印第安人"[4]这里应该指出的是，除了在新法兰西的大西洋沿岸和圣劳伦斯河流域与法国殖民者接触频繁（皮毛经济驱动）而发生文化变迁的土著人如蒙塔哥尼人、阿尔贡金人、休伦人和易洛魁人之外，居住在圣劳伦斯河流域以北的东部森林、内陆平原及太平洋沿岸的土著印第安人依然保持着他们本土的文化和传统的教育。

第三阶段：英属北美时期的土著人教育（1763—1867）

这一时期从1763年法国丧失北美殖民地开始到1867年加拿

大开始摆脱英国成立自治领为止。英国在战争中的胜利使得法国将新法兰西密西西比河流域、圣劳伦斯河及其以北的广袤土地全部割给英国。与新法兰西相比,英属北美殖民地逐步变成一个更加多元的社会,除了原有的法国人、土著人和法国人与印第安人结合后的后裔(梅蒂人)之外,还有大量的美国和欧洲移民迁入,构成了多民族的新英格兰社会。最初的移民主要来自美国,他们主要是反对美国13州独立的亲英的效忠派,主要在上、下加拿大省和新斯科舍定居。接着,英国当局一改以前禁止英国公民移居北美的传统做法,开始有组织地动员英伦三岛人移居加拿大,欧洲来的移民和皮毛商大多去了魁北克和蒙特利尔。总之,这一时期的新英格兰是一个多元而又分散的土地。东部大西洋沿岸主要是以不列颠文化为主的英语区。中部圣劳伦斯河流域是英法双语区,"由于是两个民族,使用两种语言,所以两种文化传统顽强地保持着,无论在宗教信仰上还是在生活方式上都呈现不同的外观"。[5]在魁北克,英国殖民当局为缓和矛盾,允许当地仍使用法文、讲法语和信奉天主教,法国民典和经济体制照旧。而在北部和西部是土著人印第安和因纽特人的世居地,有多个语言和文化各不相同的部落。

受这种文化区域格局的影响,这一时期印第安人的教育呈现出双重性,即欧洲教会教育和印第安本土传统教育。在东部以美裔和英裔为主的地区,英国的城镇大会制度和公理教会被引入,这里有少量的印第安人主要接受英国基督教会学校教育。除教会学校外,一些大的贸易公司开始资助印第安人的教育,"新英格兰公司的人信奉英国国教,他们努力使当地印第安人基督教化,为此,不惜花费金钱对印第安人的子女进行训化"。大约在19世纪初,在新不伦瑞克的萨西克斯河谷建立了印第安学院。居住在大湖区、圣劳伦斯河流域和东海岸的印第安人,由于迁徙、与欧洲人交往、做皮毛生意,逐步改变了传统的生活方式,形成了以英、法宗教教育为主的教会教育。而在西部,从大湖区到落基山脉，居住着5个印第安部落即奥吉布瓦人、阿森尼瓦内人、克里人、黑脚人和阿萨巴斯卡人，除偶尔与欧洲人有些接触，他们的生活依然没有改变，他们依旧遵循着自己的传统信仰，保持着自治；而在太平洋沿岸居住着操30多种语言的印第安人，这一时期，欧洲人的触角还没有伸到这里。"海达人、西姆山人、努特卡人、贝拉库拉人、特林基特人、夸扣特尔人和萨利希人都各自有着精致、复杂和富有仪式的文化。显然，这里的印第安人依然保留着他们本土文化和基于本土文化之上的传统教育。

随着移民人数的增多，英国殖民地当局改变从前禁止移民进入阿巴拉契亚山脉以西、大湖区的印第安人居住区的政策，允许欧洲移民西进，并给印第安人划分出保留地。1760年到1840年的80年间，英属北美的欧洲人口增加了16倍。到1841年，那里的非土著人口已超过150万，与土著人口之比为10：1。这种情景与此前的新法兰西已截然不同，在这样的背景下，殖民地当局对土著人开始实行激进的同化和种族隔离政策，印第安子女被限制在保留地里，与其他移民儿童分开，接受学校教育。这样，印第安人的教育又进入了一个不同的历史时期。

参考文献

［1］刘军：《加拿大——列国志》，社会科学文献出版社，2005年。

［2］北京大学加拿大研究中心：《加拿大掠影》，民族出版社，2001年。

［3］姜芃：《加拿大文明》，中国社会科学出版社，2001年。

［4］阮西湖：《加拿大与加拿大人》，社会科学文献出版社，1990年。

［5］姜芃：《加拿大文明》，中国社会科学出版社，2001年。
（李鹏飞主编，《加拿大与加拿大人6》，第99-105页，北京理工大学出版社，2007年。）

加拿大土著民族文化的人类学反思

加拿大是一个多民族和多元文化的国家,根据各自的语言、文化、族源,加拿大所有民族可以分为三类人或三种力量。第一势力集团由土著民族所组成,他们是最早生活在加拿大这片土地上的民族。包括条约印第安人、非条约印第安人,梅蒂人和因纽特人。"土著民是加拿大的第一民族。今天的北美印第安人,即原著居民中的最大群体,被认可为'第一民族'(first nations)。"第二势力由当年两大宗主国民族群体组成,即后来宪法所称的建国民族(founding peoples)。法兰西民族和不列颠人(盎格鲁—撒克逊民族),作为这个国家的主要民族群体,共同构成加拿大占统治地位的多数民族。第三势力集团(the third force)由土著和所谓的两大建国民族以外的所有少数民族群体组成,包括所有非英、非法语群体的人,不管是在加拿大出生还是在国外出生,他们自19世纪末以来,作为移民来到加拿大。

在欧洲人到来之前,土著人就在美洲大陆这片广袤的土地上繁衍、生息了成千上万年。由于他们所处的自然环境、气候条件的不同,他们形成了自己独特的生活方式和文化类型。西方人的到来,改变了土著人自然发展的历史,从而促使土著人的文化变迁得以发生,"起初,加拿大由多部落、多方言的土著社会变成法兰西与土著人的社会,又变成以法兰西和不列颠人为主流的社会"[1]。虽然土著人与欧洲人在皮货交易时代是一种贸易伙伴关系,然而,随着皮货贸易交易时代的结束和定居人口的增加,他们之间的关系就开始改变了。到这一时代,关系模式就变成了白人殖民政府与第一民族社会群体"谈判",然后签订条约,让他们让出自己大片的土地,换来的是他们居住的保留地、渔猎权和殖民政府每年的拨款。[2]在这种制度下，土著人的主体性被完全忽略了，殖民地当局没有把土著人当做具有平等拥有土地和自由享有文化的独立主体。家长主义和孤立主义是欧洲殖民者土著政策的集中体现。到了20世纪中期以后，随着外部社会环境的改变和内部自治意识的觉醒，随着加拿大政府多元文化政策的实施，加拿大土著人的政治地位、经济条件和文化权利有了一定的提高。不断有经济投入和新的举措用于构建土著人与主流社会的积极伙伴关系，但是改变土著居民的社会隔绝和经济滞后的局面还需漫长的道路。

回忆土著人与欧洲白人关系的历史，会看到许多悖论贯穿于这一历史发展过程中，其中最基本的一个悖论是，原本是加拿大最早主人、拥有这片广袤土地的土著人却在西方人到来后被限制在保留地里，通过出让自己对领土的所有权来换取政府保护、补偿或狩猎权。而那些最早来加拿大的欧洲人，他们或是难民，或是受迫害的英国清教徒，或是被母国抛弃的被"搁浅"在魁北克的法国人，或是在苏格兰高地大清洗中被逐出家园的苏格兰人和爱尔兰人，或是在美国大革命中逃亡到加拿大的保皇党人，却在寒冷艰苦的环境里凭借土著人的帮助得以生存，最后反而成为加拿大的建国民族，反而成为原来这片土地主人的土著人的"家长"和"监护人"。如何来看待和解释这种由不同文明接触而发生的主客换位的悖论呢？笔者认为，除了做历史的分析外，还应该从文化的纬度来进行审视。因此，反思产生于西方，与西方殖民主义和帝国主义相伴为伍的根植于殖民地土著社会研究实践的文化人类学，有助于对此类问题的深入思考。

一、文化单线进化论——欧洲优越论

西方人类学的发展是与西方殖民主义的需要紧密相联的。"人类学在历史发展上，一方面与考古有关，一方面与殖民经验有关。英、法、美各国所以发展了人类学，便是因为各有各的殖民问题。"[3]英国是殖民大国，而殖民地的社会问题自然成为其思考的核心。到英属殖民地去做异域的田野调查几乎成了英国早期社会人类学家的必修课。有人形象地比喻夹着公文包的资本家、手持圣经的传教士和拿着一本书的人类学家构成了英国殖民时代的经典画面。他们带着各自的目的向殖民地走来，资本家为了获得财富，信仰上帝的神职人员为了教化殖民地的人民，而人类学家则是为了满足学术上的好奇心。在某种意义上，人类学充当了殖民地政府统治土著人的工具，而人类学家的理论逐渐成为一种话语霸权，成为欧洲文明和土著野蛮之分野的依据，从而成为文明的欧洲人教化野蛮的土著人的合法性的基础。

古典进化论是文化人类学的第一个理论流派，它是按照时间的纬度来考察人类文化的演化，受达尔文进化论的影响产生于19世纪后期，可以分为早期的古典进化论和后来的普遍进化论与多线进化论。古典进化论的代表人物是英国的泰勒（E. B. Tylor, 1832－1917）和美国的摩尔根（L. H. Morgan）。泰勒在其名著《原始文化》中提出了单线进化的观点，认为人的本性的普遍相似性和生活环境的相似性导致了世界各地文化的一致性；而文化的各个阶段是依次发展或进化的，可以把人类各民族的文化从最落后到最文明连接为一个连续的序列。在这个序列的一端是文明的民族，另一端是蒙昧的部落。西方文化是处在文明台阶的上端，而东方文化则在台阶的下端。摩尔根于1877年完成巨著《古代社会》，系统阐述其文化进化的具体步骤。他依据发明和发现的不同，将社会文化进化分为蒙昧、野蛮和文明三个阶段，蒙昧与野蛮各再区分出低、中、高三期。取火、渔猎、弓箭的发明属于蒙昧阶段；陶器、畜牧、农耕、铜铁器的使用为野蛮开始的标志；以标音文字的发明为文明阶段开始的标准。他认为蒙昧低期的人类已经灭绝，现在的人类各按其程度代表自蒙昧中期以至于文明阶段的文化。

不论是泰勒的《原始文化》,还是摩尔根的《古代社会》,都是得益于其在殖民地学术实践的思考。他们把进化放在了原始与文明、古代与现代、我者与他者这样二元对立的思维体系当中,确立了以欧洲白人为高级、其他为低级的基本逻辑关系,最终确定了白种欧洲人排在顶端,而被征服的土著人排在最低端的社会文化秩序。这样,单线进化论和欧洲优越论互为支撑也就成为很自然的事情,"所谓的传统与现代、野蛮与文明、过去与现在、东方与西方,这些被表述出来的文化差异,背后都隐含着一种等级性,这种等级性是被书写和表达出来的,而非真实的存在"。尽管这些白人也许是在欧洲受到迫害的清教徒和被流放到美洲的囚犯,但是他们却自认为来自文明世界,而将印第安人看作是"残酷的原始人,甚至是撒旦的子孙"[4]。可见,单线进化论为欧洲优越论提供了合理性辩护,这一理论在很长的一段时期内弥漫于欧洲大陆,为欧洲人殖民统治提供了一个不可多得的理论武器和逻辑依据。由此,我们也不难明白欧洲人对土著人长期实施的"盎格鲁—撒克逊化"的同化政策的目的在于:要求土著人赖以生存发展的本土文化,接受"盎格鲁—撒克逊"民族集团的行为方式和价值观。

二、文化传播论与欧洲中心论

随着人类学的不断发展和各种民族志资料的日益丰富,以野蛮—文明为两级的单线框架在解释各种复杂多变的文化方面显得力不从心。这样在西方,在批判进化论的基础上形成了文化传播理论。文化传播理论认为:进化论只关心人类文化在时间上的演化过程,却忽视了文化在地理空间上的分布。文化的进化主要表现在文化不断地在地理范围内的传播与变动。所以人类学应该以文化的地理传播为使命,所谓"传播"(Diffusion)就是扩散、流传，是指文化或文化特质从一地扩散流传到另一地。传播论者认为，世界上原来只有几个或一个地方曾经独立发明了各项事物，这些地方因而变成了文化中心。而各项文化特质都是从这些文化中心向四周扩散传播，从而导致文化接触，引起文化的变迁。因此，人类文化的历史归根结底就是文化传播、借用（borrowing）的历史。文化传播论认为迁徙和其他形式的接触是各地文化相似的主要原因，文化要素是随着民族迁徙而扩散开去的。不同地理位置形成了不同的文化圈，而文化圈在空间上有些部分是相互重叠的，形成了文化层，有些部分则是分开的。文化传播论分为德—奥历史传播和英国极端传播两个学派，他们的主要分歧在于文化传播源头的中心数量的多少。德—奥历史传播学派主多元，威廉·施密特（Wilhem Schimidt）认为，世界上不同地域在不同阶段生出不同的文化，每个阶段中都包括几个文化圈。如果某一文化圈处于一地区的中央，那么，它在这里是晚近的。第一个阶段是原始阶段（狩猎与采集阶段），有中央或婚外制文化圈、北极文化圈、南极文化圈；第二是初级阶段（园艺种植和畜牧阶段），有家长制的游牧部落文化圈、外婚之妇权、图腾、较高层次狩猎部落文化圈和外婚制母权、园艺部落文化圈；第三是较发达的农业阶段，有自由父权制社会文化圈、自由母权制社会文化圈；第四是亚洲、欧洲较早的高级文明出现阶段。而英国传播学派主一元，极端地认为人类最初的文化来源于同一个文化中心，人类文化丰富多彩的现象是由一个古代文化中心向外扩散、流传的结果。埃利奥特·史密斯（Elliot Smith）认为，世界上所有文化的产生都源于埃及，当这一文化中心流传四方重见于别处时，却有不同程度的退化。所以，世界上的较为粗朴的文化不是"原始的"而实为"退化的"，即由埃及的古文明退化而来的。

文化传播论虽然避免了他者野蛮—我者文明的二元对立的自我优越的局限，却为世界设置了又一个中心——边缘的二元对立的话语解释体系，从而为西方民族的自我中心主义价值观提供了合理性。在西方，"高级人种—文化中心"与"野蛮人种—文化边缘"经常被搁置于一筹，比如我们今天沿袭的"近东—中东—远东"都是以罗马城为中心来确定的。[5]其实，这里面暗含着这样的一个规则，居于文化中心的白种人代表文明与理性，而居于文化边缘的其他人种是原始和野蛮的，所以，他们理应受到白种人的统治，接受白种人的宗教和教化。当欧洲人通过战争和贸易在边缘的土著地区站稳脚跟后，接下来要做的事情就是把自己的文化扩散到这些边缘地区，实现高级文化由中心向边缘、由文明人向野蛮人的传播与传递。"随着1876年印第安人法律的出笼，加拿大印第安人实际上被联邦政府监管起来"，"教育掌握在教会手中，其实教会更感兴趣的是对之实施完全的归化，而不是教育"，"传统的文化习俗，诸如举办盛宴和朝拜太阳舞是不允许的。儿童被安排到远离家庭的寄宿学校学习，禁止他们说自己的语言。加拿大南部的土著民族要么被同化，要么被驱赶到加拿大社会的边缘。"[6]后来，由于大量移民的涌入和美国民权运动的影响，加拿大开始改变长期奉行的民族同化政策，开始实施以英、法裔文化为主导的民族熔炉政策。这一政策表面看起来具有加拿大一体化的表征，但是其背后依然潜藏着欧洲文化中心的唯我独尊的霸权。

三、文化相对论与多元文化政策

在20世纪初，在批判文化进化论和修正文化传播论的基础上，西方人类学界出现了一个以弗朗兹·博厄斯（Franz Boas）为代表的文化相对论学派（Culture relativism）。他认为，文化人类学要构拟的人类文化史不是指世界各国的一般历史，而是各民族的具体历史。因此，博厄斯研究的文化不是全球性的文化，而是具有地理范围的、有其自身特点和发展规律的特殊文化。解释一种文化最好的办法是重建该文化走过的独特的道路,构拟该文化的历史。因此,这一学派也被称为历史特殊论。根据他的历史特殊、文化独立的命题,他推演出其著名的文化相对论的理论。博厄斯反对古典进化论论和白人优越论,不应该把西方文化视为最高标准,而置其他文化于进化路线的低级阶段。他认为,各民族文化的价值是平等的,不能用高低等级、文明野蛮来区分;他反对欧洲中心主义,认为评价一种文化的价值,不能以自己的文化为标准。不同文化背景有着不同的价值和功能,任何一种文化只能从该文化的内部去研究、去理解。

文化相对主义是人类学奉给20世纪的最重要的思想献礼,其最大的意义在于解构了欧洲优越论,使自视为文明的西方文化失去中心,宣告西方中心主义的价值观彻底失效。"文化相对论的一个好处在于,他可以自己说明自己。一个生物种类、一个族群、一种文化类型,无不具有自然生态、生产方式、生活样式、文化价值体系的自我成因,无不限定在确定的地理范围、生态环境、族群边界等诸多可计量和不可计量因素的说明之中。用简单的进化论框囿之,不但粗糙,而且逻辑混乱。"[7]第二次世界大战后,种族主义和与之相关的同化政策受到抨击,而文化相对论,作为看待文化差异的理论基础为多元文化主义的发展提供了舆论氛围。而作为文化相对论代表人物的弗朗兹·博厄斯就是把加拿大的土著人作为自己的研究对象,他曾长期对加拿大中部的因纽特人及不列颠哥伦比亚省西北沿海的群体人群进行人种学研究。1971年加拿大政府推出多元文化政策,但是由于它是建立在英法双语言的框架内,还没有彻底摆脱欧洲优越和西方中心的藩篱。1988年《多元文化主义法》的制定标志着多元文化政策成为加拿大处理民族关系的基本国策。直到20世纪末,加拿大政府开始反省过去对土著民及其非英法移民的歧视和不公,开始重视对土著民的尊重和保护,使他们在文化与语言保持、教育以及自治方面享有更多的权利。

总之，土著文化是加拿大多元文化珍贵的遗产，印第安文化不是西方文化进化链上的低位物种，更不是欧洲文化的过去，文化没有文明野蛮之分；印第安文化历经西方文化数百年的教化与隔离，不但没有被同化、被消解，而且顽强地生存下去，说明文化没有绝对的中心与边缘的分野，有的只是类型上的不同及其面临不同环境时的调适与重构。加拿大的多元文化政策不但要尊重和重视印第安文化的价值与作用，而且要提高印第安人的文化自觉意识和主体自治能力。一个真正的多元文化的社会，不仅应该尊重每个土著及少数族群成员的文化、语言以及宗教认同，更应该提供合适的条件让这些认同能够得以表达、保存以及发展。

参考文献

[1] 姜芃：《加拿大文明》，中国社会科学出版社，2001年。

[2] 约翰·赛维尔著，李鹏飞译：《加拿大——走向今日之路》，北京理工大学出版社，2006年。

[3] 赵旭东：《反思本土化建构》，北京大学出版社，2003年。

[4] 艺衡、任君、杨立青：《文化权利：回溯与解读》，社会科学文献出版社，2005年。

[5] 叶舒宪、彭兆荣、纳日碧力戈：《人类学关键词》，广西师范大学出版社，2004年。

[6] 同[2]。

[7] 同[5]。

（本文发表于《广西民族研究》，2008年第1期，第43－46页。）

从民族大学的建立看中加少数民族高等教育发展模式的异同
——以中国中央民族大学和加拿大第一民族大学为例

在太平洋的东西两岸,有两个大国隔洋相望,那就是中国和加拿大。这两个国家有许多相同的地方,如国土面积大,两国都是多民族、多语言的国家。同时,这两个国家也有很多不同的地方,如中国是一个统一的多民族国家,各民族之间形成了多元一体的文化发展格局;加拿大则在法英殖民地的统治和影响下演变成一个以移民为主体的联邦国家,形成了多元文化的态势。由于历史演变和文化发展的路径不同,二者在社会制度、经济水平和教育模式等方面呈现出明显的差异。两个国家同中见异和异中有同的背景为比较研究提供了一个很好的主题和平台。本文在占有前人资料的基础上,以中国中央民族大学和加拿大第一民族大学为个案,从这两所民族大学的建立来比较中加两国少数民族高等教育发展模式的异同,在鉴别这些类同和差异的基础上,进一步探讨其背景及其影响因素,从而为新世纪世界土著民及少数民族高等教育比较研究开辟新的领域。

一、中国的少数民族高等教育及中央民族大学的建立

中国是统一的多民族国家,有56个民族。据2000年全国第五次人口普查,全国人口共126583万人,其中汉族最多,共115904万人,占总人口的91.59%;其余55个民族共10643万人,占总人口的8.41%。[1]少数民族人口虽然不到总人口的10%,但是,他们所分布的区域却很广,少数民族分布地区的面

积占全国总面积的64%，而且形成了"大杂居，小聚居"的分布特点。在历史上，汉族文化与其他少数民族文化既有相互依存的一面，也有相互冲突的一面。在1840年西方列强进入中国拓殖之前，大体来讲，北方少数民族游牧文化与中原汉地农耕文化的冲突与整合构成了中国古代历史的基本主题。在冲突的时候，各自为界，具有明显的"华夷"之分。在教育上保持各自的人文传统，通过本土知识和传统教育来传承各自的文化，完成对自己民族的认同，使自己的后代能够适应本土文化。少数民族一般通过家庭口承、宗教仪式、宫廷学校来传授本民族的历史、信仰和文字等知识，而汉族则通过私塾、书院、国子学等形式来传授儒家文化，以实现"明明德、新民，止于至善"的教化目的；而在整合阶段，两种文化相互影响、相互吸收，文化教育呈现多元化趋势。当汉族建立统一政权时，或在少数民族地区建立官学，或招收少数民族子弟在内地官学学习。当少数民族入主中原建立政权时，总会在保存自己传统文化的基础上嫁接汉文化的教育，建立多元文化的教育体系，以适应社会的变化和文化的变迁。1840年鸦片战争改变了中国自然发展的历史走向，揭开了中国现代化的艰难历程。西方列强的侵入使中国历史上的传统的民族关系从对峙冲突明显的华夷之分向汇聚、融合的华夷统合演变。最终使中国从一个自在的国家变成了自觉的国家，从而也奠定了中国现代各民族分布和文化发展的格局。中国近代高等教育的建立就是东西文化从冲突走向融合的产物，是西方殖民者借"船坚炮利"和"传教"而"西学东渐"的产物。两次鸦片战争失败导致"中体西用"的洋务运动和中日甲午战争失利，引发"废八股、举新学"的维新变法，使西方的教育制度和以科学为主要内容的现代教育得以在中国建立。近代中国少数民族高等教育始于1908年清政府在京师建立的满蒙文高等学堂，其宗旨是"造就满蒙文通才，以保国粹而裨要政"，是以满族、蒙古族和藏族学生为主要对象，培养统治、管理人才的一种精英高等教育模式。这种模式是以多个民族学生为其教育对象，是后来的民族学院的雏形。

中央民族大学的前身是延安民族学院。1941年中国共产党在延安建立民族学院，招收来自蒙古族、回族、藏族、彝族、苗族、满族、东乡族、汉族8个民族约300名学员，开设研究班、普通班、文化班三种类型和层次的教育。"延安民族学院，是中国共产党为了争取抗日战争的胜利和民族解放，为了贯彻党的民族政策，发展少数民族事业，培养少数民族干部，而建立的一所高等教育机构。"[2]可见，是一所政治性的高等教育机构。

1950年11月24日，由政务院召开的第60次政务会议讨论和通过了《培养少数民族干部试行方案》。方案中明确提出为国家建设、民族区域自治与实现民族政策的需要，普遍大量地培养少数民族干部，要求以开办政治学校与政治训练班，培养普通的政治干部为主，迫切需要的专业技术干部为辅。并规定在北京设立中央民族学院，并在西北、西南、中南各设立中央民族学院分院一处，必要时还可增设。1956年6月在第二次全国民族工作会议上，提出了民族学院"培养政治干部与培养专业技术干部并举"的办学宗旨，标志着民族学院由非正规的高等教育向正规化的高等教育转变。1979年全国第五次民族学院院长会议之后，民族学院的办学模式完全走上了正规化的高等教育道路，从以培养政治干部为主的政治学校转变为以培养高级专业技术人才为主的多学科、多层次的综合性大学。1993年中央民族学院更名为中央民族大学，1998年通过"211工程"预审，1999年正式步入中国21世纪重点建设的100所大学之列。2001年6月在建校50周年之际，中央又提出了"把中央民族大学建成世界一流民族大学"的奋斗目标，将学校的发展推上了一个新的台阶。

二、加拿大的印第安人高等教育和第一民族大学的建立

加拿大是一个多民族和多元文化的国家。根据各自的语言、文化、族源，加拿大所有民族可以分为三类人或三种力量。第一势力集团由土著民族所组成，包括条约印第安人、非条约印第安人，梅蒂人和因纽特人。根据1996年的统计，土著居民约1101960人，其中799010人承认自己的土著人身份。这一数量约占加拿大总人口的3%。[3] "土著民是加拿大的第一民族。今天的北美印第安人，即原著居民中的最大群体，被认可为'第一民族'（first nations）"。[4]第二势力由当年两大宗主国法兰西民族和不列颠人（盎格鲁-撒克逊民族）群体组成，即后来宪法所称的建国民族（founding peoples）。2001年，英裔人口占总人口的比率为41.9%；而法裔加拿大的人口比例为23%。第三势力集团由土著和所谓的两大建国民族以外的移民组成。20世纪90年代初移民占到加拿大总人口的33%，成为加拿大不容小视的"第三势力"（the third force）。

加拿大土著人高等教育的演变与加拿大的这种移民历史和由此引起的文化变迁具有很大的关系。在欧洲人到来之前，印第安人和因纽特人繁衍、生息在美洲大陆这片广袤的土地上。由于他们所处的自然环境、气候条件的不同，形成了自己独特的生活方式和文化类型，开展着各具特色的传统人文教育。"早在北美殖民化以前，土著人用口述方式向年轻一代传授自己民族的历史、语言、风俗和日常生产劳动中所反映的信仰和准则，保证了民族的生存和发展"。[5]西方人的到来，改变了土著人自然发展的历史，从而促使土著人的文化变迁得以发生，"起初，加拿大由多部落、多方言的土著社会变成法兰西与土著人的社会，又变成以法兰西和不列颠人为主流的社会"。[6]到这一时代，白人和土著民关系模式就变成了白人殖民政府与第一民族社会群体"谈判"，

然后签订条约,让他们让出自己大片的土地,换来的是他们居住的保留地、渔猎权和殖民政府每年的拨款。在这种制度下,土著人的主体性被完全忽略了,殖民地当局没有把土著人当做具有平等拥有土地和自由享有文化的独立主体。在 20 世纪 60 年代末期之前,原住民教育的模式是殖民地模式,无论是新法兰西时代由天主教堂建立的教会学院,还是英属北美时期委托教会主持的社区学校,还是自治领时代由联邦管理的保留地学校,都是"站在非原住民立场或处于西方科学观的角度实施教育的殖民模式。"如果我们审查殖民初期直到 20 世纪 60 年代末的土著教育,就会发现殖民者的意图是要'驯化'土著民族。教育政策和课程计划就像这一时期的其他政策一样,要用欧洲传统和准则同化土著人。"[5]在 20 世纪 50 年代前,印第安人教育主要由宗教组织来承担,用西方所谓的基督教文明来开化土著人。20 世纪 50 年代后,政府对印第安人教育政策有所变化,强调印第安人教育与主流社会教育的一体化,要求有统一的教学大纲,要求教师要有正式文凭。1969 年,联邦政府在其颁发的白皮书当中想把土著人教育下放到各省,注重教育的一体化,而忽略土著人的语言、文化、历史、经历和愿望。这一动议引起了土著人的不满,引发了印第安人的教育自治运动。1972 年全国印第安人兄弟会正式提出,印第安人有权直接管理他们孩子的教育,由父母与地方当局负责。1973 年联邦政府接受了印第安人教育自治的建议,并以此为印第安人未来教育发展的基础。经过几年的发展,印第安人的教育有了很大的改观,基础教育升学率、义务教育的完成率和高等教育入学率有了提高,尤为重要的是教育目标开始适应印第安人的生活实际,教学内容中增加了印第安人的历史、语言和文化,各级各类学校中印第安教师所占比例不断增加,这些为印第安人自己的高等教育的发展奠定了基础。1974 年,加拿大西部萨斯喀彻温省印第安部落联盟在靠近保留地的萨斯卡通市租用了一间办公室，开始筹办印第安人自己的高等学校。1976年5月，在部落联盟的努力工作和多方协商下，在萨斯喀彻温省里贾纳大学的大力支持下，萨斯喀彻温印第安联合学院在里贾纳大学正式建立了，从此加拿大印第安人有了属于自己的民族高等院校。联合学院除里贾纳主校区外，还在萨斯卡通和艾伯特王子城设立了分校。

1998年萨斯喀彻温省政府根据印第安部落联盟的建议，决定筹款在里贾纳大学之外为土著人单独建立一所民族大学。通过联邦政府、省、市政府的拨款，土著民族社区、师生和友好人士的捐款，2003年6月21日，加拿大第一民族大学宣告成立。第一民族大学分为四个校区，里贾纳新校区为校本部，另在萨斯卡通、艾伯特王子城和拉龙日设立三个分区。

第一民族大学的创建表明印第安人实现了由他们自己来管理印第安教育的原则，而印第安人一旦掌握了自己受教育的权力，在当今这个时代，也就等于掌握了自己的命运与未来。[7]第一民族大学的建立还为世界及加拿大的土著民高等教育的发展提供了经验，树立了榜样。

三、中加少数民族高等教育发展模式的比较

对于身处边缘状态和不利处境的土著民和少数民族来说，接受高等教育不仅是他们进入主流社会赢得社会地位的手段，而且是传承和发展其宝贵文化的有效途径。由于各国的制度、历史发展、文化格局和民族关系不同，他们发展少数民族高等教育的模式也各不相同。根据社会学社会分层的理论，阶层或群体之间关系的形成与维持实际上依赖于社会整体秩序的建立。而社会秩序包括两个既对立又统一的基本方面：即基于社会排斥的秩序和基于社会团结的秩序。[6]而高等教育作为社会成员流动的主要渠道和维持社会上层与下层之间平衡的工具，也必然反映到国家或政

府社会秩序维护的政策当中。通过上面的回顾，我们可以看出中国中央民族大学建立在国家基于当时社会团结需要而实行的制度安排的结果，而加拿大第一民族大学则是印第安人反对加拿大社会排斥而进行的主体构建的产物。制度安排和主体构建是二者在发展模式上最为显著的特征和差异所在。

中国是统一的多民族国家，在长期的发展过程中各民族形成了"多元一体"的发展格局。在这样的历史文化背景下，作为培养高级专门人才的少数民族高等教育的发展模式更多地取决于少数民族所处的社会地位，取决于主体民族与少数民族的关系，求诸于统治者的开明和经略即一种基于社会团结需要的制度安排。基于社会团结的秩序存在三种主要的形式：（1）对下层精英的笼络；（2）对弱势群体的保护；（3）统一的社会现实的解释方式。满蒙文高等学堂的建立是清政府为适应治国安边需要而培养满蒙文通才，笼络少数民族精英而作的一种制度安排；延安民族学院是中国共产党根据当时政治形势发展需要，基于社会团结需要而培养少数民族干部的制度安排；而中央民族学院则是中国政府基于民族地区区域自治需要而培养少数民族干部（精英）所作的制度安排。这种基于社会团结目标的制度安排是为了满足当时民族地区区域自治人才的需要。民族区域自治是中国解决民族问题的基本政策。

由于是自上而下的一种制度安排，当时的政务院于1950年11月批准通过《筹办中央民族学院试行方案》，对中央民族学院的任务、系班设置、教学方法、科研机构、领导体制、投资体系等做了明确的规定。其基本任务有三：第一，为国内少数民族实行区域自治及发展政治、经济、文化建设培养高级和中级干部。第二，研究中国少数民族问题以及少数民族的语言文字、历史文化、社会经济、发扬并介绍各民族的优良历史文化。第三，组织和领导关于少数民族方面的编辑和翻译工作。系班设置，目前先行设立军政干部训练班、本科政治系与语文系。教学方法，高年级以授课为主，自习、讨论、课外活动为辅；低年级以授课及复习为主，自习、讨论与课外活动为辅；课外活动包括社会活动、实习、参观、游览、文化娱乐等，并应列入教学计划。科研机构，建立研究部按民族或几个较为接近的民族分为若干个研究室，尽可能将目前各大学和国内各地研究有关上述问题的适当人才集中到民族学院。领导管理体制，在初办时期由中央人民政府民族事务委员会领导，一定时期后，由中央人民政府教育部领导，并受中央人民政府民族事务委员会指导。此外，在《培养少数民族干部试行方案》中对中央民族学院的投资体制作了规定，中央民族学院及其分院经费统一由中央财政部拨给，凡考入高等学校的少数民族学生一律公费待遇。

而加拿大印第安人高等教育发展的模式却大不相同。加拿大国家的建立是西方殖民主义的产物。土著人是北美大陆最早的居民，当欧洲人拓殖来到这里后，改变了土著社会自然演变的步伐，从此揭开了两个异质文明（美洲文明与欧洲文明）冲突与整合的历史。西方殖民者和当地土著人先后经历了基于皮货贸易需要的合作伙伴关系和所谓的条约关系阶段。其实，直到20世纪末，加拿大政府对土著人实行的是基于社会排斥需要的秩序安排。基于社会排斥的秩序维护往往通过以下两种方式：一是强势型排斥，在社会内部已经存在权力、利益、机会的不平衡，其中，握有制定资源与机会之分配规则能力的群体，可以通过某种政治权力，将一些人隔绝或限制在某种资源与机会的获得途径之外。二是契约型排斥，在社会内部，各个群体就某种资源或机会的分配预先达成了一种契约性关系的约定，但是在订立契约过程中，由于社会地位的不平等和信息不对称，使一些群体丧失或被限制了获得某中资源、机会的条件。在条约关系阶段，白人当局通过制定有关印第安人的各种法律，对印第安进行家长主义和孤立主义的管理，事实上他们实施的是一种建立在契约型关系基础上的强势型排斥，印第安人被隔离到"保留地"，接受"村落社"制度管理。而在教育上，更多地具有同化色彩的殖民主义教育模式。正如亚当姆斯·霍华德所言："到20世纪末，新殖民主义的社会和国家机器将会把地方学校对土著人传统价值的同化势头的影响一直推进到高等教育之中。不仅土著人被排斥在发展主流之外，而且，土著价值观、世界观、习俗礼仪，所有这些土著人借以维护自己民族特征的至关重要的东西，都有可能面对被替代的危险"。[3] 而1969年加拿大政府白皮书的提出，引起了印第安人对政府实施的社会排斥制度的不满，纷纷组织起来，拒绝接受这一忽视土著人主体性的带有"家长制"色彩的法案。最后"白皮书"被收回，标志着联邦同化政策的分崩离析，同时表明印第安人文化自觉的开始和教育自治意识的提高。在全国印第安人兄弟会的倡导下，20世纪70年代初颁发了著名文献《由印第安人控制的印第安教育》，从而直接导致了印第安教育基本概念的变化——从"对印第安人教育转变为由印第安人自己进行教育"。1976年5月，萨斯喀彻温印第安联合学院的正式建立，标志着加拿大印第安人有了属于自己的民族高等院校。1998年筹建第一民族大学，2003年6月，第一民族大学正式宣告成立。与中国中央民族大学的建立不同，加拿大第一民族是印第安民族主体构建的产物，这种主体性参与主要表现在以下几个方面：第一，办学方针直接针对第一民族印第安人的社会发展和文化传承，其目标是"提高第一民族的生活质量，保存、维护和解释其历史、语言、文化和艺术遗产"。第二，在管理上高度自治，由印第安人自己管理自己的大学。在行政上归由萨斯喀彻温省印第安部落联盟委任的董事会独立管理，大学董事会由萨斯喀彻温省75个保留地及其11个部落委员会的首领组成。第三，在办学经费上实行多渠道筹集的方式，办学经费主要来源于联邦政府拨款、萨斯喀彻温省政府拨款、学生学费和其他国家的特别项目经费。第四，在专业、课程设置上贴近印第安人的生活实际。首创了"印第安社会工作系"和"印第安行政管理项目"；针对各级各类学校本民族师资缺乏问题，大力开展印第安师资培养工作；为传承印第安民族文化还建立了"印第安研究"、"印第安艺术"、"印第安语言"等领域的学位项目。到了成立第一民族大学时，与先前的联合学院相比，学科和专业的设置有了很大的扩展，学校开设了12个专业。发展到今天，第一民族大学已经能够在印第安研究、印第安艺术、印第安语言文学、印第安教育、印第安健康、交流艺术、科学、印第安社会工作和印第安商业管理等专业里开设本科教育，而在印第安研究、印第安语言、印第安社会工作等专业里设置了硕士学位课程。

总之，由于中国和加拿大两国在历史发展、文化格局、民族关系等方面的差异，形成了不同的少数民族高等教育发展模式。对于制度安排和主体构建这两种高等教育发展模式不能轻易地对他们做是非优劣的两极对立的评判，即使是存在不足之处，也是一个相对意义上的概念。同时，不可否认，随着环境的变化和时间的延续，两种模式在各自不同的文化背景下面临着困境和挑战，比如，中国制度安排式少数民族高等教育模式容易受政治因素的影响，在20世纪60年代的"文化大革命"中，民族学院高等教育系统曾大伤元气，中央民族学院停止招生两年。21世纪初，随着市场经济的发展和高等教育的改革，如何在面向市场自主办学的条件下，更好地为少数民族和民族地区服务，更好地关注主体性即各少数民族的参与是民族学院面临的挑战。而加拿大印第安主体构建式土著民高等教育在保存、发展本民族文化，服务本族社区的基础上面临着世界全球化和国家一体化的挑战，在筹措办学经费，聘用本民族的管理人员和培养本民族教师等方面，不同程度地存在着问题。对于这两种模式，我们应该根据他们不同的历史发展和文化变迁进行合理的解释，应该探究适合每种模式存在的环境因素，找到二者的契合之处。我们主张两种模式同时存在，同时坚信每种模式都值得政策制定者和分析人士予以关注。

参考文献

［1］王灿：《中国民族》，五洲传播出版社，2004年。

［2］韩达：《中国少数民族教育史》，云南、广西、广东教育出版社，1998年。

［3］李鹏飞：《加拿大与加拿大人5》北京理工大学出版社，2005年。

［4］约翰·赛维尔著，李鹏飞译：《加拿大——走向今日之路》，北京理工大学出版社，2006年。

［5］姜芃：《加拿大文明》，中国社会科学出版社，2001年。

［6］王昺：《文化马赛克——加拿大移民史》，民族出版社，2003年。

［7］杨立文：《加拿大印第安人走上民族自强之路——论创建加拿大第一民族大学的意义》，中国加拿大研究会第11届年会论文。

［8］《国家、社会阶层与教育——教育获得的社会学研究》，中国人民大学出版社，2005年。

（本文系韩炜在其硕士学位论文的基础上修改而成，韩炜是南开大学高等教育研究所2005级硕士研究生，现在山东省济南市济阳县信息产业局工作。）

加拿大印第安人控制印第安人教育的历史与现状

历史上，加拿大印第安人的教育权利经历了一个漫长的更迭过程，与外来文化接触之前的一段时期，本土社会一直保持着传统的印第安人教育模式。17世纪初，欧洲传教士开始在这片土地上建立与殖民统治相联系的殖民化教育体系——寄宿学校，寄宿学校给几代原住民带来了极度惨痛的影响；直到20世纪初，这种对本土社会及文化带有极大破坏性影响的殖民化教育统治才得以结束。20世纪60年代至80年代，是印第安人争取控制教育权利的时期。在此之后的一段时间，印第安人教育在各个方面都获得了快速发展，本民族文化也在教育中得到较好的传承。但这一过程中也存在一些问题，现实存在的一些冲突使印第安人并没有完全实现最初期望的教育结果。从印第安人重新控制印第安人教育至今，第一民族的教育已经有了相当大的发展，但与加拿大的总体教育水平相比还存在较大的差距，尤其在中等及以上教育层次的教育水平上差距更大，印第安人教育仍然处于落后状态。同时，随着主流文化的侵入，教育落后所带来的问题使印第安人的民族文化的传承也不断受到冲击。在现代化经济不断发展的加拿大，印第安人发展教育的需要越来越迫切，在教育过程中对民族文化的传承也成为印第安教育发展进程中一个永恒的话题。

一、加拿大印第安人教育自治的历史演变
（一）教育自治之前的加拿大印第安人教育
1. 传统的印第安人教育
印第安人教育的历史非常悠久，在欧洲殖民者到达北美洲之前,他们已经在这片被称为加拿大的土地上居住了几万年之久,发展并完善了自己的教育形式。虽然印第安人不同分支的教育形式不尽相同,但每种教育形式都与印第安民族传统的文化理念和生存环境密不可分。

(1) 印第安人传统教育的教育理念

印第安人传统的教育理念与欧洲人不同,主要因为他们诠释生命的方式存在差异。虽然加拿大的土著人之间有明显的多样性,但他们诠释生命的观点是一致的。在他们看来,不管有无生命,所有的事物都是带有精神实质的灵魂。所以在印第安人看来,人类与树木、河流或者熊没有任何不同,也没有与生俱来的重要性;即使人类与地球上的其他事物存在区别,他们本质上仍是相同的——都有一个赋予他们生命的精神。而欧洲人对此的解释截然相反。在16世纪和17世纪,他们认为科学和宗教是紧密联系的,将上帝置于顶部,设想出一种严格的垂直阶层顺序。在上帝之下是一个复杂的天使阶层,而天使之下所有其他的生命形式,被他们根据重要性按由大到小的层次排序。因此,欧洲人的生命观中穷人与富人是不平等的,依此类推,种族尊重偏向于富人而不需要穷人的许可。这种生命观的差异反映到教育中,则体现为欧洲人和印第安人在教育理念方面的不同。

印第安人认为教育会给他们带来智慧,会使他们生活得更加幸福,会使他们有能力把"生命圈"延续下去,因此传统的印第安人教育与家庭和社区的生存紧密联系在了一起。在儿童的早期教育中,印第安人年长者便让他们学习怎样观察和利用自然环境,怎样与环境相处并尊重环境。[①] 在此过程中,年长者不仅把在各种环境下所需的生存知识与经验传授给他们,而且也培养起

[①] Verna J. Kirkness , Aboriginal Education in Canada: A Retrospective and a Prospective , Journal of American Indian Education , 1999, 39.

他们独立和自主的生活观念，而后者在其教育理念中则更为重要。

同时，在印第安人的传统教育理念中，学习和生活是紧密联系的，学习知识与提高运用能力、掌握实践技能是密不可分的；而学习生存技能和培养生存品质也融为一体。[①] 传统的印第安人教育理念也强调教师与学生之间的亲密关系，在他们看来师生关系是一生的承诺和托付，是完整生命的一部分。从印第安人的哲学角度看，教育过程不仅仅是教师和学生共同完成的知识、经验和技能的传递过程，更是一种人生价值标准和行为意志的传承。

（2）传统的印第安人教育内容

在印第安人社会中，家庭、年长者和社区都在儿童的学习、教育中发挥着重要作用。在此背景下，印第安儿童的社会化不仅包括认知能力的发展，还包括社会行为方式的学习。最终，培养儿童发展智力、精神、情感和心理等各方面的能力，并使之成为一个能够承担社会和社区责任的"土著公民"。

传统的印第安人教育以本民族在加拿大土地上几万年的发展历史为基础，由年长者以故事的形式向儿童讲述，在传授关于历史、医药、地理、遗传和生存技能等方面知识的同时，教育儿童承担社会责任，学会社会礼仪，并能保护和帮助他人，懂得与所有的事物和谐共存[②]。在这种早期教育下，印第安儿童学会了热爱家庭、与人为善、尊重他人、诚实守信，也养成了热爱劳动的习惯。研究表明，虽然第一民族的各个印第安人群落在语言和文化上存在诸多差异，但对儿童的教育观点却惊人地相似：把儿童放置在一个接近自然界的信仰体系的中心。

---

① 转引自王红艳：《加拿大印第安人教育述论》，载《世界民族》，2002年第5期。

② Rhonda Claes, Deborah Clifton, Needs and expectations for redress of victims of abuse at Native residential schools, Ottawa: Law Commission of Canada, 1998.

(3) 传统的印第安人教育方式

在印第安人教育中，社区是他们的教室，社区成员是教师，每个成年人都有责任保证社区里的儿童学会实现美好生活的各种知识。因此，印第安人的家庭和社区都承担着教育子女的任务。一般说来，传统的教育形式包括口授历史、讲故事、举行仪式、教授狩猎技术等，由年长者通过特有的口述传统传授给年幼者。通常每天德高望重的老人把孩子们聚集到村落的一间大房子里，对他们进行教育活动。通过这种教育方式，不仅可以使孩子们了解本民族的历史、学会怎样尊重别人，而且可以使孩子们认识到社会和自然界所潜伏的各种困难与危险，并使他们有能力解决这些困难和危险[1]。而印第安人的这种教育方式与其生活的社会环境和自然环境是分不开的。在恶劣的自然环境中，他们通过口述向下一代传播本民族的历史和生存知识，从而使其后代具备各种技能以满足生存的需要。

2. 殖民控制下的印第安人教育

(1) 强制性寄宿学校

早在加拿大联邦政府建立之前，印第安人寄宿学校系统就已经出现，最初的印第安人寄宿学校是由在加拿大传教的各种宗教机构所建立。1620年，在新法兰西圣芳济会的修道士为土著儿童开办了第一所寄宿制学校，但由于缺乏生源在1629年便关闭了。后来耶稣教会把他们的学校转移到靠近本土印第安人城镇的地区，仍然不能吸引到学生。直到1845年，政府以立法的形式开始建立起正式的寄宿学校，并对这种寄宿学校体系的发展和管

---

[1] Rhonda Claes, Deborah Clifton, Needs and expectations for redress of victims of abuse at Native residential schools, Ottawa: Law Commission of Canada, 1998.

理逐渐施加影响。1879年的戴维报告①对早期寄宿学校系统的形成发挥了重要作用。在报告中戴维建议建立印第安工业寄宿学校，并以此作为教化印第安人最主要的方式，通过这种学校使印第安儿童学习基督教的道德观，而远离家庭和社区的影响。但1910年以后联邦政府对原住民政策开始转变，由联合同化转向孤立和种族隔离，随之而来的是7—15岁的土著儿童开始被强制送入寄宿学校接受教育。从19世纪中期到1970年，1-3岁以上的原住民儿童被迫在寄宿学校里度过了他们大部分的童年时光，而这段时间给他们留下的伤痛是很难抹去的，强制性的寄宿学校对原住民各方面的发展也都产生了巨大的负面影响。

早在1900年寄宿学校就已经显露出许多问题，在寄宿学校受过教育的原住民学生无法适应白人社会，而在返回家乡社区以后也不能适应当地的社会生活，从而使他们陷入两难困境。与此同时，布莱斯报告②的发表也使人们看到在寄宿学校中原住民学生的不良健康状况，然而更让人忧虑的问题是在寄宿学校里所发生的骇人听闻的虐待学生现象：一、迫使儿童与家庭分离；二、学生在学校的健康状况普遍较差；三、本土语言的丢失；四、情感、生理、性及精神方面等受到摧残和虐待；五、迫使儿童从事

---

① 戴维是加拿大19世纪一个重要的角色，他是一名新闻记者，也是政治家。麦克唐纳委任他撰写了后来广为人知的《戴维报告》，前名为《对寄宿学校的印第安人和混血儿的报告》，这一报告在1879年3月14日提交，导致了加拿大寄宿学校体制的建立。参见 http：//www. canadianshakespeares. ca/spotlight/s_ p_ davin. cfm

② 该报告由英国政府和右派代表布莱斯撰写，主要揭露德国与比利时作战中对其平民的残暴。报告分两卷，一卷为各种类型的暴行的概括；另一卷为部分见证人的陈述和数据的摘录。其中提到了在学校中原住民学生的不良状况。参见 http：//net. lib. byu. edu/estu/wwi/comment/bryce. html

繁重的劳动①。

寄宿学校作为殖民化的一个方面，对第一民族、梅蒂人和因纽特人社区、家庭和个人都产生了极大的破坏性影响。殖民政府认识到语言和家庭的联系，并认识到这是原住民的文化、精神和历史维系的基础，是他们民族灵魂和精神的关键。正是因为清楚地认识到这种联系，联邦政府和教会实行了强制性寄宿学校政策，希望使原住民儿童与家庭、社区的影响相脱离，进而使他们放弃本民族的文化、语言和精神，被完全同化为具有白人社会观念的人。但事实表明，不论早期的寄宿学校还是后来的强制性寄宿学校都是失败的，都没有达到同化原住民族的目的，更没能使原住民儿童的能力得到发展。

(2) 联邦——印第安人联合的全日制学校

1951年，加拿大联邦政府对印第安人的政策再次转变，由种族隔离转向联合，寄宿学校旧体系随之开始消失，许多土著学生开始参加长期的全日制学校。1969年，联邦政府与教会的合作结束，开始对寄宿学校进行直接控制，20世纪50年代的"教化和使成为基督教徒"的政策也开始转变，保留地内联邦运作的印第安人全日制学校日益增多。同时，联合政策开始占主导地位，主要是使土著学生参加公立学校。土著学生一般去离家最近的公立学校读书，但有时也会到离家较远的公立学校。到20世纪70年代，加拿大政府成功地与公立学校中近60%的印第安学生签订了教育条约。②

与寄宿学校相比，保留地的全日制学校提供的教育框架，对

---

① Rhonda Claes, Deborah Clifton, Needs and expectations for redress of victims of abuse at Native residential schools, Ottawa：Law Commission of Canada, 1998，参见 http：//www. Collections Canada. Ca/native‑residential/ index‑e. html

② http：//www. irsr‑rqpi. gc. ca/English/history. Html

印第安儿童的教育发展显然是一种极大的进步。尽管学校未能很好地解决课程中的文化冲突和挑战，但至少学生可以参加社区的生活并可以仍然与父母、同胞居住在一起。

但是，联合概念仍然是政府控制印第安人生活的继续，在实施联合的教育政策时，政府很少甚至并没有与印第安人父母、社区或组织进行协商，也没有进行专门的教师和课程准备来协调印第安儿童特殊的文化。在许多学校，联合只是一种物质形式的存在，对教育的态度并没有实现真正的联合，而且在联合中印第安人的文化也并未受到应有的尊重和承认。相反，联合被作为一种吸收印第安人进入主流社会的手段和过程，同时，在联合学校中，对印第安人学生的总体教育成就也没有显著的提高。研究表明联合的政策对印第安儿童产生了很大的负面影响，使他们处于一种可以被称为疏远和身份冲突的模式，即在两种文化影响下接受教育的印第安儿童，既处于两种文化之外，又处在两种文化之间，从而造成了文化身份的冲突。①

3. 两种教育类型的特点

在加拿大这片古老的土地上，印第安人世世代代繁衍生息了几万年，一直以其独有的教育方式教育着他们的子孙，教育他们尊重生命、尊重他人、尊重自然，这种传统的教育理念是他们的智慧、哲学和精神的一部分，也使得印第安人民族的文明生生不息。然而，随着欧洲文明的入侵，面对外来精神的殖民，这种传统教育开始受到冲击，并逐渐被外来文化主导的教育方式所取代。

早期的寄宿学校主要是教会对印第安儿童灌输基督教义，希望可以使他们接受欧洲式的道德观念，然而这与印第安人的哲学

---

① Verna J. Kirkness, Aboriginal Education in Canada: A Retrospective and a Prospective, Journal of American Indian Education, 1999, 39.

标准背道而驰，所以很快就以失败而告终。随后联邦政府开始采取完全同化政策，意图使他们的语言、文化和精神被主流社会文化所取代，建立了强制性的寄宿学校，并以法律的形式强迫印第安儿童入学。而这从根本上来讲，是对印第安民族文化的偏见和歧视，联邦政府的这种教育政策致使印第安儿童在寄宿学校中经历了苦难的历程，并给几代印第安人带来了巨大的破坏性影响。与此相比，后来的联合学校制度不能不说是一种进步。很多印第安儿童可以到公立学校就读，同时又没有隔断与家庭、社区和民族的关系，仍然能学习本民族的语言、知识和精神。然而，联合政策下印第安人的文化并没有从根本上被认同，公立学校也没有恰当的措施来平衡和协调印第安人的特殊文化，因此没有为印第安人教育带来真正的发展。同时，接受公立学校教育的印第安人学生，在毕业之后产生两种文化的身份认同危机，承受着巨大的精神和心理压力。而面对着现实生活，这些人的就业情况和生活水平与普通加拿大人也存在着非常大的差别。

虽然加拿大联邦政府对印第安人的教育政策经过发展变化而有所改进，但在联邦政府的教育集权系统中，印第安人对自己的教育没有任何发言权。由于联邦政府和印第安人的利益取向不同，在教育管理过程中也会有不同的管理目标和形式。教育系统如何分配权力和使权力合法化，对印第安人教育是非常重要的。阿什比勋爵（Eric Ashby）最清楚不过地指出："大学的兴旺与否取决于其内部由谁控制"。[1] 印第安人教育也是如此，要使其教育获得根本的发展，最需要的是印第安人自己对教育的管理和控制，这正是"印第安人控制印第安人教育"运动产生的根源。

---

[1] ［美］伯顿·克拉克著，王承绪、徐辉、殷企平、蒋恒译：《高等教育系统——学术组织的跨国研究》，杭州大学出版社。

(二) 教育自治时期的加拿大印第安人教育

1. 印第安人教育自治的社会背景

二战结束以后的 20 年是加拿大政府对印第安人教育政策转变的关键时期。在这 20 年中，联邦政府对待本土问题政策的态度开始明确，随着一系列条约和声明的发表，有关印第安人的政策咨询、村落社区管理、土地要求和土著人权利等各种问题被提上日程，而公众对这些问题的态度和决策者的处理方式都朝着对印第安人有益的方向发展。

早在 20 世纪 20 年代到 40 年代早期，在遍布加拿大的各种地方和民族会议上，印第安领导者和他们的政治联盟已经开始提议对印第安人的政策进行改进。然而，战争和严重的经济危机使广大民众没有对此进行更多的关注。随着二战的结束，加拿大政治家和官员开始聚集起来讨论战后社会和经济的重建问题。正是在这种重建现代加拿大的政治框架下，土著民族的生存状况和他们的改革议程，开始得到普通大众的关注。

在战争刚刚结束的时期，对政治家和印第安人事务部门的官员来说，印第安领导者的基本任务是希望恢复他们民族的"印第安人身份"，同时保持民族文化不被主流社会同化。纵观这段时期，对原住民来说最大的难题是保持他们的政治权力和决策制定权力。

对土著人权利的讨论，以及这些权利可能包含的内容一直是贯穿 20 世纪 60 年代的一个棘手的政治问题。在 1968 年的《印第安人法案》咨询会议的记录中，印第安人领导者要求对他们的原住民权利和条约权利实行宪法保护，但这些要求却在特鲁迪欧的"印第安人政策白皮书"中被完全废除了。直到 1973 年，加拿大最高法院在考尔德诉讼案的决议中才宣布，要加大力度更新有关原住民权利的民族政治和法律争论[①]。

20世纪60年代后,加拿大政府对印第安人主要采取教育同化政策。自18世纪以来,这种政策将原住民与其教育中占统治地位的中产阶级隔离开来,而没有使他们真正融入其中。与此同时,加拿大政府也意识到原住民不会抛弃他们的文化被同化入主流社会。随着原住民一致地对同化政策的抵制,1967年,赫桑(Hawthorn)发布了一个里程碑式的报告[②],明确指出了政府对土著教育的管理政策存在的缺点和问题,主张联合土著学生进入省立学校。这一报告的提出表明了政府同化政策的失败。1969年,联邦政府对赫桑的报告做出反应,发布了《加拿大对印第安人管理政策的声明》(白皮书),声明印第安人在主流社会应该享有平等地位。这份白皮书反映了印第安人对按省管理的方式的不满,提出应根据他们各自的地理位置处理他们与联邦政府未来的关系,包括条约的签订和土著人应享受的权利,同时强有力地表达了他们在教育、住房、健康和社会经济发展中的愿望。[③]

2. 印第安人争取教育自治的历史进程

从18世纪至20世纪60年代,联邦政府一直对原住民实行教育同化政策,这种政策已经使原住民越来越多地失去在本民族教育中的统治地位,并被隔离于本民族教育之外。随着原住民对主流社会影响的共同抵制,加拿大政府逐渐意识到民族文化在土著人生活中的重要地位,而同化政策的最终结果只能是失败。随

[①] Jerry P. White, Paul Maxim and Dan Beavon, Aboriginal Policy Research, 2004.

[②] 此报告是赫桑在1967年10月,对当时的加拿大印第安人在经济、政治、教育需要和政策所作的调查报告。参见http://www.ainc-inac.gc.ca/pr/pub/srvy/sci3_e.html

[③] H. B. Hawthorn, A Survey of the Contemporary Indians of Canada, Economic, Political, Educational Needs and Policies, Indian Affairs Branch, Ottawa, Volume II, October, 1967.

后赫桑报告的发表,和政府对赫桑报告的回应发表的白皮书,标志着土著居民开始在加拿大主流社会中的各个方面享有平等地位的开始。

从二战结束到 1969 年 9 月白皮书发表的近 30 年间,印第安人领导者、村落社以及地方和民族政策管理机构一直为争取本民族的权力进行着不懈的努力。在此期间他们向联邦政府(在议院和其他官方讨论会)提交了一份民族政策议程,这份议程提出修改《印第安人法案》的建议,并提议改进保留地内的状况,增加印第安人的就业机会,发展社会健康卫生服务,改革印第安人教育以及实现以保留地为基础的"自我管理"等。这份议程还坚持宣称需要讨论土著人的权利,承认在条约中的权利和概念,并且需要解决为时甚久的土地声明问题。然而这也是和政府争议最大的一点,政府的决策者们对此并不以为然[1]。

随着印第安人政策白皮书的发表,保留地内的学校问题也开始被重视。长期以来,印第安人保留地内学校所教授的课程在很大程度上忽略了第一民族的历史,文化和价值。这些问题可以通过印第安公共事务常务委员会(House of Commons Standing Committee on Indian Affairs)公布的一份关于印第安人教育的报告体现出来。这份报告在 1971 年 9 月 22 日呈交给国会,阐述了印第安人面临的严重教育问题,其中的一些研究结果如下:

——印第安人的辍学率是全国平均比率的 4 倍(有 96% 的印第安学生没有完成高中教育)。

——加拿大成年男性平均失业率为 50%,而在一些印第安人社区的失业率高达 90%。

——在联邦和省立学校使用的教材中,关于印第安人对加拿大做出贡献的历史"被不精确表述或被忽略"。

---

[1] Jerry P. White, Paul Maxim and Dan Beavon, Aboriginal Policy Research, 2004.

——由于语言冲突和早期不利条件，印第安人儿童的上学时间被延误，比普通加拿大同龄人上学时间晚，而在基础教育阶段随着儿童的发展，这种不利因素进一步加剧。

——联邦和省立学校中，受过专门的跨文化教育培训的教师不足15%，懂得某一种印第安人语言的教师不足10%。

——政府在将儿童由保留地的学校转到省立学校时，大部分印第安人父母并未被告知这一决策的意图。

通过这一报告可以发现，传教士和政府在过去的300多年里并没有为印第安人制定出一个有效的教育计划。这种失败可以归因于以下几个因素：缺乏有目标和主体的清晰的教育哲学，没有提供基于印第安人现实情况的有意义的教育计划，缺乏合格的教师员工和足够的设施建设，最重要的是，在孩子的教育中缺少家长的参与①。

在印第安人教育报告之后，印第安人对本民族教育自治的需要更加迫切，最终在1972年，加拿大印第安人兄弟会（NIB）为白皮书提供了一个预备的政策声明，其中提出了一个里程碑式的教育政策——"印第安人控制印第安人教育"，在这一政策中提出了管理本民族教育的强烈愿望，并邀请加拿大人学习和分享印第安民族的历史、风俗和文化。这一教育政策为印第安人教育的发展提供了一种哲学，提出强调本土文化的一系列目标、原则及方向，最重要的是，他声明原住民有权利通过行使父母的责任和社区的权威来管理自己儿童的教育。总之，这一政策呼吁政府对原住民学校教育权力的下放。1972年印第安人兄弟会的这些政策在全加拿大带来了第一民族的教育革新，他表达了印第安人多年以来的愿望，要求联邦政府在社区中能给原住民更大的甚至

---

① ［转引自］Verna J. Kirkness, Aboriginal Education in Canada：A Retrospective and a Prospective, Journal of American Indian Education, 1999, 39.

完全的学校控制权，而这种愿望在20世纪80年代开始付诸公共实践[1]。

(三)"印第安人控制印第安人教育"的原则和内容

1."印第安人控制印第安人教育"的原则

"印第安人控制印第安人教育"基于两个加拿大社会中公认的教育原则：父母的责任和地方控制。他们认识到，印第安人父母必须像其他加拿大人父母一样，享受同样的教育子女的权利。同时，这一政策促进了地方控制的基础概念，要求政府对印第安人教育权力的转移和下放，把民主政府的自由政治体系与集权主义本质的政治体系区分开来。

此外，这一运动的领导者也认识到提高印第安人教育机会的需要，认识到印第安人教育传统理念在其儿童教育中的重要作用，并做出如下声明：

我们的目的是使教育与印第安民族的哲学和需要相联系，希望教育可以给我们的儿童一种强烈的认同感，这种认同感可以使他们对个人价值和能力有足够的自信。而且我们相信教育是：

——为完整生命的一种准备。

——自由选择生存和工作地点的一种手段。

——使我们能够完全参与我们自己的社会、经济、政治和教育，并使其进步的一种手段。

同时，印第安人教育文件中的第一部分[2]陈述了联邦政府进行教育权力下放的基本原则：使印第安人掌握教育权力是为了提高印第安人儿童的教育质量。正如文件中所写："政府在1973年采纳了目前的政策，这种政策强调满足印第安人对教育的需要，

---

[1] Seth A. Agbo, Decentralization of First Nation Education in Canada: Perspective of Ideals and Realities of Indian Control of Indian Education, Interchange, 2002, 3, 281-302.

[2] 印第安人和加拿大北方事务部，1982。

满足向其社会移交教育控制权的愿望"。

2."印第安人控制印第安人教育"的内容

"印第安人控制印第安人教育"政策主要包含四个方面的内容，即父母的责任，学校项目，教师和学校设施等。

父母的责任。按印第安人和联邦政府之间的主要的11款条约以及印第安人法案的规定，联邦政府有责任为印第安人教育提供资金支持。这是印第安人应该接受的，因为"印第安人控制印第安人教育"的原则没有任何理由抵触或放弃联邦政府的这一基本责任，但政府的经济责任与他对印第安民族的生活控制不能相等同。这一政策主要阐述了对印第安人父母的要求，认为他们在自己孩子的教育中，应该作为政府的合作者，参与到孩子的教育过程之中。

学校项目。在课程的设置方面必须考虑到儿童对本民族文化环境的认知，以此作为他们学习外界知识的基础和凭借。而在此过程中，社区必须参与学校项目的改革，因为如果没有印第安人社区和父母的价值观念的认同，任何在课程、教学方法或师生关系方面的创新都不可能成功地发挥作用。

教师和辅导员。联邦政府必须帮助保留地学校培训印第安人教师和辅导员，利用创新和灵活的结构可以使有才华和志向的印第安人在培训中获益。同时，非印第安人教师和辅导员也应该接受额外的训练，使他们为跨文化情境做好准备，从而认识到如何为印第安儿童设置课程会更有意义。

基础设施。教育设施必须满足本地人的需要，在保留地学校内不合标准的建筑和设备必须重建。[1]

---

[1] Verna J. Kirkness, Aboriginal Education in Canada: A Retrospective and a Prospective, Journal of American Indian Education, 1999, 39.

二、印第安人教育自治的影响与意义

（一）印第安人控制自身教育带来的改善

教育承担的一项重要任务是实现社会正义——让每个人都受到公正的待遇。就学生而言，平等被认为包括这样一些目标：入学机会均等；入学后受到平等的待遇；学习成绩和奖励标准的公正性等①。虽然这些目标一个比一个难以实现，但却是"印第安人控制印第安人教育"运动努力的方向。印第安人教育自治在力图实现这些目标的过程中，在促进印第安人学生教育发展的同时，也使本土语言文化的保存、教师队伍建设和父母参与等方面有所改善。

1. 入学率和辍学率

（1）入学率

在1962年，印第安人事务部刊发了名为"印第安人的跳跃——印第安人的今天"的手册，其中将学校的类型主要分为两类：长期学校和临时性学校，前者主要包括印第安人全日制学校和寄宿学校，共有146596名印第安人学生参加，其中全日制学校中为20572人，约占全部学生人数的40%；寄宿学校中为8391人，约占总数的25%；临时性学校主要指一些医院学校，约40%的学生参加②。在20世纪60年代，能够参加加拿大学院和大学教育的印第安人学生只有大约200人，而到1999年已经剧增到27000人以上。多方面因素推动了这种在入学人数上的显著提高，其中一个很重要的因素则是第一民族对自身教育的控

---

① [美]伯顿·克拉克著，王承绪等译：《高等教育系统——学术组织的跨国研究》，杭州大学出版社。

② A Survey of the Contemporary Indians of Canada Economic, Political, Educational Needs and Policies, 89.

制①。

表1提供了在1975/76 – 1989/90年间，在不同学校类型中，保留地内印第安人口的入学率，可以发现在此期间总体入学人数有了很大程度的增加，特别是在社区控制的学校中这种趋势更加明显。但是在联邦政府控制的学校，印第安学生入学人数从1977/1978年开始逐渐减少，到1989/1990年，只有11764名印第安人学生在联邦政府控制的学校就读，而社区控制学校保留地人口学生的数量则已经增加到34674人。这种变化表明了"印第安人控制印第安人运动"对保留地印第安学生的影响。

表1 根据学校类型加拿大保留地内人口的入学人数，1975/1976 – 1989/1990②

年份	联邦控制学校	省立学校	社区控制学校	私立学校	总数
1975/1976	29581	38079	2842	1315	71817
1976/1977	30012	36884	3340	1418	71717
1977/1978	29412	41358	5639	1679	78088
1978/1979	28605	45438	5796	1520	81359
1979/1980	27742	45742	6311	1441	81237
1980/1981	26578	46852	7879	1492	82801
1981/1982	22525	43652	13133	1156	80466
1982/1983	21825	38511	15912	1164	77412
1983/1984	21893	39474	16715	n/a	78082

① 参见 www.inac.gc.ca
② Indian and Northern Affairs Canada, Basic Department Data, 1990, 43; 1975 – 1978: Nominal Roll, Statistic Section (Management Services), DIAND; 1979 – 1989: Nominal Roll, Education Branch, DIAND; Schooling, Work and Related Activities, Income, Expenses and Mobility, Statistics Canada, 1995.

年份	联邦控制学校	省立学校	社区控制学校	私立学校	总数
1984/1985	21669	40080	18372	n/a	80121
1985/1986	19943	39712	20968	n/a	80623
1986/1987	18811	40053	23407	n/a	82271
1987/1988	17322	40520	26429	n/a	84271
1988/1989	13783	40954	30845	n/a	85582
1989/1990	11764	41720	34674	n/a	88158

（2）辍学率

如表2所示，根据1951—1962年加拿大的统计数据，在12年级中的任何一级，印第安学生重读和辍学的比率都非常高。由表2可以发现，在这12年间，这个学校的8782名印第安学生中有8441人没有完成高中教育。粗略地计算，在1年级到12年级中印第安学生的流失率为94%，而当时全国的辍学率仅为12%。导致这种巨大差别的原因是多方面的，一方面印第安学生在学校中存在语言方面的障碍；另一方面是由于他们的学业成绩明显偏低。

一些在省立学校中的例子表明，近80%的印第安儿童在一年级复读，许多印第安儿童连续读三次一年级。而其他读完一年级以后直接升级的印第安儿童，通常只完成二年级和三年级，而不读四年级，这种失败模式一直持续到八年级。到了八年级，大部分印第安学生已经不想继续就读，因为他们感到气馁，感到"与那些年龄很小的儿童一起读书显得自己很愚蠢"，而同时他们也不期望高中提供的环境可以使他们感到舒适。这时大部分印第安人学生已经离开学校，其中约20%进入职业机构。剩下的继续读到十年级，但经常会重复一到两年。这些能继续读完十年级的学生通常能够读完十一年级和十二年级，完成高中教育①。据统计，1972年以前，印第安人儿童辍学率一直非常高，几乎是全国平均比率的4倍，有96%的印第安人学生未完成高中教育。

表2 印第安人学生在一个12年级学校中入学人数的变化，1951—1962

年级	年份	入学人数	流失（数量）	流失（%）②
1	1951	8782	——③	——
2	1952	4544	4238	48.2
3	1953	3430	614	13.5
4	1954	3652	278	7.1
5	1955	3088	564	15.5
6	1956	2641	447	14.5
7	1957	2090	551	21.7
8	1958	1536	554	26.5
9	1959	1149	387	25.5
10	1960	730	419	36.5
11	1961	482	248	34
12	1962	341	144	29.3

"印第安人控制印第安人教育"之后，印第安人开始管理本土社区的学校，努力提高本民族儿童的教育，到1986年没有完成高中教育的印第安学生由20世纪60年代的96%迅速下降到

---

① A Survey of the Contemporary Indians of Canada Economic, Political, Educational Needs and Policies, 89.
② 流失原因：转学，辍学，搬出保留区，死亡及其他未知原因。
③ 表格中"——"为笔者所查资料中未具体标明的地方，下同。

60%，1996年这一比率降低到45%。同时，有学者对印第安学生离开学校的原因作了全国范围内研究。如表3所示，辍学率最高的年份为1997-1998年，高达近43%；最低的是1999-2000，为27.32%。虽然由于具体情况的差异，各年的辍学率有所反复，但总体呈下降趋势。

表3 离开学校的原因，1990—1991和1995—2001①

	中等学校毕业生	转校生	辍学者	搬出保留地的学生	死亡学生	未知
1990—1991②	13.00	33.00	32.00	21.00	1.00	0.00
1995—1996	11.64	12.04	41.13	34.79	0.41	0.00
1996—1997	13.23	2.18	41.69	39.71	0.47	2.72
1997—1998	13.03	6.41	42.72	37.37	0.48	0.00
1998—1999	12.76	12.32	31.37	43.08	0.48	0.00
1999—2000	12.78	18.12	27.32	41.29	0.49	0.01
2000—2001	13.19	16.92	30.31	39.10	0.48	0.00

2. 教育成就

作为社会公平的尺度，学校教育的最高水平变量反映了在教育体系中任何既定人口的成功程度。教育代表了一种强有力的工具，通过实践来补偿文化的欠缺。尽管阶层存在是任何工业社会的基本特色，但教育允许个体去超越制度上的障碍而获得经济和社会成功。在像加拿大这样的社会中，教育提供了一种手段，通

---

① Jerry P. White, Paul Maxim and Dan Beavon, Aboriginal Policy Research, 2004: 138 参见 http://www40.statcan.ca/l01/cst01/educ40a.htm?searchstrdisabled=1991&filename=educ40a.htm&lan=eng.

② 1990—1991年的数据来自于King(1993)。

过这种手段个体可以改变他们的经济和社会状况。尽管第一民族学生和普通加拿大人之间在教育成就上仍然存在差距，但自从"印第安人控制印第安人教育"以来，印第安学生的学业成就已经明显提高了。具体在每一教育阶段中，1971－1991年之间，印第安15岁以上人口教育成就的变化情况，以及与其他社区和加拿大全国教育相比较发生的变化，可以通过以下各图表[①](#)来进行阐述。

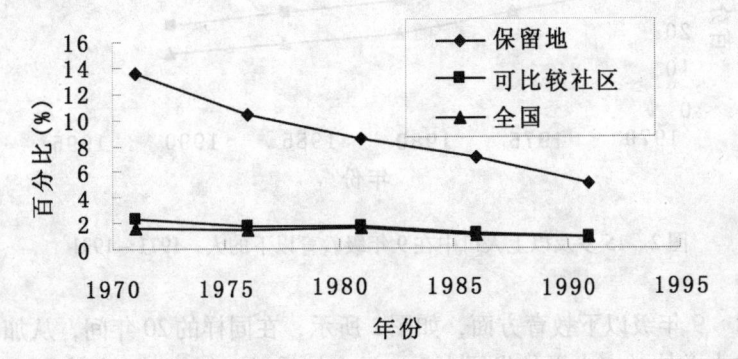

图1　15岁及以上人口中没有受过教育或仅仅接受学前教育的人，1971－1991

学前教育方面，图1反映了在1971－1991年之间，三类人群中15岁以上没有接受教育或只具有学前教育水平的人口的变化情况。从中可以发现，在此期间保留地内印第安人的受教育状况最差，未受教育或仅仅接受学前教育的人口比率最高，即使到1991年这一比率下降了大约10%，依然高达5%，与其他两类人群20世纪70年代的水平相比仍存在很大距离。但与此同时，保

---

① 以下三图均引自 Socio-Economic Indicators in Indian Reserves and Comparable Communities, Department of Indian Affairs and Northern Development, 1971－1991.

留地内 15 岁以上人口受教育比例显著提高了, 20 年间此类人群减少了近 10%。毫无疑问,这在很大程度上受益于印第安人教育自治运动。

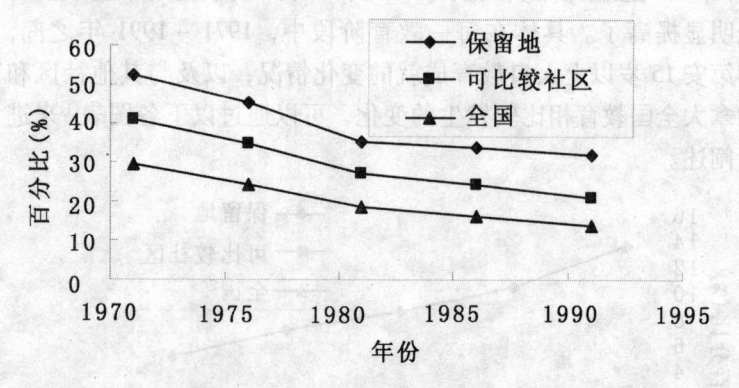

图 2 15 岁及以上人口中在 9 年级教育以下的人, 1971 – 1991

9 年级以下教育方面,如图 2 所示,在同样的 20 年间,从加拿大总体教育水平的发展来看,没有接受过 9 年级以下教育的人数显著降低,其中包括保留地内的印第安人。在这一时期,虽然保留地内教育改善程度最高,但主要是由于基础最为薄弱,改善前的状况更加恶劣。1991 年,保留地内 15 岁及以上的人口中,有 31.9% 的人在 9 年级教育水平以下,在三类人群中比例仍为最高。相比较的社区人口这一比例为 20.8%,而加拿大全国同一时期的这一比例只有 13.9%。在这种比例差异中,38.3% 可以被解释为社区规模和地理位置的影响,而剩下的 61.7% 不能被解释为地理位置或人口规模①。但是过去 5 年的人口普查结果也表明,未达到 9 年级教育水平的人口比例中,保留地内下降最快。

---

① 具体计算方法参见图表来源中第 13 页。

在1971年，52.6%的保留地内人口达不到9年级教育水平，而到1991年这一比例已降为31.9%，这种进步在很大程度上也应该归因于"印第安人控制印第安人教育"运动的影响。

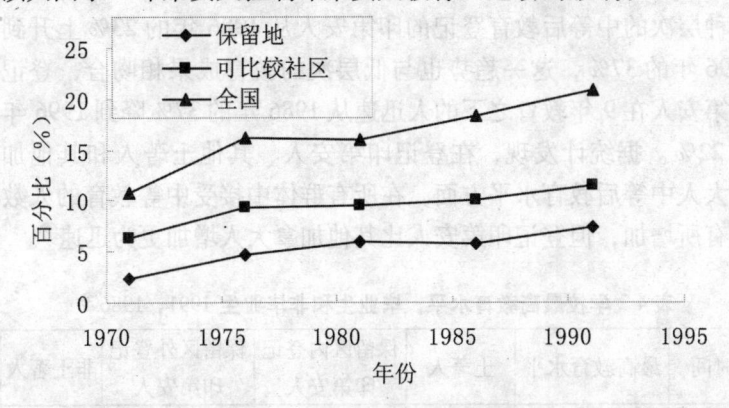

图3　15岁及以上人口中接受过大学教育的人，1971-1991

大学教育方面，从1971年到1991年，三类人群接受大学教育的情况如图3所示。在1991年，保留地内最高教育程度达到大学水平的人口比例为7.4%，而相比较社区人口报告这一教育程度的比例接近12%，全国人口的这一比例高达20.8%。保留地和加拿大总体水平之间的差别是13.4个百分点，其中9.2个百分点可以被解释为地理位置和人口数量，其余的4.2个百分点则无法解释[1]。这20年之间，每类人群中具有某种大学学历的人口百分比都有增加，但保留地内增加最大，约为原来的3.2倍。

在中等后教育方面，"印第安人控制印第安人教育"以后，由于对印第安学生中等后教育培训项目的增多，印第安人口有中等后教育证书、学历或学位的人也显著增加。如表4所示，其比例从1986年的11%增长到1991年的20%，到2001年这一比例

---

[1] 具体计算方法参见图表来源第15页。

为 23%,每年近 4500 名由加拿大印第安人和北方事务部(IN-AC)资助的学生从中等后教育项目毕业①。同时,在这一时期接受中等后教育但没有证书或学位的人,也有轻微的增加,接受过各种层次的中等后教育登记的印第安人从 1986 年的 23%上升到 1996 年的 37%,这一趋势也与低层次的教育成果相吻合,登记印第安人在 9 年教育之下的人迅速从 1986 年的 37%降到 1996 年的 22%。据统计发现,在登记印第安人、其他土著人和其他加拿大人中等后教育水平方面,在所有群体中接受中等教育的人数都有所增加,但登记印第安人比其他加拿大人增加更为迅速②。

表4 学校最高教育水平,毕业生和非毕业生 1991,1986③

时间	最高教育水平	土著人	保留区内登记印第安人	保留区外登记印第安人	非土著人
1991	>9 年级	18.4	37.2	19.4	13.8
	高中	42.8	36.7	44.7	38.9
	非大学教育	26.5	20.8	24.8	26.3
	大学教育	12.3	5.2	11.1	21.0
	总数	100.0④	100.0	100.0	100.0
1986	>9 年级	28.2	46.4	26.0	18.5
	高中	37.4	33.8	40.7	30.9
	非大学教育	23.6	14.6	22.7	28.1
	大学教育	10.8	4.2	10.6	21.4
	总数	100.0	100.0	100.0	100.0

① 参见 http://www.ainc-inac.gc.ca/ps/edu/eap/acpe.html
② Jerry P. White, Paul Maxim and Dan Beavon, Aboriginal Policy Research, 2004:150.
③ [转引自] Terry Wotherspoon, Bernard Schissel, Marginalization, Decolonization and Voice: Prospects for Aboriginal Education in Canada, Department of Sociology University of Saskatchewan, , December, 1998.
④ 由于数据存在四舍五入,加起来的和可能不是100%,以下同。

3. 教师队伍建设

在20世纪80年代，印第安人学校的教学质量很差，大部分教师缺乏资格，同时由于工资水平低也很难为印第安人学校招募到教师。据Chalmers教授说，加拿大当时拥有教师资格证书的人大约有80%来自于美国或英国的其他省份。如1977年在Marieval学校，几个印第安学生对该校印第安人事务部的教育处非常不满，因为学校没有设置11年级项目，他们只好去保留地南部的一个联合学校——Broadview继续读书。但是在入学后他们对这个新的环境并不适应，学校里教授的课程也是他们以前没有接触过的，最后他们只好退学[1]。另外，第一民族社区中很少有自己的高中，为了提高自身的素质，许多第一民族年轻人必须去其他城市或城镇居住，而这些地区有时离他们的家有数百公里远，这种改变很明显阻碍了他们学习成绩的提高，也会妨碍他们升入学院或大学[2]。

在掌握学校管理权之后，印第安人对自己学校的各方面进行改革，在教学人员的任用上，他们主要雇用土著人教师。土著教师的文化背景使他们对学生的各方面情况更加了解，可以采用更加积极的计划和教学，把学生和家长直接包括在学校情境中，同时可以采纳村落社区控制的建议，这更容易增加学生的自信和成功。有研究发现，在这种课堂情境下，他们对自己会比在以前的常规教室中有更高的期望。Sawyer认为，"作为教育者当我们不去探寻'土著学生如何学习'这个问题的确切答案，而问自己'什么样的教育教学环境对土著学生最为有效'时，我们可以更

---

[1] http://www.lights.ca/cgi-bin/sifc/index.cgi?what=list&search=indian+education&searchfield=
[2] 同上。

好地为土著学生服务"①。

教育者是"文化掌握者",他们通过在土著和非土著世界之间的调停形成对学生的教育经验。由于教育带有文化计划和文化内容,土著教师的存在和其他土著学校员工是一种明显的标志,说明了非土著世界对土著社区的接受,以及对他们提供的直接的技能和利益的接受②。今天,保留地内98%的学生由第一民族自己管理,儿童在学校中读书的时间更长,许多第一民族社区也拥有他们自己的高中。第一民族教育系统为儿童的现代生活做好了准备,同时保存了他们的传统,从而使更多的第一民族学生能从高中毕业,并进入学院或大学读书。

4. 父母参与教育

教育权力下放的一个根本目的是合作制定教育决策,是一种在校长、教师、父母和学生之间的合作。在这种背景下,政府和中央官员决定关键的教育目的和政策,授权社区和学校在一种具体的框架下运作,尝试提供一种适合所有社区的教育服务。在过去对第一民族教育集权的体系之下（诸如过去联邦政府对印第安人保留地的运作）,学校实践、课程和工资方面都由联邦统一运作,但不同社区的学生在教育需求上却并不一致。在这种情况下,集权教育对学生、教师的管理缺乏人性化,没有考虑到他们的个体差异。同时在集权体系中,联邦政府对学校运行的垄断限制了父母对子女教育发展的影响。而第一民族通过掌握教育权力可以使更多的父母参与到孩子的教育中。本土社区教育权力主体

---

① Terry Wotherspoon, Bernard Schissel, Marginalization, Decolonization and Voice: Prospects for Aboriginal Education in Canada, Department of Sociology University of Saskatchewan, December, 1998.

② Terry Wotherspoon, Bernard Schissel, Marginalization, Decolonization and Voice: Prospects for Aboriginal Education in Canada, Department of Sociology University of Saskatchewan, December, 1998.

的转变，意味着第一民族儿童的教育将会在很大程度上受到父母的影响，这样就能充分发挥家庭教育的作用，增加学校与家庭之间的联系，从而促进印第安人教育的发展[1]。

强调第一民族家庭和社区在印第安儿童学习和发展中的关键作用，与第一民族教育传统相一致。正如全国印第安人兄弟会在"印第安人控制印第安人教育"政策中指出的，"在印第安人教育的传统中每个成年人都对所有儿童负有责任，保证他们学习到所有为了实现美好的生活而需要的知识"。在《传统和教育》中，NIB进一步声明"传统的第一民族教育在很大程度上是一种大家庭的教养系统，在这个系统中包含着年轻人发展必需的性格和生活技能"。Kirkness也详细描述了传统教育实践："这是一种在社区中进行的教育，社区是他们的教室，社区成员是教师，而每个成年人都有责任保证使他们的所有儿童学习到实现美好生活的方式。因而，印第安人的家庭和部落都承担教育子女的任务"[2]。

土著官方委员会（RCAP）认为，第一民族教育自治的恢复和家庭参与的增多，不是一种新的责任，相反，"自我决定教育是家庭和社区在早期进行的实践"。RCAP注意到，在传统土著人生活中，婴幼儿在第一年会在大家庭中度过，在那里父母、祖父母、伯母、伯父和兄弟姐妹都会分担责任来保护和养育他们。这种教育方式也为年轻人将来承担责任做了准备，由于年长者的教育，一方面儿童的知识技能会得到发展，同时他们也看到成年人或受尊重的年长者如何扮演自己的角色，从而为其将来的成人

---

[1] Seth A. Agbo, Decentralization of First Nation Education in Canada: Perspective of Ideals and Realities of Indian Control of Indian Education, Interchange, 2002, 3, 281 – 302.

[2] Verna J. Kirkness, Aboriginal Education in Canada: A Retrospective and a Prospective, Journal of American Indian Education, 1999, 39.

角色提供模拟对象。同时，第一民族主张的关于父母和社区的关键作用已经完全被研究证实，很多研究表明，在儿童的学习活动中父母的参加会有积极的影响，而印第安人教育自治所强调的父母参与教育，必定会有利于印第安儿童教育的发展和提高①。

（二）"印第安人控制印第安人教育"的意义

"印第安人控制印第安人教育"是20世纪七八十年代印第安人教育史上和本土文化的重要部分，他对印第安人教育主权的诉求、对其教育的发展都产生了深远影响。从20世纪70年代初的发起到80年代、90年代取得成果，印第安人争取教育自治的过程曲折而漫长。虽然最终并没有完全实现预想的结果，但这一运动在印第安人教育史上的影响是史无前例的，是印第安人教育发展的里程碑。同时，"印第安人控制印第安人教育"运动对印第安人的意义不仅单纯体现在教育上，通过教育的发展对印第安人社会的各方面都产生了重要的影响，主要体现在以下几个方面。

1. 政治意义

从教育权力的转移来看，政府对印第安教育权力的下放以及"印第安人控制印第安人教育"运动带来的教育自治，不仅表明印第安人在争取教育控制权方面的成功，也说明了联邦政府对印第安民族的一种态度。这是对印第安教育的更加重视，也是对印第安人和印第安人文化的更加尊重。这种态度显示了政府对印第安文化和民族地位的认同，说明了印第安民族在加拿大社会政治地位的增强。因此，教育自治权的获得，在促进印第安人教育发展的同时，更重要的是确立了印第安人在加拿大社会的重要地位，他使整个印第安人民族的自信心增强，也会使印第安人学生在教育过程中产生更多的民族自信心，从而有利于其教育的发展。

2. 经济意义

---

① 参见 Statistics Canada, 1999.

从印第安人教育总体水平的提高来看，印第安学生入学率及其他教育成就的提高和辍学率的下降，既显示了印第安人教育的巨大进步，同时这一提高也会对印第安人社会的经济发展带来重要的影响。人口普查的数据表明，在土著社区里，个体在经济成功和受教育持续时间之间，存在着一种强有力而直接的关系。

长期以来，印第安人在就业市场中一直处于劣势，主要是由于其总体受教育水平偏低，与普通加拿大人之间的教育差距很大。随着印第安人学生受教育程度的普遍提高，他们与普通加拿大人之间的教育差距逐渐缩小，由此带来的是印第安人在劳动力市场中竞争力的增强、就业机会的增多。有研究数据表明，印第安人教育水平的提高对其就业及收入产生的影响，要比普通加拿大人大得多，尤其是中等后教育项目的增多和成功，将为印第安人女性和他们的家庭带来更多的社会、经济、政治利益。因此，印第安人教育的发展对整个印第安人社会经济的发展也具有重大的意义。

3. 文化意义

从本土语言、文化的保存与发展来看，"印第安人控制印第安人教育"运动在很大程度上促进了其文化的发展。印第安人对自身教育的管理，使本土语言、文化有更多的机会进入到学校教学之中，而保留地内学校的学习环境也为印第安人学生提供了更好的学习本民族语言、文化的条件。

"印第安人控制印第安人教育"全面开展以后，成为印第安人学校和教育的一种重要而持久的力量。印第安人的教育自治在一定程度上抵制了加拿大主流文化对印第安本土文化的影响和侵蚀，保护了印第安本民族文化传统和语言习惯，为印第安人文化的发展做出重要的贡献。因此，这一运动对印第安人社会的影响不仅仅是教育方面的发展和文化的保持，所带来的更重要的影响，是使印第安人的传统知识和文化精神生活的生命力得以保持。"印第安人控制印第安人教育"是对整个印第安人社会民族主义意识的唤醒，在当今全球化的驱使下，这一运动对其他国家的少数民族在保护自身的民族文化、弘扬民族精神方面是值得深思与借鉴的。

三、印第安人教育自治面临的问题及其思考

（一）印第安人教育自治面临的困境

1. 教育权力转移的实现

把教育系统看做一种权力斗争有助于我们看清问题的实质。这种看法继承了韦伯的经典社会学思想：现代社会充斥着不可调和的价值观念，而正是权力最终决定了谁的价值观念占上风，而谁又必须付出代价。[①] 这种权力斗争在印第安人教育自治的过程中充分表现出来，并且在主流价值观念与非主流价值观念的冲突中，印第安人教育权力的实现面临着诸多问题。

Brady（1995）指出："尽管联邦政府可能已经原则上同意土著人控制本土教育，但第一民族很难实现法定的教育管理控制权"。Hall也发现，大多数情况下，所谓的权力下放，其实现过程往往被操之过急，制定的计划和设想的标准也并不合理。同样的，Wotherspoon和Satzewich阐述道："尽管联邦政府很快同意与印第安人兄弟会签署声明，采用一种印第安人控制印第安人教育的政策，但这样的控制机制仍然不够清晰且有争议"。由此可见，第一民族大部分保留地的教育自我控制并不完善，在这一过程中权力转移的确实性和程度都有待进一步检验。[②]

[①] ［美］伯顿·克拉克著，王承绪等译：《高等教育系统——学术组织的跨国研究》，杭州大学出版社。

[②] Seth A. Agbo, Decentralization of First Nation Education in Canada: Perspective of Ideals and Realities of Indian Control of Indian Education, Interchange, 2002, 3, 281 – 302.

Mintzberg将权力定义为"能够影响管理结果的能力",他认为"拥有权力是指能够使事情完成,影响结果,即影响在此之后的行为和决定"。显然,使印第安学校自治的是联邦政府,那么我们就不应该期望学校内部的管理者、教师或家长会立刻变得更有权力,能够独立地承担责任并朝着引导学生取得更大的教育成就的方向努力。同时,联邦政府虽然为第一民族学校确定学校的权力范围,为教师支付工资,提供基础设施建设,并且把学校的管理权交到村落社委员会的手中。但一项有关安大略省原住民对教育态度的研究表明,社区人民并没有明确责任,学校官员似乎没有关于学校财政管理和学生管理方面的知识储备,而印第安人决策制定者似乎也没有实行有效的机制。[①]

在"价值阐述"中,印第安人兄弟会声明"我们希望教育提供一种环境,在这种环境中我们的儿童可以发展基本的态度和价值,使印第安传统和文化受到尊重。"[②] 基于印第安人村落社对学校的控制,印第安人兄弟会声称,第一民族村落社的地方管理人员比中央学校的管理人员更加熟悉学校每天的运行情况,所以地方控制作为一种基础性的结构变化,被假定将会提高学校的效率和教育质量。而且,这一政策的拥护者也认为,在权力下放后,地方更能促进资源的配置,更加明智和有效地利用现有资源,并可能会创造出新的资源,而这些是联邦政府和省政府都不可能完成的。但达到这一理想的前提条件是,村落社区要更加熟悉当地的情况和需求,并能够将与教育相关的地方资源汇集在一起,其中包括他们对本土文化和传统的了解。

---

① Seth A. Agbo, Decentralization of First Nation Education in Canada: Perspective of Ideals and Realities of Indian Control of Indian Education, Interchange, 2002, 3, 281 – 302.

② 同上。

但当第一民族村落社将地方资源应用到教育系统上时，会面临各种挑战。这种挑战既包括联邦政府的权力下放程度，也包括他们自身管理能力的高低。首先联邦政府强加于第一民族的权力体系和标准仍然存在，而在这样的体系和标准上很难构建真正意义的地方控制教育，因此印第安人村落社控制并不能从根本上改变联邦政府运作下的学校权力组织形态。通过研究现存的学校政策以及与村落社的人进行探讨，Agbo发现一些第一民族学校的组织管理、课程安排和行为规则仍然与联邦管理时相似。所以，虽然在理论上地方控制意味着有更多的责任和权力从联邦和省立学校向地方转换，但地方的管理人员却缺乏足够的能力制定相关政策，也缺乏在管理人员和学校员工之间交流的有效机制。由此带来的结果是，尽管权力下放后，学校的教育成果更容易得到提高，但无论是地方教育官员还是社区居民在管理地方教育的能力方面都显得捉襟见肘。

因此，从逻辑上讲，并没有真正的权力转移，即没有足够的学校管理的知识储备，没有恰当的意识和较强的行政能力，当地社区不可能充分利用现有资源来投入到自己的教育事业中，更不可能创造出新的资源。

2. 教育资源的占有和使用

随着印第安人教育控制权的增强，印第安人学生的学习资源，如文化传统、本土语言以及印第安人的价值观念等，已经在教学过程中越来越多地体现出来。但很多资源的占有和使用仍然受到限制，使印第安教育的组织和管理者感到忧虑。

这种限制主要体现在印第安学校的财政资金方面。印第安人教育自治在很多方面都有助于印第安学生的成功，诸如在学习时间和强度方面，管理者可以针对相对较小和专门的学生群体制定不同的教育计划，但这种教育方式需要考虑财政费用。然而，当前许多的教育实践和财政支出模式，经常转移资源的使用，使印第安人的财政资源受到限制。在相关政策中"联邦政府必须执行的步骤"就是"向地方村落社递交权力和分配给印第安人教育的资金",而且每年都会严格审核,但是并不能保证向印第安学校提供足够和恰当的资金支持,从而会影响学校管理者在处理各种实际需要的灵活性和应变能力。

3. 社区背景和社区参与

印第安人的教育成功需要在正规教育机构和本土社区之间建立强有力的、灵活的联系,不仅要考虑更广阔的社区背景和社区之间的多样性,而且要考虑使印第安人制定学校计划和真正掌握管理权的有效方式。教育系统及其工作人员必须对印第安人居住的社区的特殊需要和多样化的形式非常敏感,包括成员的组成,成员的价值和定位,以及不同环境中的特殊境况。但在控制自己的教育之后,印第安教育本土社区管理者并没有为印第安学生提供完全适合他们自身特点的教育,不同社区学生的需要并未得到满足。本土社区和父母在第一民族学生教育中的参与明显增多,也容易使学生在学习中忽视与加拿大主流社会之间的联系。与主流文化之间交流的减少,会使学生毕业以后在加拿大社会的就业竞争中处于劣势。同时,在未来与其他加拿大人之间的文化交流方面可能会存在一定的障碍,这样不利于学生融入更加广阔的加拿大社会。

4. 管理人员的素质问题

在地方控制教育的地区,学校管理人员的素质是需要重点关注的一个问题,许多情况下,印第安人管理者并不能胜任管理任务。例如,Agbo发现,自1998年安大略省印第安保留地的学校管理权被本土印第安人接管后,这些学校中教育主管的最高学历只有八年级。虽然这些人拥有管理权,但由于缺乏足够的教育管理和教育技术方面的知识,使学校仍然存在管理真空。换句话说,雇用不合格的人来承担管理责任,对教育的提高没有任何积极的影响,特别是对儿童的学习。① 然而,由于相关政策规定,学校的管理人员如教育决策制定者或领导者必须在印第安人成员中间产生,而这些人往往不具备学校管理人员的素质,长此以往,必然会造成教育管理不善。以印第安人较多的安大略省为例,根据对安大略北方学校的调查报告,其中32%的小学校长和21%的中学校长为兼职,而其他省份这一比例不到10%;安大略省北方学校的中学33%有一个图书管理员,而其他省份的比例为90%;超过1/3的北方学校反映他们没有得到过心理咨询服务,而其他省份只有不到10%。②

"印第安人控制印第安人教育"的政策,要求印第安人社区里的学校主要雇佣本社区成员对学校进行管理,并保证这些印第安人在学校中拥有的管理职位占一定比例,这是一大进步,但并不是必然成功的。正如Hampton (1995) 所写,"不幸的是,不是所有印第安人教育的努力都成功了。在许多情况下,印第安人教育项目耗费了大量的人力物力,但收效甚微"。

5. 印第安人传统语言的使用

表5 本土语言训练的程度,2000-2001

	所占的百分比
无土著语言训练	30.24
1/2 的时间	2.31
<1/2 的时间	3.45
学科	55.60
学科 P/T③	7.15
学科 F/T	1.23

① Seth A. Agbo, Decentralization of First Nation Education in Canada: Perspective of Ideals and Realities of Indian Control of Indian Education, Interchange, 2002, 3, 281-302.
② Report on Ontario's Northern Schools, People for Education, April, 2003
③ P/T:部分时间制学科,F/T:全日制学科。

虽然印第安人认识到了本土语言和文化的教育对他们儿童的重要性，并努力为本土儿童提供本土语言的教育环境，但根据土著人皇家委员会（RCAP）的报告，在加拿大印第安人和北方事务部（INAC）控制的学校中，印第安人传统语言的使用仍然面临危机。据统计，由 INAC 资助的所有初等和中等学校中，37.2%的学校在教育中没有用任何形式的本土语言对印第安儿童进行教育；而仅仅1.9%的学校有土著语言课程和全日制的教育手段，如表3.1所示，这一比例在 2000－2001 年已经分别下降到30.2%和1.2%。

语言也一直影响着印第安学生的教育成就。根据安大略省在2003年的报告，在安大略西北部的学校，在政府组织的提高教育质量的活动中，很多人反映印第安人学生的学习状况令人忧虑。这些学生"没有充分的学习准备，尤其在语言训练的技巧方面"，在教育质量和能力测验中，很难达到政府标准，同时由于他们更可能频繁地更换学校，使很多印第安学生不能从中等学校毕业。调查发现，许多印第安学生的表现低于年级水平，尤其是在语言为基础的学科和读写方面的能力与非印第安学生有明显的差距[1]。

（二）对印第安人教育发展的建议

印第安人教育自治面临的困境受到社会历史、政治、文化等多方面的影响，但主要是由于印第安教育的双重文化身份——印第安文化身份和主流文化身份之间的矛盾与冲突造成的。一方面印第安人教育要保存本民族的文化传统，发展适合本民族儿童文化背景的教育。另一方面，印第安人教育也要使本民族学生将来可以融入整个加拿大社会，适应加拿大现代社会的发展。因此，

---

[1] Report on Ontario's Northern Schools, People for Education, April, 2003.

印第安教育肩负着既要保存本民族文化，又要发展使儿童适应现代社会的文化技能的双重任务。由此可见，要从根本上解决印第安人教育中存在的问题，必须正确处理这种文化冲突，只有在此基础上才能使印第安人教育实现真正的自治，最终使本民族学生获得更好的教育，使印第安人教育获得成功。而这不能单纯依靠本民族社区的努力，实现这一目标还需要联邦政府、加拿大本土教师和 INAC 的共同努力。同时，由于很多问题是在印第安人教育发展历史中长期积累下来的，也并非在短时间内可以解决的，笔者只是从以下几个表层的影响因素提出建议，而要解决印第安人教育中的根本问题，加拿大政府和印第安人都任重而道远。

1. 联邦政府的角色

首先，加拿大联邦政府应该肯定印第安人传统知识是加拿大全国的民族遗产，是加拿大文化整体的一个基本组成部分。同时要采取措施保护本土文化，使之在当前社会和将来社会中都能对印第安人教育发挥其最大作用。这要求联邦政府认识到，本土文化和知识蕴涵在印第安人的生活方式之中，应该对印第安人的生活方式加以保护，保证传统生活习惯和交流方式的代际循环。印第安人的传统生活方式包括狩猎、捕鱼、诱捕以及采集用作食物、药物的材料等。对这些生产方式的传承来说，第一民族儿童是传统知识代际传播的无价财富，联邦政府需要在教育环境中鼓励本土传统知识和本土科学的发展和生存，并将其作为印第安教育知识的来源之一。

其次，联邦政府应该在财政上保证对土著教育继续予以支持和资助。近年来，联邦政府已经在保留地建立学校，由政府负责印第安人子女的中小学教育，承担教育经费。但政府对印第安人高等教育的资助政策还尚待完善，在加强奖学金、助学金及贷款政策的同时，可以建立更多专门的土著民族高等院校，鼓励印第安人子女在其中就读。这样可以增强本土学生的身份认同和文化认同感，使同学之间有更多的交流，从而可以获得更高的学业成就。

再次，联邦政府应该保证本土教师的数量和质量，注重培养印第安人教师执教，开展教学研讨会以提高本土教师的教学水平。在有土著学生的学校，其董事会应该包括一定比例的土著教师成员。有关土著民族的教科书和辅导材料也应该由印第安人文化方面的专家参与编写。

2. 加拿大印第安人和北方事务部（INAC）的职能

INAC是加拿大政府对印第安人和北方事务进行管理的重要组织，既对印第安人和因纽特人的事务负责，同时也要管理整个北方的事务。其主要责任大部分来自于印第安人和北方发展事务部法案、印第安人法案、领土法案以及1867年宪法91（24）节中要求所具有的法律责任。

在印第安人和因纽特人事务方面，这一部门主要应该支持第一民族和因纽特人在健康、社区的发展和他们的经济、社会发展的愿望。因此，对印第安人教育发展来说，INAC的主要任务是改革和完善现存的教育政策和管理制度，产生一种第一民族教育政策框架和第一民族管理框架，加强第一民族和其他党派的合作关系。同时通过这些框架应该阐明不同群体的角色和责任，以及相应的进程时间表等。

第一民族教育的发展不能靠联邦政府的某一部门独立的运作来实现，也不能通过单独的联邦努力来完成，应该通过联邦政府与第一民族、省、地区和其他关键党派的合作运作。INAC应该保证这些党派之间的沟通，从而使第一民族学生享有与其他加拿大学生同样的教育机会和教育成就，保证在第一民族教育中本土文化的生存和发展。

为提高第一民族的教育水平，INAC主要应该从以下几方面努力：培养高质量教学人员并能及时补充师资力量；使父母和社区真正参与到孩子的教育中；满足不同学生的特殊教育需求；建立社区控制学校的资助规则，扩大社区在儿童教育政策中的权力；为现存的教育制定计划和提供服务，完善印第安民族的教育体系等。同时应与其他部门共同合作来保证本土知识受到尊重，加大其在所有教育计划中的资金投入，最终实现印第安教育的发展[1]。

3. 加拿大非本土教师的责任

首先，加拿大非本土教师应该尊重印第安人的文化和语言，在教学中创造一种适合本土儿童的文化教育环境。研究表明，受过一定程度土著文化教育的印第安学生，在学校中会感到更加安全和舒适，也更有热情。无论文化研究是否承认学生的文化生活，无论在社区中本土儿童是否产生了文化自豪感和认同感，在学校中的本土文化和语言教育都应该体现对个体文化权力的尊重。而通过文化教育进行的语言训练虽然对个人来说是基础性的，但却可以使学生感到传统语言被给予信任，至少在加拿大的学校中是平等的。进一步说，学生经常表示，年长者的帮助对他们在学校内外达到和保持平衡很重要，而且年长者对他们的训练极大地促进了他们在非正式或正式教育中的学习。

其次，建立良好的师生关系是促进第一民族学生成功的基础。加拿大普通教师想要与印第安儿童建立一种积极的师生关系，需要做到以下几点[2]：第一，在师生之间建立信任。第二，充分了解印第安人学生。第三，学习印第安人的文化经验。第四，与印第安人学生友好相处。第五，形成相互尊重的伙伴关系。而建立积极师生关系的第一步是教师要向第一民族学生表示

---

[1] Education Action Plan, In response to the Auditor General's observations and recommendations, Chapter 5 of the November 2004 Report, Indian and Northern Affairs Canada, April 2005.

[2] Mary Hampton, Joan Roy, Strategies for Facilitating Success of First Nations Students, The Canadian Journal of Higher Education, 2002, 3, 1-28.

信任，也要使第一民族学生感到教师是值得信任的。这是因为在普通加拿大学校，第一民族学生在最开始的中等后教育机构中，会有一些基于过去经历的担心，这是同化政策的后果。寄宿学校运动长期的消极影响不仅影响了幸存者，而且影响了他们的后代。接下来非印第安人教师应该积极扩充他们的第一民族文化知识，了解学生，对他们的观念表示兴趣，或许第一民族学生的个人生活可以帮助教育人员接受他们的文化观念而不再固守传统。同时，教学人员也可以寻找机会了解第一民族文化，或者采用非正式途径接近学生，从而形成互相尊重的伙伴关系。

再次，开设包含土著文化内容的课程更容易促进印第安学生成功，这一策略主要强调文化相关的重要性。Mc Ninch 认为，课程必须包含独特的第一民族内容而不是广阔的多元文化内容。[①]另外，非第一民族教师应该认识到，口述传统和讲故事是向第一民族学生传授知识的最有效的手段。他们主要应该做到以下几点：第一，使用包含第一民族内容的材料。第二，包含更积极的和最新的第一民族问题。第三，接受"第一语言"的故事为法定课程。第四，理解文化差异性。

最后，在教学方法上要了解学习是一个共同努力和合作的过程。对第一民族学生来说，合作学习可能是最有效的成功方法。在学生参与的民意调查中发现，"真正的生活"作业有助于更快、长期的学习。在真正的生活作业、项目和圈子中，第一民族学生会表现得很好，因为他们可以从中学到更多东西。第一民族教育者描述了传统的、有效的本土教育方法，主要的评价方式应该基于文化平等，而在大学中使用的大部分评价方法反映了文化偏见而没有反映第一民族文化的本来面貌。

---

① Mary Hampton, Joan Roy, Strategies for Facilitating Success of First Nations Students, The Canadian Journal of Higher Education, 2002, 3, 1-28.

(三) 关于印第安人教育自治的思考

印第安人在教育自治的过程中做出了很多成绩，也出现了很多问题，其中大部分是由本国的政治、经济以及文化等多方面因素的影响造成的，这些因素根植于加拿大印第安人教育发展的历史中，不是短时间内可以解决的。通过对以上问题的探讨，笔者对印第安人教育自治产生一些粗浅的思考，旨在对印第安人教育的未来发展提供一定的参考。

1. 印第安人教育理念方面

印第安人的传统教育理念和价值观念是印第安人教育的灵魂，印第安人在教育自治的过程中应该坚持自己的教育理念，将传统教育理念应用到现代教育中。传统教育理念的应用一方面更适合印第安人本民族的生存特点和思维方式，使印第安人学生更容易接受，从而更有利于学生的学习；另一方面，印第安人在教育自治的过程中缺乏一个明晰的管理体制，通过将本民族教育理念贯彻其中，管理者可以建立一个能够真正实现本土教育哲学的教育体制。

印第安人传统教育理念具体到教育过程中，则体现为他们独特的认识论和教育学，他们的认识论是在理论、哲学、历史、仪式和故事上建立，并将其作为学习的方式。由此产生的教育学主张在谈话、分享圈子和对话中学习，通过参与观察、经验学习增加知识，同时为学生树立榜样，在沉思、祈祷、举行仪式或听故事中使学生获得提高。虽然这种教育学思想产生于加拿大远古时期，但对印第安人教育的发展具有重要的价值，对印第安人现代的教育也仍具有很大的借鉴意义。印第安人教育管理者应该重视传统教育理念及由此产生的教育模式，并使其发挥最大的作用。

2. 印第安人传统文化和本土语言方面

印第安人的传统文化是印第安几代人对本民族文化知识的传承，是印第安民族的宝贵财富；同时，一个民族的传统文化和知识也是其得以生存发展的土壤，是一个民族生存和发展的精神力量。如果民族文化得不到应有的重视，其民族精神、民族自信乃至民族的生存都会面临危机，因此印第安人传统文化的保存和发扬对其民族的发展至关重要。而教育作为文化传承的重要手段和工具，在印第安文化保存和传承过程中起着主导作用。

印第安教育应该起到对本土文化传承和发扬的作用，在教育内容、教育方式等方面都应该与传统教育结合，同时也要协调好民族传统文化与现代化的关系，培养学生的跨文化精神，使学生在学习本民族文化历史的同时也了解主流文化和其他民族文化的精华，更好地适应将来的社会发展需要。

语言是本土文化知识生存的最举足轻重的因素。本土语言和他们的符号、口语及无意识的规则构成了本土知识，因此，教育者不能站在本土语言之外去理解本土知识。只有印第安语言、文化遗产和社区被尊重、支持，印第安人学生才能真正取得教育成功。印第安人语言在任何教育改革中都是不可替代的资源，任何本土知识有关的教育计划都必须尊重本土语言。[1]

在加拿大，有11种本土语系和50多种不同原住民语言，但本土语言使用者的数量只是原住民的很小一部分：大约1/3的5岁以上儿童使用本土语言，其中大部分是中年人或老年人。1991年，许多语言被加拿大人定义为他们的母语，而英语和法语组成最普遍的语言群体。同时，在印第安人之中，使用英语和法语的人近年来也在不断增加。尽管目前对印第安人语言的保护力度已经有所增强，但1991年的人口普查结果显示，保留地外登记印第安人之中，将英语作为自己母语的人已经从1986年的11.6%

---

[1] Dr. Marie Battiste, Apamuwek Institute, Director Indigenous Knowledge and Pedagogy in First Nations Education A Literature Review with Recommendations.

上升到44.5%①,印第安人语言究竟能存留多久还远不能确定。

3. 印第安人生产方式的传承方面

表6 丛林技能和本土知识的传播,技能群体的平均分数,百分比

项目	报告技能的百分比					
	驼鹿社区			皮瓦纳克		
	Y	O	N	Y	O	N②
毛皮准备技能（n=8）	34	8	58	17	7	76
食品准备、保存和加工技能（n=26）	61	10	29	53	15	32
丛林、野营相关技能（n=26）	71	7	22	64	3	33
狩猎、捕鱼和围猎技能（n=11）	71	9	20	53	8	39
与制衣、装配和手工艺有关的技能（n=22）	39	35	26	38	20	43
合计（n=93）	56%	13%	31%	45%	11%	44%

随着加拿大经济的日益发展,原本封闭落后的印第安人社会与外界的交流日益频繁,其社会文化的各个层面也发生了显性或隐性的变化。比较明显的表现是其传统的生活方式已经被改变,在这一过程中印第安人传统的生产方式也受到很大影响。如何保存本土年长者所掌握的知识,以及如何防止即将到来的本土知识流失是印第安人面临的巨大挑战,也是印第安人教育未来发展的责任。

在加拿大被普遍接受的6个文化群为:西北中太平洋海岸,

---

① Highlights of Aboriginal Conditions 1991, 1986 Demographic, Social and Economic Characteristics.

② Y：通过直接传递学习的经验；O：仅仅通过观察学习的经验；N：非学习所得的经验；n：项目的数量。

内部高原，平原，东部林地，亚北极区和北极区文化群。以加拿大西部亚北极区詹姆斯海湾的克里族女性之中本土知识和丛林技能（bush skill）的传播状况为例，由群体进行的丛林技能和本土知识传播状况如表 6 所示。①

在驼鹿社区中，93 类丛林技能之中 56% 通过直接传递的方式来学习，而另外的 13% 通过观察学习。在皮瓦纳克社区，45% 的技能通过直接传递来学习，另外的 11% 仅通过观察学习。从长远来看这一结果，应该注意到在皮瓦纳克（两个社区中更"传统的"一个）的被访者更具有代表性。从表 6 中可以看出，所有的本土知识技能的传播比例都在减少，而这种传播体系的变化主要归因于一个现实，即传统的教育方式——通过观察和学徒学习——在现代教育环境中不能完整地运行。

但是，一些传统技能和知识的失传，以及许多现存技能的非完整的传播，无疑将会对克里族社会的长远发展产生很大影响。在现实层面，失去生存知识和技能会影响一个族群的生计保障，失去了集中利用当地野生动植物和渔业的能力。进一步说，"生存或捕猎活动的丢失也使克里族丧失了兼具传播文化作用的生活经验"。因此生存不仅仅是一种得到食物的方式，而且是一种生活方式，是维持社会关系和社会独有的文化特点的生产方式。在克里族的社会网络中，正是通过重复生存圈来把本土知识、价值和文化传递给下一代。

克里族社会存在的问题在很多印第安社区中都会出现，现代教育技术和教育传播方式对传统教育的冲击使很多印第安传统技能的传播受到冲击。印第安年轻人大部分会去接受加拿大主流社

---

① Kayo Ohmagari, Fikret Berkes, Transmission of Indigenous Knowledge and Bush Skills among the Western James Bay Cree Women of Subarctic Canada, 1997, Human Ecology, 2.

会现代形式的教育，而不可能有足够的时间去学习年长者积累下来的生产方式和本土知识，这样的结果是印第安人本土文化流失会越来越严重，甚至可能消亡。而本土的生产方式和文化传统作为印第安人社会的宝贵财富，是印第安人社会关系的维系和民族特色的基础，关系到印第安人社会的生存和发展。所以，关于印第安人社会的本土文化传承的争论，不只是理论上的，他是关于人类多样性和文化生存的现实和基本问题。

四、结论与启示

（一）结论

加拿大印第安人教育的发展经历了一个漫长而曲折的过程，从联邦政府最初的同化政策、二元文化政策到今天的多元文化政策，印第安人传统文化和语言受到多次的冲击，其教育水平与普通加拿大人相比也一直处于落后状态。直到1972年"印第安人控制印第安人教育"运动的发起，印第安人才开始争取到自己的教育自主权，最终获得教育本土儿童的权利，使印第安学生的教育成就有了很大的提高。在这一过程中，印第安人教育自治的诉求和成功依靠的是印第安本民族文化传统中坚强的民族精神。其中民族语言和文化是其教育发展的基础，也是其民族赖以生存发展的精神力量。同时印第安人教育独特的教育理念和教学方法，在维持印第安人传统文化的生存和延续，增强印第安人在现代社会的平等竞争力方面也起着决定性的作用。

印第安人掌握自身命运、实现教育自治的关键是要确定符合本民族利益的教育目标，但是"印第安人控制印第安人教育"运动在实施过程中，对教育目标的确定和实现面临着诸多困难和问题。这些问题的根源来自于印第安人教育的双重文化身份——主流文化身份与印第安人文化身份的冲突，这种双重身份决定了印第安人教育有两个目标：同化和自治，这两个目标既相互冲突又相互补充。因为在现代社会中印第安人想要生存下去，就必须融入加拿大主流社会，学习现代社会的知识和技能，从而获得与其他民族平等竞争的能力；但是同时，想要保留本民族的文化传统和语言，印第安人教育就必须加强对印第安文化的认同，维持印第安文化的生存和延续。正是这种双重文化身份使"印第安人控制印第安人教育"运动在实施过程中出现很多问题，虽然这一运动倡导印第安人对本土教育的控制权力，使本土儿童的教育有了很大的发展和提高，使父母和社区可以参与到自己孩子的教育中，但是印第安人教育并没有最终实现完全的自治和独立，也没有达到预期的培养目标。

印第安人教育自治中出现的问题，不仅是教育方面的原因，还受到文化、政治、经济等多方面因素的影响。所以，印第安教育要想真正实现自治、取得成功，不仅需要联邦政府、INAC和加拿大普通学校教师的共同参与和努力，而且要从加拿大社会和印第安人教育发展的历史根源中寻求答案。同时，印第安人教育中存在的问题也带有一定的普遍性，是世界上其他多民族国家的少数民族教育中都有可能出现的问题。在统一的多民族国家中，少数民族教育在考虑和适应本民族文化环境的同时，也会受到国家的大文化和大背景的影响，如何对待这种双重的文化教育身份，是每一个多民族国家都应该思考的。

无论结果是否理想，"印第安人控制印第安人教育"运动对印第安人的教育发展意义重大，在印第安人实现教育自治的过程中起到了不可替代的作用，是印第安人教育史上最具影响力的运动之一。

（二）启示

印第安人教育自治及其经验教训对我国以及世界上其他多民族国家都有很重要的借鉴意义和参考价值。纵观印第安人争取教育自治的历程，对本民族的热爱和强烈的民族精神是其教育自治成功的基础。同时，分析"印第安人控制印第安人教育"运动所产生的影响以及今天印第安人教育的成功发展，我们可以从中发现一些有益的启示。

1. 重视少数民族传统教育理念在现代教育中的应用

印第安人教育自治之所以取得成功，受到很多因素的影响，但印第安人传统的教育哲学和教育理念是其教育成功不可缺少的必要条件。印第安人传统教育中对生命的阐述方式，对自然的尊重，对学习的理解，都是他们民族精神的宝贵财富。而这种传统教育理念和教育方式，更适合他们本民族学生的文化特点和思维模式，从而更有利于本民族儿童的学习。

在现代少数民族教育中，每个民族都应该充分发掘本民族传统教育理念的精华，并将其应用到现代教育模式之中，从而促进本民族教育的发展。

2. 发挥少数民族传统文化在现代教育中的作用

一个民族的传统文化是这个民族赖以生存发展的精神力量，是民族发展的支撑，民族文化也是本民族的历史遗产，在本民族的发展过程中发挥着巨大的作用。将少数民族的传统文化纳入到他们的教育之中，可以使其文化得到保存，增强少数民族儿童的民族信仰、民族认同的民族自信心，同时也能发挥传统文化在现代教育中的作用，有利于协调好传统教育与现代教育的关系。而要协调好这种关系，最主要的是要坚持多元文化教育思想，培养各民族学生具有多元文化观念，使不同民族文化背景的人都能够和谐相处。

在这一过程中，首先应该在少数民族学校的课程中设置本民族文化传统的课程，编写有关民族历史和文化的教材和课本，同时在课程内容的选择上也应该体现民族特色，突出本民族的社会文化特征。还应根据不同年龄阶段的儿童的接受能力，从内容到形式都分层次编写。

3. 重视少数民族的语言教育在现代教育中的体现

语言不仅是一种表达方式，他还反映着使用者独特的思维方式，而一种思维模式一旦形成，刻上民族感情的烙印，将会产生持久而深远的影响力。目前很多国家已经充分认识到民族语言在少数民族教育中的重要性，但是在教育中的体现往往还不够。以我国为例，目前我国的学校教育中，民族语言经常只是作为汉语的辅助语言，为汉语理解有困难的学生解释词义，表现为一种工具性的媒介语言，而没有被作为一项专门的教学内容。所以，在学校教育这个领域中，少数民族语言被赋予的功能范围狭窄得多。

随着全球化进程的加速，多元文化已经成为世界各国发展的必然趋势，而多元文化教育中少数民族的语言教育也受到更多的关注。因此，在少数民族教育中，应该提倡"双语教育"，并努力提高双语教育的水平和质量，在此过程中使少数民族的优秀传统文化得到保存和发扬。

4. 加强社区和父母在少数民族教育中的参与作用

印第安人教育一个很明显的成功之处是社区和父母对子女教育的参与，由于印第安人的传统教育中社区和家庭教育对儿童的发展有相当重要的作用，对学生的学业成就的提高有很显著的积极影响。这种参与方式也适用于其他少数民族教育，因为社区教育和家庭教育的主要作用是满足学生在课堂内外的其他需要，本质上是学校教育向社区、家庭的延伸。社区、父母和学校之间的沟通，有利于培养学生的社会归属感。

但对我国来说，家长往往是我国少数民族教育中容易忽视的一个群体。由于少数民族学生家长自身语言水平、受教育水平的限制，在子女的学习过程中很少能参与到学校教育之中。可以参考加拿大印第安学校在这一方面的努力，在日常生活中教师应该多和学生家长进行沟通，尽快向家长介绍学生在学校的表现，及时得到家长的反馈。在这一过程中，可以加深学校和家长之间的联系，增强家长对学生学习的重视，学校还可以利用空闲的时间为家长开设教育培训班，提高少数民族父母的语言和教育水平，从而更好地参与到子女的教育之中。同时，少数民族社区对学生的教育也很重要。学校也应该加强与少数民族社区的互动，鼓励学生积极参与社区公共事务的教育活动，使学生和家长共同参与社区传统文化相关的文化活动，还可以在村委会、社区建立学生家长文化活动场所，增强社区的传统文化教育影响。

5. 加强在少数民族教育中的师资队伍建设

教师队伍建设是很多少数民族教育中普遍存在的一个问题。印第安人教育发展过程中受到师资队伍的限制，这一问题目前在我国也存在着，主要表现在两个方面：一是少数民族学校教师的民族传统文化知识不足；二是表现在教师的整体素质偏低。我国除了个别学科，一般学科教师职前和职后的教育中很少涉及与传统文化相关的内容，可以说大多数教师的传统文化基础都比较薄弱。而大多数学校传统文化开设不太理想的主要原因，便是由于教师自身的知识结构所致。同时，少数民族学校教师的整体教育水平也普遍偏低，以黑龙江为例，目前黑龙江省民族教师14202人，其中本科1131人、专科2281人，师资不足、教师素质低的问题还没有从根本上得到解决。[①] 同时，由于各地方"抓升学率，保重点学校"的指导思想，每年本科师范院校的毕业生很少分配到民族学校。各少数民族地区又因资金短缺，拿不出经费培训教师，致使师资问题一拖再拖，严重影响了民族教育事业的发展。因此，如何提高少数民族师资队伍建设、如何对少数民族教师进行民族传统文化的教育，使其具备民族文化背景知识结构，

---

① 韩光明、张敏：《浅谈民族教育存在的问题及发展途径》，载《黑龙江民族丛刊》，1997年第2期。

是每一个少数民族在教育中都应该重视的问题。

建设一支业务过硬、结构合理、相对稳定的教师队伍，是提高民族教育质量的根本，是发展民族教育事业的关键。基于这种认识，在今后的工作中，为了提高民族教师的师资水平，首先，应该注重对教师民族传统知识的教育，加强职前和职后培训中民族文化的内容。其次，要积极支持和有计划地安排教师的在岗培训和离岗培训，做到在时间上予以保证，在工作上予以调整，在经费上予以支持。最后，应该引进激励机制，调动教师的工作积极性，各级政府可以设立民族教师奖励基金，用来奖励在民族教育上取得卓越成就的骨干教师。

参考文献

[1] 姜芃：《加拿大文明》，中国社会科学出版社，2001年。

[2] 阮西湖：《加拿大印第安人教育事业的发展》，1988年5月12日至6月14日赴加拿大考察报告之一，载《民族研究》，1989年第1期。

[3] 阮西湖：《加拿大民族政策的两个转折点：多元文化主义和土著人自治》，载《世界民族》，1995年第1期。

[4] 罗成龙编译：《加拿大少数民族教育与多元文化政策》，载《民族教育研究》，1997年第3期。

[5] 王红艳：《加拿大印第安人教育述论》，载《世界民族》，2002年第5期。

[6] 曾绍元：《加拿大少数民族教育与启示》，载《国家高级教育行政学院学报》，2003年第3期。

[7] 王艳玲、李琳：《加拿大发展土著民族高等教育的策略探微》，载《中国民族教育》，2004年第6期。

[8] 林志鹏：《加拿大印第安人民族教育的历史发展概况》，载《中南民族大学学报》（人文社会科学版），1991年第6期。

[9] 梁茂春：《加拿大土著人口的特点及生存状态》，载《世界民族》，2005年第1期。

[10] 姜德顺：《当今世界的土著民族运动初窥》，载《世界民族》，2004年第6期。

[11] 高艳萍、丁见民：《二战后加拿大土著民族自治政策的演变》，载《廊坊师范学院学报》。

[12] 王红艳：《加拿大政府与印第安土著民族关系探析》，载《辽宁师范大学学报》，2000年第2期。

[13] 罗时法：《市场经济条件下发展少数民族教育的几个问题》，载《贵州民族研究》，2000年第4期。

[14] 王锡宏：《少数民族教育双重性理论的提出及意义》，载《内蒙古师范大学学报（教育科学版）》，2004年第1期。

[15] 吴毓真：《台湾与加拿大原住民教育政策之比较研究——后殖民的观点》，硕士毕业论文。

[16] Marie Battiste, Apamuwek, Institute Indigenous Knowledge and Pedagogy, in First Nations.

Education, a Literature Review with Recommend - ations, Ottawa, October 31, 2002.

[17] Jo - ann Archibald, Michelle Pidgeon, Shelley Janvier, Heather Commodore, Rod McCormick, Teacher Recruitment, Retention and Training: Implications for First Nations Education, A literature review, University of British Columbia, Indian and Northern Affairs Canada., October 31, 2002.

[18] Verna J. Kirkness, Aboriginal Education in Canada: A Retrospective and a Prospective, Journal of American Indian Education, 1999, 39.

[19] Patrick Brady, Native Dropouts and non - Native dropouts in Canada: Two solitudes or solitude shared? Journal of American In-

dian Education, 1996, 35, p10 - 20.

[20] Seth A. Agbo, Decentralization of First Nation Education in Canada: Perspective of Ideals and Realities of Indian Control of Indian Education, Interchange, 2002, 3, 281 - 302.

[21] Terry Wotherspoon, Bernard Schissel, Marginalization, Decolonization and Voice: Prospects.

for Aboriginal Education in Canada, Department of Sociology University of Saskatchewan,

December, 1998.

（本文系许衍琛在其硕士论文基础上修改而成，许衍琛是南开大学高等教育研究所2005级硕士研究生，现为北华航空工业学院教师。）

新西兰毛利语言复兴与原住民教育

原住民语言文化的保存和发展在当今是一个非常重要的问题，同时也是一个世界性的问题。由于历史等方面的原因，原住民的语言文化普遍面临着一定的生存危机。第二次世界大战以后，多元文化主义观念深入人心。许多国家纷纷采取措施来促进本国各个民族语言和文化的保存与均衡发展。与此同时，各国原住民也逐渐觉醒，为保存和复兴本民族的语言文化奔走呼号。在这当中，有成功者也有失败者。

新西兰的毛利人以其保存和复兴本民族语言文化的巨大成就而备受世人瞩目，他们也因此被称为"原住民语言和文化复兴的先驱与典范"。毛利人是新西兰的土著人，也是新西兰最早的主人。后来欧洲殖民者探险来到新西兰，接着便有大量的欧洲移民涌入。随着欧洲殖民者势力的不断增长，他们逐渐确立了对毛利人的同化融合政策。这种同化融合政策不仅表现在政治和经济上，还表现在文化上。在这一系列同化措施之下，毛利语言文化面临灭亡的险境。20世纪后半期，随着多元文化主义思潮的日益深入人心，新西兰政府逐渐认识到毛利语言文化对新西兰发展的重要性，同时毛利人也日益觉醒，掀起了大规模的语言文化复兴运动。

毛利语言的复兴肇始于毛利人的文化自觉。认识到白人文化对于挽救、保存和发展毛利文化是多么无助之后，毛利人认为本民族语言的复兴必须在毛利文化的背景当中进行，而不能把它寓于白人文化环境之中。因此毛利人有了自己的文化追求——毛利哲学与原则。在此原则指导之下，毛利人以教育为利器，建立了一整套独立于白人教育体系之外的自己的教育体系，这一体系为挽救和复兴毛利语言文化发挥了重要的作用。

本文在阐述了语言、文化和教育三者关系之后，分析了毛利语言濒临灭亡的原因和毛利语言复兴的背景，论述了新西兰白人对毛利人实行的同化政策和多元文化政策。在此基础上，重点分析了毛利人自己的完整的教育体系，这一体系包含了学前教育（毛利语言巢）、毛利民族小学、毛利民族中学和毛利大学。在这一体系当中，本文将重点探讨和分析毛利语言巢和毛利民族小学，他们在毛利语言文化复兴过程中发挥了最为重要的作用。在论文的最后一部分，作者总结了毛利语言文化复兴的经验和教训，同时提出了毛利语言文化复兴对于我国保护少数民族语言文化的可能和有益的借鉴。

引言

新西兰位于太平洋南部，南极洲和赤道之间，西隔塔斯曼海与澳大利亚相望，北邻汤加、斐济。新西兰由北岛、南岛、斯图尔特岛及其附近一些小岛组成，面积27万多平方公里。海岸线长6900公里。新西兰素以"绿色"著称。虽然境内多山，山地和丘陵占其总面积75%以上，但这里属温带海洋性气候，四季温差不大，植物生长十分茂盛，森林覆盖率达29%，天然牧场或农场占国土面积的一半。

新西兰现有人口400余万，其中，欧洲移民后裔占绝大多数达78.8%，毛利人占14.5%，亚裔和其他人口占6.7%。新西兰70%的居民信奉基督教新教和天主教。官方语言为英语和毛利语。

公元950年左右，毛利人的祖先"乘长风，破巨浪"来到这遥远的"白云之乡"。他们以血缘关系为基础组成部落联盟，在这块土地上"日出而作，日落而息"，创造着自己的文化，守护着自己的家园。然而好景不长，当殖民主义的触角伸向世界各地的时候，这遥远的白云之乡，自然也不能幸免。荷兰殖民者首先探险到新西兰，之后英国殖民者接踵而至，并与毛利人签订了不平等条约——《怀唐伊条约》，新西兰沦为英国的殖民地，自此白云之乡的主人们也失去了往昔的美好时光。

　　伴随着白人到来的是疾病、毒品、酒精还有先进的武器，这些东西导致毛利人口的急剧减少，尤其是武器的到来，打破了早期毛利部落之间的实力均衡。再加上殖民者的屠杀政策，所有这一切使毛利人口从鼎盛时期的约20万人，降到1896年的42000余人。人口的减少导致毛利语言的急剧衰微。此外，白人殖民者还采取同化、融合的政策，企图将毛利人纳入自己的价值体系之内。所有这些使毛利语言文化面临衰亡的边缘，如果他们再不自觉的话，毛利语言可能就像加拿大的许多土著语言一样归于毁灭。据统计，在加拿大所有的53种土著语言中仅有3种具有生存的希望，数字是令人乏味的，但是有时是最具有说服力的。

　　20世纪后半期，可谓多事之秋，世界形势发生急剧变化。在原住民教育政策这一方面，各国政府越来越认识到传统的同化、融合政策的不可取。原住民族也抛弃往昔的困惑，勇敢地表达自己的诉求，为本民族语言文化的复兴奔走呼号。于是一些国家政府也逐渐改变以往的政策，实行多元文化政策，新西兰也同样如此，毛利人便在这种形势之下开始了自己的语言复兴之路。

一、语言、教育和文化之关系

　　毛利语言的复兴，从根本上说，植根于毛利文化、哲学的复兴。没有毛利人文化和哲学的自觉（自觉的结果便是"毛利哲学与原则"的产生），毛利语言便不可能复兴。从某种意义上说，毛利文化的衰败从毛利语言的濒危开始，毛利文化的复兴自然也应该从毛利语言的复兴开始。在这一复兴活动中，毛利人的口号就是"语言即文化，文化即语言"。语言的复兴是一项复杂活动,当今濒危的土著语言又如何不想复兴,但是大多成效不明显,只有毛利人取得了骄人的成就。失败的原因也许是复杂的,但是笔者觉得其中一个重要的原因就是没有选择正确、有效的工具。正所谓"工欲善其事,必先利其器",换句话说,毛利语言能够成功复兴,非常重要的一点就是他们选择了有效的工具——教育。毛利人用教育这个杠杆,将母语从濒临灭亡的边缘撬了回来。因此,作为全文的理论铺垫,探讨语言、文化、教育三者之间的关系是非常必要的。不理解这三者的关系,便不能对毛利语言的复兴有一个全面、深刻的理解。在此部分中,我们还将介绍"毛利哲学与原则"的具体内容。

(一) 教育和文化

1. 文化对教育的影响

近年来,教育与文化的关系问题已经成为学界研究的热点,学者们开始从文化的视角来探究教育的奥妙。从广义的文化概念来说,教育也是一种文化,一种教育活动必然是在某种特定的文化价值取向的指导下进行的,没有无文化的教育。文化对教育产生全面、持久有时候甚至是独立的影响。

(1) 文化对教育影响的全面性

文化对教育产生全面影响是指文化对教育的四要素(教育者、受教育者、教育内容和教育手段)都将产生影响。文化无优劣之分,却有主流与非主流之别。在一定的社会形态当中,教育者往往是按照主流社会的文化标准来施教的。个人主义盛行的美国绝对不可能用印第安人朴素的集体主义观念来教育下一代。英国文化的一个重要特点是它的保守性,这也注定了英国的教育者不会将美国的个人主义文化取向应用到自己的教育之中,他们所追求的只能是贵族教育,来培养自己的绅士。一国教育制度和教育内容的选择除了受政治、经济等作用的影响之外,也受文化的影响,其最直接的影响便是文化教育政策的制定。日本的大化革新，全面取法唐朝的做法来建立自己的文化和教育制度，甚至汉语都成为日本教学的必修内容。到了近代又全面西化，致力于建立西方的教育制度、学习西方的教育政策，这些文教政策对教育的影响是不言而喻的。文化还影响着教育的方法和组织形式。班级授课制的形成只能出现在资本主义的商业文化当中，很难产生于游牧文化或者农耕文化类型当中，此种文化当中没有它生长的环境。满堂灌式的教学方式在中国之所以大有市场，西方的启发式教学之所以为中国所难以接纳，与我国的文化传统不无关系。可见文化对教育的影响可谓是无孔不入。

（2）文化对教育影响的独立性

经济对教育的决定性作用已经深入人心，政治对教育的影响也毋庸置疑。几十年来，中国教育在经济、政治大潮之中左右摇摆的事实便是最好的证明。但是正如潘懋元老先生所指出的："研究高等教育的历史与现状，展望高等教育的未来，都不能只看到经济、政治与高等教育的关系，而不对文化与高等教育的关系有深入的理解。否则就会对许多高等教育现象迷惑不解，对许多高等教育问题思考不周，对高等教育发展的预见简单化"。[1]虽然潘老论述的是文化对高等教育的影响，但是这一论断同样适用于基础教育和中等教育。对教育的审视不能仅仅局限于政治、经济两端，而置其他因素于不顾，有时这些因素甚至是非常重要的因素，独立起作用的因素，比如文化。按照上述论断：经济基础对教育具有基础性和决定性的作用。是否就意味着，相同的经济基础必然产生相同的教育制度呢？事实却并非如此。美国、法国都是资本主义经济制度，然而他们的教育制度却大相径庭。这种不同在很大程度上就是文化独立起作用的结果。文化既可以间接对教育产生影响也可以抛开政治、经济的中介，独立对教育施

---

[1] 张应强：《文化视野中的高等教育》，南京师范大学出版社，1999年。

加影响。

（3）文化对教育影响的深刻性

文化对教育影响的深刻性寓于全面性之中。比如，文化对教育价值观的影响就是一例。受中国传统文化的影响，我国传统教育价值观当中历来就有"学而优则仕"的价值取向。"朝为田舍郎，暮登天子堂"的梦想使多少人寒窗苦读，一旦成名即使昔日龌龊也不足夸。《大学》有云："欲明明德于天下者，先治其国。欲治其国者，先齐其家。欲齐其家者，先修其身。欲修其身者，先正其心。欲正其心者、先诚其意。欲诚其意者，先致其知。致知在格物，格物而后知至，知至然后意诚，意诚而后心正，心正而后身修，身修而后家齐，家齐而后国治，国治而后天下平。自天子以至于庶人，壹是以修身为本。"① 这恐怕就是学而优则仕的思想渊源吧。这种教育价值观固然有好的一方面，但是也有消极的一方面。当今高考挤独木桥、考研热以及我国职业教育的凋敝与此种教育价值观颇有关系。虽然我们已经远离了封建社会，但是这种产生于封建文化时代的教育观念在当今仍然大有市场。经济基础、政治体制变了，但是文化的影响依然存在，有时甚至是根深蒂固的。

从以上的分析我们可以看出文化对教育的影响是多么地广泛、深刻。前已述及，本文讨论的文化采用宽泛的定义，从这个意义上说教育乃是文化的一部分，是文化的一个子系统。因此我们审视许多教育问题的时候，就不能将文化这个更为广泛的系统排除在外。

2. 教育对文化的影响

教育的落脚点在文化，而不应该是政治、经济。否则，教育就会淹没在政治、经济的洪流之中，失去了教育的真谛，妨害教

---

① 王国轩译注：《中庸·大学》，中华书局版，2006年。

育的持续发展。这已经被我国几十年的教育发展历程所证明。因此教育最基本的功能是文化功能。教育的文化功能主要表现在以下几个方面：

（1）选择文化

每一时代的统治集团总是根据自己的需要来选择文化，然后将他们发扬光大，使之成为主流文化。不符合这种主流的文化可能就要受到排斥或淘汰。这尤其表现在精神文化方面，特别是精神文化中的制度、观念层面。此时，教育在选择文化方面便发挥重要的作用。在中国，儒家文化长期占统治地位，因此中国传统教育所选择的文化总是以儒家文化为主。科举考试的内容仅限于儒家文化的范围之内。即使在近代欧风东渐的形势下，儒家文化的这种影响也是存在的。汉代董仲舒"罢黜百家、独尊儒术"，他之所以能够成功，太学在这个过程中起到了非常重要的作用。东方如此，西方亦是如此。中世纪的欧洲，基督教文化是主流文化，除此以外的一切文化都是异端邪说，并且遭到破坏和打击。以上所言，是教育对精神文化的选择作用。不仅如此，教育对物质文化同样具有选择作用。这突出表现在通过教育选择先进的生产技术和知识，批判过时的技术知识。

从文化选择的对象看，一是对内文化选择，二是对外文化选择。对内我们要弘扬传统的优秀文化，同时克服传统文化的不足；对外我们要取其精华、弃其糟粕，教育在这些方面都发挥了重要的作用。对外来文化的选择对弱势民族而言显得更为重要，如果对外来的强势文化不加选择，盲目崇拜、一味接受，本民族的文化就要被侵蚀，就有失去的危险。

（2）传播、传承文化

文化的传播是就空间范围而言，文化的传承是对时间范围而言，两者不可混淆。因此，对教育的文化传播、传承作用，应当分开讨论。

首先看文化的传承，也就是文化的遗传。文化的遗传具有社会历史性。动物遗传依靠基因，而文化的社会遗传主要靠教育。著名人类学家玛格丽特·米德从文化传递模式出发将文化分为后喻文化、同喻文化和前喻文化。所谓后喻文化就是指晚辈向长辈学习。在整个农业社会基本上都是后喻文化的传递模式。年长者将各种风俗礼仪、禁忌规范、生产生活技术通过口耳相传的方式传递给年轻的一代，使文化代际相接。教育者即年长者拥有绝对的权威，晚辈必须按照他们的要求复制他们的知识，也就是说这种类型的教育基本上是复制类型的教育。同喻文化是指晚辈和长辈的学习都发生在同辈人之间。如果说农业社会的主流文化传播模式是后喻文化的话，那么工业社会的主流文化传播模式则是同喻文化。工业社会所具有的标准化、专业化等一系列的特点，使长辈的知识显得难以应付，此时最好的办法就是同辈、同伴之间的学习。否则就有可能不适应当时的社会，不被时代所接受，与之相对应此时的教育模式主要是适应型的教育。前喻文化是指长辈向晚辈学习。主要发生在后工业社会里，此时代表未来的是晚辈，他们凭借自己敏锐的洞察力和年轻人所独有的创新精神，能够为长辈引路。因此，这一种文化传递模式依靠的是创新类型的教育。因此，无论在后喻、同喻还是前喻文化时代，教育都对文化的传承发挥了重要的作用。

教育的文化传播功能是无需置疑的，也比较容易理解。教育是文化传播的重要手段，学校教育的主要任务就是传递物化的知识。这是显而易见的。需要指出的是教育的文化传播功能往往和文化选择功能不可分，教育尤其是学校教育所传播的知识一般都是选择后的知识。

（3）创造文化

接下来分析教育的文化创造功能。文化总是不断向前发展，在发展的过程中教育发挥重要的作用。在对文化进行选择、传播之后，这时的文化已不是原来的文化，而是创造以后的文化。例如汉初董仲舒推行"罢黜百家，独尊儒术"的思想，这时他所说的儒术的内涵和传统的儒家思想的内涵已经有了很大的不同。我们知道文化的三个层面包括物质层面、制度层面和心理意识层面。教育对三个层面的文化都会产生一定的创造作用，尤其是深层次方面。一部近代中国史就证明如果只是引进先进的技术、制度，而不依靠教育在广大人民群众中产生它赖以生存的心理意识，这种引进和学习有时候是徒劳的。在深层次文化意识的形成过程中，教育发挥了重要的作用，这种作用通常伴随文化的创新。

（二）语言和文化

语言和文化可以说是一对孪生姐妹，有着密切的联系。人类文化的世代相传在很大程度上依靠语言。不存在没有语言的文化，也不存在没有文化的语言。广义的文化包括语言，同时文化又无时无刻不在影响语言，使语言为了适应文化发展变化的需要而变得更加精确和缜密。

语言既是文化的载体，又是文化的写照。在日本语言当中没有"骆驼"这个词，而在阿拉伯语言中"骆驼"这个词却非常丰富，有载人的骆驼和载物的骆驼之分。同样在日语中有关"鱼"的词汇非常丰富，不仅有表示各种鱼类名称的词，而且在鱼的不同发展阶段都有不同的词语与之相对应。这个事例足以说明文化对语言的影响，文化是语言的土壤。语言可以丰富和保存一种文化，体现这种文化的信仰和风格。只要一种语言存在，该种语言所代表的文化就不会消亡。

语言对于文化具有重要的作用，在一定的程度上是文化生成的标志。这是因为：

1. 人类只有有了语言才能进行深刻而且完整的思维，人类思维借助语言材料,或者以话语为载体来进行。①

2. 文化不仅具有社会性,而且具有引导社会群体意识的作用,这种引导作用必须借助一定的工具进行,这种工具便是语言。

3. 文化具有世代相传的历史传承性,这种传承也依赖语言。这样才使文化越来越厚重,获得越来越大的发展。

4. 由于某一民族的语言是本民族文化的载体,因此本民族的语言本身就带有民族文化色彩的意味,尤其是对一些少数民族语言来说更是如此。

文化对语言也具有非常重要的作用。文化能对语言的结构和内容诸方面产生重要的影响,语言的分化很大一部分是由于文化分化造成的。文化总是把自己的烙印加到与之相对应的语言上,这种烙印反映在语言的词汇、语法结构等等各个方面。当一种语言受到另一种强势语言文化的冲击时,如果这种弱势的语言文化不能采取有效的应对措施,那么这种语言文化就将面临危险,甚至于灭亡。这种强势文化对弱势语言带来的危害,已经被一部近代资本主义的殖民史揭露无疑。如今很多原著民族语言的困境都是由这种原因造成的。

(三) 语言和教育

自语言产生以来,它就成了教育得以进行的主要媒介。语言的产生,使更多的文化可以保留,这从客观上又为教育提供了丰富的内容,促进了教育的极大发展。同时教育对语言也会产生重要的影响,采用何种语言作为媒介,运用何种语言的材料进行教育,都会影响语言的发展,甚至影响学生学业成就的取得。教育的顺利进行,通常需要某种语言作为工具,这种语言通常就是母语。如果在母语没有很好掌握的情况下,而对儿童用第二语言来

---

① 金开诚:《语言和文化讲录》,《文化论坛》。

进行教育，这就可能导致学生学业的困难。加拿大、美国、新西兰等一些国家的原住民儿童之所以学业困难，辍学率非常高，都与这一点有关系。在这些国家，有些原住民儿童很小的时候便被强迫进入白人创办的寄宿制学校。在这种学校里，他们的母语被排斥，学校采用英语授课，很难想象儿童能够在这种环境下取得好的学习成就。教育可以传播某种语言的文化，这对于语言的生存和发展非常有利。同样，教育也可以充当消灭一种语言文化的刽子手，被不同文化所操纵，来对另一种语言进行排挤和打击。

语言本身没有优劣之分，任何民族都有维护和使用本民族语言文化的权利。但是伴随殖民主义的兴起，殖民主义者不仅在经济上进行掠夺而且在文化上进行侵略。殖民主义者总是试图用自己的文化取代弱势文化，用自己的语言取代弱势语言，进行同化。同化的一个很重要的工具便是教育。例如，为了实现同化的目的，新西兰政府曾经有一个阶段规定禁止使用毛利语言进行教学，这是造成毛利语言危机的一个重要原因。

（四）毛利哲学与原则

毛利哲学与原则是毛利人面对本民族语言和文化即将衰亡的危机做出的应对，同时在一定意义上它也是对新西兰政府以前所采取的同化、融合民族政策的否定。虽然新西兰政府标榜文化多样性，但是文化多样性的主导权始终被主流文化成员所把握。长期的同化和融合政策已经让毛利语言非常脆弱，二战以后毛利人的城镇化速度加快，毛利人的语言文化进一步分崩离析。毛利人越来越感到迷失，甚至产生了"我是谁？"的困惑。物极必反，在困惑的同时，他们也逐渐觉醒。在这种情况下，新西兰爆发了大规模的民族复兴运动。毛利人要求打破白人的文化霸权。毛利哲学与原则就是在这种背景之下，在毛利人长期斗争的实践中产生的。毛利哲学与原则对于新西兰社会当中存在的不平等的权利关系进行了批判分析。这种运动旨在打破白人的垄断地位，谋求毛利社会、社区更大的自由。毛利哲学与原则的具体内容主要有以下几个方面：

1. 毛利人的自决，即毛利人应该掌握自己的文化和语言。
2. 毛利人对自身文化的认同应该得到合法的保护。
3. 毛利人的教育教学环境应该反映毛利人的文化与生活。
4. 强调文化的集体性，重视家庭、部落、社区之间的密切联系。
5. 倡导学习自身文化的同时也不排除对白人文化和技能的学习，以有效地参与新西兰的建设。

从这些内容我们可以看出，毛利哲学与原则赋予毛利人一种特殊的使命，那就是增加他们对自己文化和生活方式的自治权力。这种自治在更大的程度上是一种毛利人的自觉。这种自觉不是谋求分离，也不是说仅仅依靠毛利人的努力，其他人尤其是白人就可以坐壁上观，而是要求所有牵涉到的人和机构重新考虑毛利人的诉求。在教育方面，毛利哲学与原则要重新建构教育中的权力关系，在此种关系当中成员享有充分自治的权力，并且可以进行广泛的内部交流，而不是一种支配与从属的关系。

毛利哲学与原则设想将毛利人的社会、历史、文化、政治合法化。只有在这种条件下，毛利知识、文化、语言才能得到有效的保护并且发扬光大。毛利人的文化财产本应该受到《怀唐伊条约》的保护，但是却最终被边缘化，现在它们又被毛利人自己合法化了。毛利哲学与原则的一些创意在教育、医疗、福利和科研等方面都有表现，这些全都是基于毛利人自己的文化特点、喜好和实践。毛利哲学与原则的立场就是要从认识论上提升毛利文化的有效性。在此种情形下，教科书的制定就不能仅仅从白人的利益出发，同时也必须考虑毛利人的诉求。此种原则往往是建立在祖先遗留下来的财富的规则之上的，这些规则受到毛利人的尊重和保护。因此毛利哲学与原则一经提出，在毛利社区当中就得到了响应。

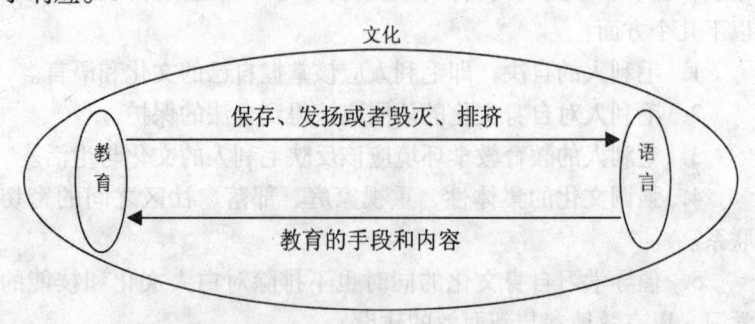

```
         文化
   ┌─────────────────────┐
  教  保存、发扬或者毁灭、排挤  语
  育 ←─────────────────── 言
       教育的手段和内容
```

图1 教育、文化、语言关系

综上所述,语言、教育、文化三者之间的关系虽然错综复杂,但是也有章可循。语言和教育是文化的重要组成部分,他们体现某一文化的特性。同时文化又无时无刻不对他们产生影响。自从语言产生以来,它就成了教育得以进行的主要媒介,同时它本身也是教育的主要内容。教育通过它的独特作用,对语言的生存和发展产生深刻影响。三者的关系具体到毛利民族和毛利语言文化复兴而言,毛利哲学与原则是他们的一种文化诉求,这种文化诉求在毛利生活的诸多方面都有体现。在语言方面,就是要挽救濒危的毛利语言,同时将它发扬光大。在教育上,则是谋求自己的教育自主权利,来更好地维护毛利语言和文化,进而提升本民族的政治和经济地位。

二、同化政策——毛利语言濒危的重要致因

历史的发展证明,来自不同文化背景的人经常被主流文化视为"外人"来对待。虽然多元文化更加有利于新西兰未来的发展,但是一元文化的影响如此深广,以至于白人不能接受文化的多样性。例如,对于外来的移民,主流的白人文化总是认为这些移民的文化存在不足,必须加以补救。《1989年教育法案》引发

的教育改革完全是市场导向的，这意味着亚洲学生将备受关注，因为他们可以为高校带来经济利益。很少有人注意移民学生带来的文化资产，以及这种资产会如何让主流文化受益。在新西兰，不但外来文化是如此，毛利文化也没有引起足够的重视。

（一）民族同化的概念

民族同化是研究民族关系的重要内容，目前对于民族同化的定义分歧不大，主要观点如下：

1. 民族同化是指一个民族整体或者部分，变成了别的民族的一部分，失去了本民族的特征。列宁认为："同化的问题，即丧失民族特征，变成另一民族的问题"。[①]《辞海》的解释与之相似："一个民族（或其一部分）失去民族特点"。[②]

2. 所谓民族同化指各个民族之间的相互交往。此种观点认为，所谓同化，是指具有不同种族和民族背景的人，在一个更大的社区生活中，摆脱原有民族背景和文化的束缚而相互交往的过程。此种观点主要在国外流行，这里所说的民族同化，更像是民族融和。

我们平时所说的同化主要是前一种，这也是本文所指的同化。按照被同化民族的意愿，同化有强迫和自愿之分。统治阶级借助于暴力或特权进行的同化，就是强迫同化；自然同化，则是在长期密切的经济文化交流中，一个民族受另一民族影响，自然改变本民族的特点。强迫同化与自然同化两者有本质上的区别。

（二）同化政策在新西兰的兴起

英国最初向新西兰移民之时，力量比较薄弱，需要毛利人的帮助，所以此时白人殖民者比较尊重毛利人的利益。《怀唐伊条约》规定毛利人在法律上享有和白人同等的地位。毛利人有权控

---

① 《列宁全集》，第二十卷，人民出版社，1985年。
② 《辞海》（下），上海辞书出版社，1999年。

制他们的财富，有权定义他们财富的构成，他们有权利保护、发展、爱惜和传播这些财富。尽管有这些保证，但是白人拥有教育决策的制定权，他们所采取的同化政策使毛利语言濒临灭亡，毛利文化面临衰微……所有这些毛利人都认为是他们的财富。一直以来毛利人都将这个条约视为对自己参与决策权力的保证，可以确保他们作为新西兰原住民身份的地位，并且相信该条约可以将新西兰引向更加美好的未来。

随着白人的不断移民，白人的实力大增，也变得野心勃勃，殖民者的民族同化政策逐渐确立起来。这种政策是基于种族主义者的某种假定，他们认为殖民主义者所带来的对毛利人来说是最好的。他们鼓励毛利人尽快放弃自己的文化来学习主流文化。即使在今天更为广泛的教育情境之下，同化主义者的影响仍然存在。在涉及跨文化关系的时候，他们否认原住民族给国家带来的价值，认为他们所带来的只不过是一些土著节日和特色美食。

新西兰教育体系的发展肇始于毛利人的教育体系，最初这种教育体系还能和白人教育体系和平共处。但是伴随白人势力的壮大，他们更多地将自己的价值取向用于毛利教育体系，并且企图最终取代已经存在的、复杂的毛利教育体系。这种后来的白人教育体系认为毛利语言和文化是毛利儿童接受白人教育的主要障碍，因此白人采取措施来尽量消除他们对毛利儿童的影响。白人认为毛利人没有自己的文化，只有所谓的手工艺而已，因此他们的文化是简单的，这种思想加剧了教育中的殖民化程度。

教育实践在过去是持续攻击或者否认毛利文化，这种趋势在将来的一段时间里也难以得到改变。在教育研究领域，虽然毛利人备受人们的瞩目，但是大量的证据表明有些针对毛利人的研究只不过是研究者实现自身目的或者利益的工具，对毛利人生活的改善没有实质意义。还有，课堂内的实践始终关注如何同化毛利文化，他们只能够让笃信白人教育价值的人得到最大的利益。

殖民者当局在1881年通过的关于土著人学校的立法中，正式规定了同化教育政策。当时教学大纲规定，英语为教学语言，毛利学生的一切校内活动都按照白人的模式进行，根本不考虑毛利学生的特别需要。

（三）同化的措施及其表现

作为新西兰的建国文件，1840年签订的《怀唐伊条约》虽然规定了白人和毛利人在新西兰发展中的合作关系，但是自从条约签订以来，白人在政治、经济等方面占据了主导地位，这种主导地位的建立是以毛利人的边缘化为基础的。白人不惜以牺牲毛利人为代价，通过武力、歧视性的立法和教育等措施来发展自己的文化知识。尽管存在着所有新西兰人生而为一个民族的神话，但是这种白人占主导地位的情况仍然存在，毛利人不能有效地参与新西兰的决策过程，占多数的白人从中受益最多。毛利人在政治上被边缘化，在经济上变得赤贫，在文化和种族上遭到攻击，这些问题在教育当中也可以看到。本文重点分析同化政策在教育上的表现形式。

1. 研究和教学将毛利知识、历史简单化

殖民化以来，白人通过大量的研究和教学活动将毛利知识简单化，毛利知识不再被认为是毛利文化的发源地，并且认为只有在主流文化背景中毛利知识才有意义。这种思想为同化政策提供了理论依据。

很多白人教育家都对毛利人穿越广阔的太平洋来到新西兰的观点持怀疑态度。曾经有人提出了"漂流理论"，这种理论在新西兰教育界变得非常流行。这种理论认为即使他们结伴而行，毛利人也不可能穿越太平洋来到新西兰。认为毛利人来到新西兰纯属于偶然，可能是波利尼西亚的渔船被风暴吹到了新西兰。漂流理论否认波利尼西亚人拥有丰富的航海技术和知识，并进一步否定了波利尼西亚人拥有完整的教育体系来将这些知识和技术代代相传。即使现在已有出版物提出了相反的证据，但是这种理论仍然在学校里教授。虽然在学校里毛利人的奇迹仍然被学习，但是老师的教学工作仍然专注于欧洲。这样，波利尼西亚人航海的壮举在主流的学校教育教学中被淡化了。这种将毛利航海知识、技术和教育体系简单化的做法，不仅忽视了毛利人的知识、价值，而且也为白人文化的优越性提供了理论铺垫、为白人采取的同化政策提供了理论依据。

白人研究人员从自己的利益出发来创立有关毛利人的知识，而这种知识根本不是毛利人自己想要的，毛利人也不希望这样定义自己。毛利人有自己研究的问题，比如发掘现有的毛利部落文化来实现更好地发展，或者研究部落的宗谱等等。这些问题的答案应该是关于独木舟、河流、高山和部落的，关注的焦点应该是毛利部落的谱系等。这将每个毛利人联系起来，将毛利人与自然联系起来，将毛利人与他们所居住的世界联系起来，而不是从别人的立场出发来考虑自己的诉求。

2. 教科书的影响

由于同化的需要，白人制定的教科书，总是对毛利文化进行诋毁和攻击。《我们国家的故事》是新西兰20世纪20年代到50年代最为流行的教科书。全书共有29章，每一章的长短都差不多，但是仅有3章（约30页）关于毛利人的内容，剩下的26章（约160页）内容都是关于英国人的。该书第一章是关于毛利人的祖先在太平洋故土生活的情景：

很多年以前，在遥远的哈瓦基岛（Hawaiki）居住着一群棕色的人，他们在太平洋里游泳和捕鱼，在陆地上种植芋头和山药。他们总是小心翼翼地保存他们的火种，因为他们既没有火柴也没有打火石，只能采用将两块木棒摩擦的繁琐方法来生火（着重号为笔者所加）。

这样的描述不是试图将他们的技术水平与同时代的其他人进

行比较，而是一种贬低和蔑视的口气。

该书第4、5、6版中的内容是不平衡的。第4版当中仅有17页内容与毛利人有关，新西兰的内容有54页，而关于英国的内容竟然多达143页。第5版当中论述毛利人的有18页、新西兰为58页，英国和欧洲的是160页。大量的图画也具有负面作用，为了显示文明的需要，毛利人大多被刻画成反面人物。总之，同化主义者的政策在这本曾经最畅销的教科书里得到了最好的体现，也产生了深刻的影响。该书对毛利人为争取正义而进行的怀卡托（Waikato）战争的原因进行了歪曲。白人侵占了怀卡托地区毛利人的大量土地，导致许多毛利人无家可归，因此他们不得不拿起武器为自己的领地而战斗。但是课本却认为怀卡托地区的毛利人将会威胁到奥克兰，因此白人发起战争，强行征用了怀卡托人的领地，因此这种征用是合法的。尽管在编定这本教科书的同时，关于战争的真正原因的资料可以收集到，但是为了达到同化的目的编者故意忽略了这个真相。

教科书尤其是初中的教科书构成了老师教学和学生学习的主要资料，也同样是这些教科书来定义了什么是精英文化，什么是合法文化。中小学生大部分时间都是在班级里度过的，他们做作业的几乎全部时间都与教科书材料有关。随着教育当局不断在小学引入新的知识考试和能力测试，教科书的影响将会更加深远。教师们应该认识到教科书在塑造毛利文化、白人文化认同中所起到的作用。现在急需教师对这些有一个完全的理解，如果需要的话他们应该挑战这种对知识进行合法与否分类的作法，来改变教科书的大纲。

（四）同化教育政策对毛利语言的影响

白人文化和毛利文化关系中的支配——从属模式对毛利语言产生了深刻的影响，进而影响到毛利文化的保存和认同。毛利语言委员会1995年发布的一个关于16周岁及其以上人口的语言使用情况的报告，说明了这种影响。这个报告显示 60% 的毛利成年人仅能有限地运用毛利语，在这 60% 的人当中仅有 6% 的人可以熟练运用。这个比率比 20 世纪 70 年代进行的毛利语言调查所得的比例要低。在当时据估计，毛利人口的 18% 都可以熟练运用毛利语。更进一步的调查结果显示，毛利语言的熟练运用者大多是老人。在能熟练或者比较熟练运用毛利语言的人口中，60 岁以上的老人占了 44%，16 岁到 24 岁的年轻人仅占 3%。除此之外，农村地区熟练的程度要高于城区。地区之间的不平衡状况也是存在的。在怀卡托（Waikato）、普列提海湾（Bay of Plenty）和吉斯伯恩（Gisborne）三个地区的年轻人熟练使用毛利语的比例达到 8%，奥克兰地区仅为 5%，其余地区的比例为 6%。此外，毛利语言大多用于书面文件中，而不是日常的谈话和交流。毛利语言在学校应用的比例为 34%，教堂为 27%，毛立会堂为 37%，家庭和日常交流所占的比例很小（新西兰教育部 1996 年）。

　　由于同化政策的长期影响，毛利家长认为在家庭中用毛利语进行交流，会影响儿童的学业。为了自己的孩子学业上获得成功，许多毛利家长主动学习英语，给孩子创造一个较好的英语语言环境。家长带头学习英语对儿童的学业究竟有什么样的影响，这个问题我们姑且不论，但从这里可以看出白人同化政策影响之深远。为了让儿童拥有更美好的未来，很多家长将孩子送到白人的学校里。这些学校采用英语教学，由于毛利人的英语基础薄弱，往往成绩不甚理想。更为重要的是，他们和自己的白人同伴朝夕相处，使自己的母语能力大打折扣。于是一种奇怪的现象产生了，他们的父辈往往能熟练运用英语和毛利语，或者能够运用两种语言中的一种，但是这些毛利孩子却不能够熟练地运用两者中的任何一种语言。无论情况如何，儿童的学习应该建立在对母语的把握之上，这样才有利于儿童的进一步成长。这也是造成毛利儿童在学校里普遍学业困难的原因。

三、多元文化主义——毛利语言复兴的契机
（一）何谓多元文化主义

多元文化主义的概念可谓多矣。不同学科、不同文化背景之下，学者们对这一概念的界定多有不同。有的侧重从多学科的综合来界定，有的侧重从民族学的视角来界定，还有的从教育学的视角来界定。在此，本文将重点介绍教育学视角下的多元文化主义。

需要说明的是，多元文化概念作为一种教育追求，它最早并不是产生于教育界，而是在轰轰烈烈的民族运动中产生。从教育学的视角来界定这一概念，一方面不免受到民族学的影响；另一方面也可以从教育这一独特的视角对之进行阐释。从教育学的视角审视多元文化主义也存在颇多争论，但是争论的背后也有许多共性的东西。

一是教会学习者认识、接受和欣赏不同的文化、种族、社会阶层、性别差异、宗教信仰、能力差别等。

二是使儿童和青少年在他们发展的关键时期形成在未来民主、平等与公平的社会中工作时所必备的责任心和公共性。[1]

可见多元文化主义教育保护所有公民在社会经济文化和政治上的平等，保护所有民族集团的传统语言和经济利益，承认多种语言的文化现象。

（二）多元文化主义在新西兰的兴起

面对由同化政策带来的困境，毛利人的民族意识也在逐渐形成。毛利人与殖民者之间的冲突最终导致了长达30年（1843—1872）的毛利战争。在战争期间，毛利人由于反抗遭到了残酷的

---

[1] 王鉴、万明刚：《多元文化教育比较研究》，民族出版社，2006年。

镇压和屠杀，人口锐减。但是，毛利人一直表现出不屈不挠的斗争精神。1857年开始了毛利国王运动，他们选出了一位自己的国王，1858年4月建都，并开始制定法律、设立议会，招募警察部队和选定国旗。实质上这次选举毛利国王的运动是毛利人第一次有组织地反抗殖民统治的斗争，标志着毛利人民族意识的真正觉醒。此后，毛利人争取自身权利的斗争一直没有停止。1942年，3万毛利人共同签名要求国会重新重视被长期忽略的《怀唐伊条约》，举行大规模的游行示威呼吁政府重视毛利文化，要求将毛利语言列入中小学课程，开设毛利语教师训练班等。在毛利人坚持不懈地努力下，政府不得不做出让步，开始改变过去对毛利人的政策。毛利人的斗争取得了重大的胜利，他们的地位也发生了巨大的变化。政治上，国会为毛利人设立了东、西、南、北四个席位，并将"怀唐伊日"即每年的2月6日定为建国日。经济上，为纠正过去的错误，政府于1975年设立怀唐伊裁判法庭，专门受理毛利人对土地的申诉。法庭成立以来受理了大量毛利人的上诉，毛利人也争取到了巨额的补偿金，截至1995年毛利人获得了总计1.7亿美元的补偿金。20世纪60年代起，随着政府对毛利人政策的改变，加上毛利人的努力，毛利语言和文化开始走向复兴之路。

新西兰政府也逐渐认识到多元文化主义势不可挡，他们开始酝酿实行多元文化策略。他们认为在多元文化主义盛行于新西兰之前，必须先强调毛利人和白人的关系。这种论断是基于对新西兰的建国文件《怀唐伊条约》的重新认识。毛利人要求他们的语言和文化运用于教育之中，同白人享有同等的文化权利。毛利人要求打破传统的支配从属模式，按照《怀唐伊条约》的规定来发展白人和毛利人之间的平等协作关系。不仅是与毛利人，与其他土著民族的关系也应该建立在这种模式上。

此外，1984年新西兰进行了大选，获胜的工党政府采取比较开放的政策，重新组织教育部，将教育部的一些权力下放到地方，扩大地方教育自主权，这也有利于多元文化主义教育政策的实施。

在此种情境下，许多旨在强调毛利文化的教育项目被实施，例如教育部在20世纪80年代所实行的《毛利视野》项目，此项目意在加强人们对毛利人作为新西兰土著人的一种认同。同时该项目负责人大量走访毛利人，了解毛利人的意愿，而且尝试在课程中加入毛利人的内容。因此，在20世纪80年代，毛利人建立了自己的毛利语言巢、毛利民族小学、毛利民族中学、毛利大学，来保护和挽救他们已面临濒危的语言。同时白人也做出回应，白人教育体系纷纷将毛利人的文化开始纳入自己的课程体系中，毛利语言、毛利人的一些技术和手工艺等等得以在白人的学校里教授。

（三）多元文化的实施及其对毛利语言文化的影响

多元文化主义的深入人心，促使新西兰政府不得不采取更为明智的政策和措施。第一，新西兰政府把新西兰定位在由白人与毛利人共同组成的两个种族、两种文化的国家，承认毛利文化具有独特的存在价值，并且也努力将毛利文化建设成为新西兰的主体文化。第二，以法律的形式确定毛利语的地位。1987年通过《毛利语言法案》。毛利语言法案有以下三个主要内容：将毛利语定为官方语言；任何人都有权利在法律程序中用毛利语发言；成立毛利语言委员会负责执行监督毛利语的推行。毛利语言法案赋予毛利语官方语言的地位，为毛利语言文化的复兴奠定了基础。第三，采取积极有效的措施推动毛利语的发展。其中一些重要的步骤包括：1979年开始的社区运动，关注毛利成人对毛利语言的再学习；家庭发展计划，就是以传统的家庭观念去建立医疗、照顾儿童的规范，而说毛利语的习惯是其中最根本的；语言巢计划，这是学习毛利语的一种方式，由年龄大的毛利族的家长义务照顾学前的孩童。他们的教育方法灵活多样，孩子们在轻松有趣的环境中学习毛利语，语言巢的具体情况将在下文论述。培养大批毛利语教师，1995年，新西兰政府通过了毛利语教师培训方案，制定了3年内训练600名教师的计划。1995年全国已有38所师范学院，将毛利语列为必修课程。大量师资的培养，为毛利语的教育创造了条件。

1955年，新西兰教育部召集毛利领导人商量有关毛利语言教育的事宜。这是毛利人首次参与制定全国的毛利语言教育政策。毛利领导人要求新西兰政府重视毛利语言教育与毛利文化，并使之得到广泛的认可。教育部长表示支持，并把这一建议作为政府制定毛利语言教育政策的基础。新西兰教育部1997年10月发布的有关资料表明，很多学校将毛利语作为第二语言进行教授。从幼儿园、小学、中学到大学，人们对毛利语言教育的需求不断增加。因此，毛利语言教育计划也做了大幅度调整。新西兰整个社会形成了鼓励文化教育多元化的大环境。政府研究并且尝试各种方案，支持毛利人各部落制定出自己的一套毛利语言教育计划。

后来，新西兰教育部推行在各级学校教授毛利语，批准将毛利语教学写进教学大纲，并为毛利语培训学校提供更多更好的教学设备。在1974年通过的毛利事务修正案里，新西兰政府正式承认，毛利语是毛利血统的新西兰人的祖传语言，并授权在毛利事务部内外学习与使用毛利语。广播电台及电视台也用毛利语播出不少节目。政府对毛利语的重视使人们学习毛利语的兴趣倍增，同时也使毛利人更热爱自己的母语。国民普遍要求在法庭、教育系统、广播电视以及公众服务行业使用毛利语。毛利人自身拥有复兴毛利语的潜力即掌握该语言的知识，并将其传授给青年一代，包括那些在非毛利语言环境中成长起来的人。一个旨在讨论、发展以及推进新西兰语言政策的论坛已经成立。他们开展语言调查，收集并且创造毛利语新词，促进毛利语的发展。现在报刊杂志上的大量广告都用英语和毛利语刊登，很多公众信息也用几种语言同时发布（包括波利尼西亚语等）。普通民众也逐步意识到对毛利语的需求，其中包括对毛利语作为教学、广播等方面的需求。1995年，新西兰举行毛利庆祝活动，鼓励人们学习毛利语。尽管毛利人是复兴毛利语的主力军，但要使毛利语真正得到发展，还有待公众的良好愿望和大力支持。

四、教育——毛利语言复兴的利器

（一）毛利幼儿语言巢

毛利语言巢将学前教育和家庭日常护理结合起来，这种结合完全是建立在毛利人自己的生活和文化氛围之上，让儿童在其中获得自然的浸入，学习毛利人的语言和文化，同时也注重培养儿童的一些技能。每个学校约由从1岁到6岁不等的20名幼童组成。这些孩子都由护理经验丰富而且熟谙毛利语言的保姆照顾。在这种环境里毛利语是唯一的交流语言。它的设立因地制宜，但是大都建立在毛利社区和家庭的基础之上。语言巢的目的是要将毛利儿童培养为掌握毛利语言和英语，通晓毛利文化和白人文化，能在21世纪里取得成功的人才。毛利语言巢的具体情况，我们将在下文分别论述之。

1. 语言巢的兴起和发展情况

多元文化在新西兰的兴起，促使政府更多地考虑毛利人的诉求。在教育方面，主流的教育体系虽然一直努力体现毛利人的诉求，但是，在没有毛利人参与的情况下，白人的这种努力和实践无法真正满足毛利人的意愿。毕竟白人所处的环境与毛利人完全不同，对毛利人的关切，自然不可能感同身受。更何况长期实行的同化政策的影响一时难以消除。

1977年政府派一个工作组到全国各地的毛利土著社区中去

聆听毛利人的声音。毛利人要求通过教育来保持自己的生活方式、语言和文化,同时他们也希望通过教育来改善自己的生活,享有应得的权利并且获得平等的机会,因此他们要求建立自己的教育体系。这种教育体系由毛利人控制,它能够充分满足毛利人的文化期望,并且能够有效地改善毛利人的生活,提高他们参与社会决策的意识。在这种形势之下,1982年第一所语言巢终于得以成立。它完全使用毛利语言教学,让儿童浸入在毛利语言环境之中。

从第一个语言巢诞生以来,其发展速度惊人(见表1)。1987年发展到480个,1993年达到809个,数目超过了其他类型的学前教育机构。1982年在2岁到4岁的毛利儿童中参与此类学校的只有30%,但是在1991年这一比例上升到了53%。1993年全国有14027名毛利儿童参加了这种学校,占适龄儿童的96.6%。可喜的是,白人和其他人种的儿童参与毛利语言巢的增长速度远远超过了毛利儿童的增长速度。

表1 毛利语言巢发展情况

时间	语言巢数量	人数说明
1982.12	50	
1983.10	148	
1984.12	269	
1985.8	326	约800人毕业进入小学
1986.12	466	约1 200人毕业进入小学
1987.5	480	
1988.12	521	
1991	630	

时间	语言巢数量	人数说明
1993	809	
1994	829	在校生约 13 543 人
1995	714	在校生约 14 263 人
1996	767	在校生 14 000 人以上

毛利语言巢的发展不是一帆风顺的。尽管开始时显现出乐观的迹象，但是后来毛利语言巢的数量减少了。1998 年仅有 613 所毛利语言巢，比顶峰时期的 809 所减少了 216 所。毛利社区的贫困是造成学校减少的主要原因。虽然数量减少了，但是，毛利语言巢的存在可以使人们更好地来批判性地认识主流教育体系，同时它也为毛利人的创新提供了机遇，从而可以与主流教育体系竞争。但是语言巢的成立，开始时并没有得到新西兰政府的认可，也没有政府的经费资助。

2. 毛利语言巢设立的原则和宗旨

为了挽救自己的语言和文化，培养和增强毛利民族在教育等社会事务上的参与意识与程度，毛利人建立了自己的完整教育体系。毛利语言巢是对这一原则和宗旨的最好阐述。毛利语言巢设立的原则和宗旨如下：

（1）通过沉浸的方式，毛利儿童学习毛利语言文化。

毛利语"Kohanga reo"的字面翻译是语言巢，这就表明语言巢的一个重要目标便是毛利语言的保存和维护。语言巢基于毛利语言和文化的完全沉浸，充分利用毛利人的学习和教学方式，在毛利文化背景下来促进毛利人的学习。在这种背景下，不仅仅注重知识的灌输，精神的渗透更是必不可少。

（2）培养和支持语言巢内所有成员的语言和文化学习。

毛利语言巢对所有成员而言也是一个学习和发展的场所。所有的成员包括成人和小孩都要参加适当的文化学习。通过日常的语言项目、成人语言课程、劳动、参与语言巢的管理和定期参加会议，可以加强他们对自身文化的认知，使他们完全参与到部落决策和计划的制定和实施中来。相应地，所有成员的尝试都会得到支持。对于很多毛利父母来说，语言巢提供了第二次学习的机会，尤其是学习毛利语言和文化的机会。

（3）参与到语言巢里的成员学习诸如管理等等一系列的技能，培养成员集体管理和运营语言巢的意识。

由于毛利家庭参与到语言巢从决策制定到日常运行的各个方面，所以其成员可以有很多的机会学习管理类的知识与技能。语言巢日常运作所需要的技能包括照料儿童、行政、财政管理、建设和教学等等。在这样一个过程当中，语言巢的成员不但具有了照料儿童的能力，而且还同时获得了一些行政管理技能。这样语言巢可以激发毛利人的独立精神，提高他们的政治和经济地位，使他们具有集体责任感，去创造毛利人的美好未来。

（4）所有涉及的人员都有一种被接受感和归属感，以激发他们的自主权。

在语言巢之内，毛利人的自我认同大为加强。语言巢注重精神的启发并且提供参与的机会来增强毛利人的自信心。语言巢的管理人员制定了一些项目来挽救那些不很精通母语（毛利语）的孩子，让他们最终能够融入到语言巢的大家庭当中。语言巢是训练的中心，它让家庭在毛利人的环境之下，照料儿童，让儿童接受教育。通过积极地参与这些计划，并且取得相应的成就，毛利人掌握了自己的命运。因此，毛利语言巢对毛利社会的重构发挥了重要的作用。

（5）学习的内容、环境和控制权都属于毛利人。

要获得教育的公平，必须同时面对三个重要的问题：学习内容、环境和教育控制权。内容包括学习的对象即知识和学习方法；环境既包括狭义的学习环境，也包括影响这一环境的更为广阔的社会背景；控制权是指各级各类教育是由谁来做出决定，决定权由谁控制。就毛利语言巢而言，所有这三个因素都是由毛利人掌控的。决定由毛利人做出，工作人员也是毛利人，计划由毛利人制定并且实施，语言巢带有毛利人的气质，以提升毛利人的政治、文化和经济地位。

3. 行政管理

毛利语言巢巨大成就的取得，与语言巢成功的日常运作是分不开的。这种成功的日常运作来源于语言巢精简而又高效的行政机构。从新西兰政府到语言巢本身有一套完整的行政机构，他们各负其责，保证了语言巢的有效运转，具体分工如下：

（1）语言巢本身：每个语言巢负责自身的日常运营和管理。

（2）语言巢国家信托基金。该基金是一个慈善团体，但是这一团体在语言巢的设立和日常运营等方面发挥了重要作用：

第一，促进语言巢的建立和维持。

第二，为语言巢提供财政、咨询和管理帮助。

第三，保存和推广毛利语言。

第四，就毛利语言的学前教育和语言巢所实施项目的管理等等方面，与政府各部门和有关团体保持良好的沟通。

第五，为语言巢的成员提供具体支持和获得支持的手段。

国家信托基金下设很多部门，如学习和培训部、技术部等等。学习和培训部门为成员提供语言、行政管理等培训项目。技术部门通过提供信息技术来支持文化的发展，这些技术包括计算机技术和视频制作技术等等。基金下设的语言巢书记处是发挥协调各部门作用的关键。

（3）毛利事务部。这是一个官方的机构，发行关于语言巢的手册与指导纲领，说明语言巢的目标与实施方式。同时他还负责国家所提供款项的落实事宜。

4. 语言巢的经费和工作人员

虽然毛利语言巢开始时不被新西兰政府所接受，但是由于语言巢的迅速发展并且取得巨大的成就，新西兰政府也开始关注毛利语言巢，并且提供财政支持。1987—1988年度新西兰政府提供的财政支持为110万美元，到1989—1990年度这种支持增长到200万美元。除此之外，劳动部和其他部门也为语言巢的培训项目提供资金支持。每个语言巢在建立时可以从国家获得5 000美元的成立基金。除此之外，部落也提供一定的资金，这些是国家所提供资金的有力补充。同时语言巢还向每个儿童每学期征收25美元的费用，这占语言巢所需资金的50%，这些资金主要用来购买设备和日常运行。

毛利语言巢的工作人员由一名主管和其他工作人员组成。主管的人选非常重要，一个合格主管的最基本条件是：

（1）能够流利使用毛利语言，至少在毛利社区生活到15岁。

（2）亲自抚养过孩子。

（3）年龄超过35岁。

（4）必须有能力全天照料儿童。

（5）与当地毛利人保持良好的关系。

除了主管之外，语言巢里其他的职员通常是志愿者，这包括作为教师的老者和帮助处理日常事务的家庭妇女等等。

经费的缺乏一直是困扰语言巢发展的难题。现在虽然有国家的财政帮助，但是这种帮助非常有限。语言巢的运作更多地依靠当地的毛利社区，这些社区大多比较贫困，这也是问题的症结所在。就是在这样拮据的情况之下，毛利语言巢里的工作人员怀着坚定的信念，竭尽全力来支持和维护语言巢的发展。没有他们做出的巨大的牺牲，语言巢的状况将令人难以想象。

5. 语言巢的学习内容和取得的成就

毛利语言巢学习的基本内容主要包括以下几部分：精神熏

陶、社会实践、体育训练、智力培养、进行日常生活所需技能的训练。精神熏陶主要介绍和学习毛利人的礼节和祷告等；社会实践注重毛利传统仪式的介绍和学习；体育训练主要是以游戏和活动的方式进行；智力培养包括毛利语言、艺术、科学、音乐和神话的学习；日常生活所需技能的训练主要包括清洁、缝补、照料儿童等。这些项目都是家庭生活的延伸，虽然不如正规学校正式，但是却得到了毛利人的积极响应。不同于一般的幼儿园充斥着大量的孩童玩具，语言巢里的孩子学习自己制作玩具，并运用这些玩具来做游戏。所有这些内容都是毛利精神与价值的体现。

毛利语言巢设立以来，取得了一系列的成就。首先表现在提升宣传毛利文化方面：越来越多的毛利儿童可以说毛利语；很多毛利父母对于自身推广毛利语言文化的能力又重新获得了信心；在提升和改善毛利人权益方面，语言巢成为有力的工具。语言巢的设立也给新西兰社会带来了微妙的变化。语言巢关注毛利语言文化所面临的危机，将分散的毛利运动联合起来共同维护毛利人的文化，将毛利基层民众的运动政治化，而且创造了有利于政治变革的条件。从这一点来看，毛利语言巢将重新界定毛利人和白人的关系。

(二) 毛利民族小学

1. 缘起背景和发展状况

语言巢的巨大成功对毛利人是极大的鼓舞，通过参与语言巢的建立和日常的管理，毛利人的参与意识、决策意识和自主意识进一步增强。语言巢的成功也使毛利人获得了建立和管理自己学校的宝贵经验。

语言巢的迅速发展也对毛利小学的建立提出了要求。语言巢每年都会培养大量的毕业生，这些毕业生必须进入到小学当中接受进一步的教育。在没有毛利民族小学的情况下，这些毕业生必须进入白人开办的公立小学。但是在这些公立小学中缺少毛利人的语言和文化氛围。学校中会说毛利语的老师也屈指可数。因此在这种环境中，对于语言巢的毕业生来说，又是一个极大的考验。原先在语言巢所习得的毛利语言可能会丧失。毛利人也强烈呼吁新西兰政府应该借鉴毛利语言巢的成功做法，在主流小学之中开办类似的小学，而不仅仅是进行某些简单的改革。

在此种形式之下，1985年第一所毛利民族小学得以建立，由于毛利人的巨大支持，民族小学发展迅速。1990年毛利小学仅有6所，1995年发展到43所，两年之后发展到54所，到目前为止全国共有毛利民族小学59所。毛利民族小学的巨大发展，深得毛利人的欢迎。前文已述及，民族小学的设立是毛利人在白人主流教育体系之外进行的改革，最初之时，毛利民族小学的发展完全依靠毛利人自己的努力，政府不提供任何的经费援助。毛利民族小学的巨大发展，也出乎政府的意料，他们再也不能坐视不管了，而且面对如此巨大的发展前景，他们也不可能让毛利民族小学游离在主流教育体系之外。1988—1989年新西兰进行了广泛的教育改革，此次改革的精神就是强调地方自治和学校分权。1990年新西兰教育部通过了《教育修正法案》，该法案承认了毛利小学的合法地位并且政府承诺给予一定的经费支持。从此民族小学也成为新西兰国民教育制度的一部分。

2. 设立的目的与管理原则

毛利民族小学是毛利人为自己设立的学校，在这种学校里所有的科目除英语之外都用毛利语教授。这种学校设立的目的就是培养毛利学生的双语能力，适应两种文化的能力，让他们精通毛利语和英语，精通白人文化和毛利文化，培养面向新世纪的综合型人才，同时借以保存毛利语言和文化。

毛利民族小学的日常管理同语言巢一样，强调自主性、地方性、社区和家长的参与。毛利民族小学日常运营的原则如下：

(1) 相对自治原则

这一原则的目的旨在让毛利人掌握自己的命运和文化财产。在毛利小学里，毛利人对于日常的行政管理和人事任免都有自主决定权。同时，毛利社区也支持学校进行课程和教学方面的改革以使他们更好地服务于毛利人的需要。

(2) 毛利文化原则

在毛利小学里，毛利人能够真正认识到自己是毛利人，并为此感到自豪，不会产生"我是谁"的困惑。在学校里，毛利语言、知识、文化和价值都被合法化，不会受到同伴的歧视。在这里，毛利学生的文化诉求得到满足，并且可以激发毛利人的自尊心。

(3) 协同学习原则

这一原则要求教学的情境和实践应该紧密相连，不仅如此，这种情境和实践一定要反映多元文化的需要。按照此种原则，学习的场所就不一定局限在课堂范围之内，毛利会堂、山野、海边，只要有现实的需要，这些都可以成为教学的场所。

(4) 集体性原则

毛利家长和父母通过参与民族小学的各项活动可以培养他们的参与意识。虽然这些家长在他们的学生时代曾经遭受了白人同化的不公正待遇，但通过积极参与到毛利小学的各项工作，他们的责任感和权利意识都会得到加强，他们的集体意识得到增强。毋庸置疑，这一点对于改善他们社会经济不利的地位具有非常重要的启发和引导作用。

(5) 社区性原则

社区与学校密切相关，形成一个有机的网络。社区即学校，学校即社区。在这种环境之下，可以使学校、社区的教育功能达到最大化。社区的每一个成员，可能都会成为老师。他们尽自己的义务来对孩子实行教育。孩子在这种更为宽泛的环境中，也深切体会到社区的存在，服从社区的规定。

（6）民族观点原则

毛利民族小学的设立并不是固步自封、与世隔绝，搞毛利复古运动。同正规的学校一样，毛利民族小学的日常授课也有统一的教学大纲。但是，不同于主流白人学校，毛利民族小学的日常教学活动带有浓厚的毛利色彩，也不排斥白人文化的教授和指导，丝毫不带有排斥和同化的色彩。在毛利民族小学里，教师用毛利语来教授现代的技能，旨在把孩童培养成精通两种文化、两种语言和现代技能的新型人才。

3. 教学实务介绍

毛利民族小学一般都设置在都市地区，或者由几个毛利社区联合举办。毛利小学的招生对象大多是语言巢的毕业生。同时也包括生活在都市当中可以说毛利语的毛利儿童。学校的教学时间仿照白人学校执行，一般是每天的早9点到下午3点，周六周日休息。但是为了让这些毛利儿童更好地感受毛利民族的风俗习惯，有的时候学校可能会留学生在学校里过夜，让他们第二天早早起床学习，这是因为毛利人素来就有早起的习惯，认为早晨是学习的最好时间。

毛利小学开设的课程有英语、毛利语、数学、艺术、社会等等。除了英语之外，所有的课程都用毛利语教授。从这些课程的设置，我们可以看得出来，毛利小学对教师的要求是比较高的。在毛利小学任职，除了具备一定的专业知识之外，教师必须精通英语和毛利语，而且教师还必须拥有一定的教育教学知识。在新西兰的社会中，这种人才是比较缺乏的。但是毛利民族小学的发展已经势不可挡，因此新西兰的一些高校纷纷致力于毛利民族小学的师资培养，并且编纂毛利小学的教材。

（三）毛利民族中学

第一所毛利民族中学成立于1993年，发展比较快，到1997

年新西兰全国共有4所民族中学。毛利民族中学一般不单独设置，主要是在毛利民族小学发展的基础上设立。每年都有一些毛利民族小学向教育部提出申请，要求设置中学阶段的教育。教育部会对这些申请进行审查，对于实力比较雄厚的民族小学，政府可以授权他们设立民族中学。对于毛利民族小学或者其他的毛利语言学校毕业的学生来说，如果他们想继续通过毛利语来接受教育的话，就可以进入到毛利民族中学求学。

毛利民族中学开设的课程同其他的新西兰国立中学差不多。学生毕业后，成绩合格会得到国家的认可，并且获得等级资格证书。所不同的是，同语言巢和毛利民族小学一样，毛利民族中学带有浓厚的毛利民族色彩，倡导用毛利语教学。民族中学开设的课程如下：

毛利语：通过毛利语的学习可以培养和锻炼学生良好的阅读能力。对于主要以毛利语为授课语言的毛利民族中学而言，这种能力可以说是进行其他课程学习的基础。对于毛利语的掌握情况，也是政府进行评估的重要项目。

保健和体育课程：绝大多数的毛利民族中学会提供保健和体育课程，来增强学生的体质。对于高年级的同学来说，他们还要达到一定的标准，这是考核学生的一项重要内容。这一点类似于我国广泛实行的学生体育达标的做法。

社会：学生在10岁之前必须学习综合的社会科学。10岁以后，他们可以选择学习历史、社会、文学、教育等等社会科学，当然他们也可以进行多种选择。

数学：自然科学的学习专注于三个主要领域：代数、几何和统计。学生必须具有一定的计算能力，然后才能进一步学习。因此在大多数毛利民族中学里面，数学是比较重要的科目。

科学：科学知识的学习也是毛利民族中学的重要内容。它不仅是评价学生成功与否的重要依据，而且这可能和以后学生到大学深造和谋取职业有很大关系。同时，科学知识的掌握也对毛利社区具有积极的作用，它可以改进诸如社区的管理等等问题。

艺术：这包括雕刻、编织、纹身等等。低年级的同学必须学习艺术课程，到了高年级学生可以自己选择课程。但是并不是所有的毛利民族中学都向高年级学生提供可以选修的艺术课程。

技术：民族中学的学生对于技术的掌握程度也是国家评估的一项重要内容，不仅如此，有的民族中学还制定了自己的评估标准。为了满足学生的需要，一些学校设立多种技术课程来供学生选择。

毛利民族中学的建立和发展是语言巢、毛利民族小学不断发展壮大的结果。如果说语言巢和毛利民族小学所担负的重要任务是保存毛利语言文化的话，毛利民族中学的主要任务则是发展和发扬毛利语言文化。民族中学是毛利大学的主要生源，从这个意义上看，毛利民族中学为毛利人储备了大量的人才。

（四）毛利民族大学

毛利大学是根据1989年的教育法案成立的。第一所毛利大学成立于1993年，到目前为止全国共有3所毛利大学，分别是Te Wānanga o Aotearoa、Te Whare Wananga o Awanuiarangi 和 Te Wānanga o Raukawa。在新西兰，Wānanga 同综合性大学、教育学院、理工学院等一样，都是进行高等教育的机构，但是它主要针对毛利人实行高等教育。Te Wānanga o Aotearoa 是这3所当中最大的，在新西兰80多个城市和地区设有教学点，这些教学点大多集中在北岛地区。Te Whare Wananga o Awanuiarangi 在全国设立了4个分校。自从毛利大学设立以来，学校发展比较迅速。1994年3所高校有279名学生，1995年则发展到509名学生，主要是毛利人，学校完全采用毛利语教学，并且注重毛利文化和毛利观点的传输，开展针对毛利语言、文化、社区等的科研项目。按照1989年法案的规定，毛利大学成立的目的是：通过日常的教学和科研维护、保存和传播毛利文化、知识和价值观，在此基础上来探究毛利土著知识的实际应用，培养学生独立的思维品质。毛利大学的课程设置除了重视毛利文化价值的教育和传授之外，也重视现代技能的学习，诸如计算机和信息技术等等。同时毛利大学非常重视英语的学习。为了满足毛利学生的不同需要，这三所毛利大学都提供从初级到中级和高级的课程。初级课程合格后，学生可以获得一定的资格证书，类似于我国的职业资格认证。中级课程的毕业生可以获得毕业证书，如果想获得学士、硕士或者博士学位，则需要进一步学习高级课程。这种课程设置可以最大程度地满足毛利学生的要求，受到毛利人的普遍欢迎。

毛利大学也开展一些关于毛利人自身的研究项目。不同于以往白人所做的研究项目，毛利大学开展的这些研究项目能够充分反应毛利人的利益和追求。因为这些项目的制定和实施者都是毛利人，而不是白人或者其他人。白人针对毛利人所进行的一些科研项目大都是处于自身利益的考虑，对于毛利人民政治和经济生活的改善很难有作用。毛利大学所进行的这方面研究却发挥了非常重要的作用。受到长期同化政策的影响，在土著科研当中始终存在着一定的殖民化程度。在这种情景之下，土著人更多的是试验的对象，却不是受益者。虽然他们也想改变这种状况，但是由于缺乏教育和科研的决定权，他们很难从根本上改变现状。毛利大学的设立对于扭转土著研究中的殖民化倾向具有非常重要的作用。毛利大学的这种抵制殖民化的倾向对于毛利人和世界各国的原住民具有重要的借鉴意义。

六、结论

（一）毛利语言复兴的成功经验

毛利语言文化复兴的巨大成就，赢得了世界各国特别是一些多民族国家的重视，也引起了学界人士的高度关注。毛利人因为复兴自己语言文化所取得的巨大成就，被人们称为"世界原住民语言文化复兴的先驱与典范"。每年有大批学界、政界人士前往新西兰进行考察，学习毛利语言文化复兴的成功经验，因为在世界上原住民语言文化的濒危问题带有一定的普遍性。在这个问题上，一些多民族国家都面临严重地考验。与此同时，毛利人的巨大成功也使得其他国家的原住民逐渐觉醒，他们也逐渐自觉，给政府施加压力，要求保护本民族的语言文化和传统遗产，尊重他们的信仰等等。毛利语言文化的成功复兴，笔者认为主要有以下几点经验：

1. 从本民族的自觉开始，培养民族自我认同感

正如本文开始所言，弱势民族的语言文化在面临强势语言文化的冲击之下，往往变得迷失。这些弱势民族在与主流文化的交流过程中逐渐丧失自身的语言文化特色，为了更好地融入到由主流文化所界定的社会范围内，他们往往不得不做出牺牲。上文曾经说过，毛利语言巢初创时期，很多年轻的毛利家长便不理解。他们认为让自己的孩子接受白人的教育，这样可帮助孩子更好地进入白人社会，更有利于孩子未来的发展。可怜天下父母心，我们不应该过多地指责父母的这种做法。但是，如果真是在强势文化面前失掉自己的尊严，完全融入到强势文化当中，从长远来看，应该是不利于本民族和世界文化的发展。费孝通老先生主张"文化大观园"和"文化马赛克"，旨在强调文化的多样性对于社会发展的需要。人类文化的发展是在不同文化的相互交流、接触过程中实现的。从这个方面来说，保障文化的多样性无疑是文化变迁、发展的一个前提。因此，在对待强势文化的问题上，弱势文化既要"拿来"，还要"送去"，不能够丧失自我。毛利语言文化复兴成功的一个很大原因，便是毛利人的自觉。这一自觉的结果便是"毛利哲学与原则"的产生。这种哲学与原则其实

就是毛利人传统价值观的延伸。在遭受白人的长期同化之后,毛利人渐渐忽略了这个他们世世代代都信守的观念,其结局便是导致毛利语言和文化的很快衰亡,毛利人本身也变得迷茫了,失掉了自己的身份认同。在长时期的彷徨之后,毛利人终于梦醒,他们传统的价值规则才真正是他们生活的支柱。有了这种自觉,他们才走出了困惑。没有本民族的自觉,语言文化的复兴便无从谈起。这就好比人的行动总是在一定思想指导下进行,没有一定的思想指导,行动无从谈起。如果有的话,也只能是蛮干。

2. 从儿童抓起,然后逐渐深入

在自己的哲学与原则指导下,为了复兴本民族的语言和文化,毛利人创立了自己的一套从学前教育到高等教育完整的教育体系。在这一教育体系中,最为引人注目的便是毛利人创立的学前教育机构——语言巢。毛利人的语言文化复兴也是首先从儿童开始的。当母语真正成为儿童未来社会化过程一部分的时候,这就是语言文化复兴的先兆或者端倪。儿童是未来的希望,原住民语言文化的保存和复兴应该从幼儿抓起,应该从学前教育机构开始。然后,逐渐深入到小学、中学甚至大学,层层深入,循序渐进。同时这些学校的设置,应该做到谨慎规划,争取社区和家长的广泛支持。学校设立的同时一系列的教学资源等等也应该得到保证。

3. 运用法治手段,寻求制度保护

1987年新西兰政府通过了《毛利语言法案》,该法案规定:毛利语同英语一样也是新西兰的官方语言;任何人都有权利在法律程序中使用毛利语言;同时该法案规定成立毛利语言委员会来推动毛利语言的发展。虽然毛利人自己设立的教育体系,一开始不被政府认可,但是毛利人通过不懈地努力,终于促使政府通过教育法案确认了毛利人教育体系的法律地位,并将其纳入到新西兰的国民教育体系中,这非常有利于毛利教育获得政府经费的资助和进一步地发展。新西兰政府还规定了新西兰是毛利人和白人两种文化、两个民族的国家。通过这些法律的规定，毛利人的语言复兴有了法律保障和依据。有了这些保障和依据，毛利人的活动就有章可循，有法可依，在最大限度上争取自己利益最大化。

4. 注重家庭和社区的作用

毛利人除了争取母语地位的提升，追求制度的支持之外，还强调建立家庭、社区的母语环境。就母语保存而言，家庭、社区在母语保存和传承方面最为重要。因此，毛利语言除了向上追求语言权的法令保障外，也往下扎根，以防止毛利语言在家庭、社区流失，确保毛利语言的家庭、社区功能。这一点具有非常重要的意义，母语运动不能把所有的心思都放在追求政府的法律保障，而忘了日常生活的母语使用。只有这样，原住民语言才能真正具有活力。

（二）有益的借鉴

毛利文化从濒临灭亡到初步实现复兴的曲折历程，对任何一个致力于建设多元文化的多民族国家都提供了有意义的借鉴。上文已经述及，我国少数民族的语言文化保护和发展工作必须引起高度的重视。审视毛利民族从当初面临的困惑到逐渐自觉，以至于实现本民族语言文化复兴的道路，无论是对我国的各个少数民族，还是对政府决策制定者，都具有重要的指导意义。虽然我国与新西兰的国情迥异，透过这些不同，我们仍然可以发现某些共性的东西为我所用。我国政府已经组织过人员前往新西兰进行考察和学习，取得了不错的成绩，这种做法以后还应该坚持下去。结合我们国家的具体国情，我认为从以下几个方面我们还可以做一些有意义的尝试。

1. 改善少数民族地区办学条件和质量

民族教育是民族发展的基础和关键，也是衡量一个国家民族政策最重要的指标。民族教育落后，多民族的和谐发展也无从谈起。新中国成立以来，我们的民族教育事业取得了长足的发展：少数民族的学校数量和入学人数都有显著增长，少数民族大学生的增长速度更是惊人（见表3）。面对这样的成绩，我们也不能沾沾自喜。我国的少数民族教育还存在许多问题和不足。这表现在：少数民族在校生人数虽然年年有增长，但是学生流失现象也比较严重。交通问题和经济问题是造成这一现象的主要原因。即使在有些地区，少数民族的学校数量虽然扩充了，但是教育品质却没有得到很好地保证和提高。有的学校缺少学习和办公的基本设施，有的学校缺少师资等等。少数民族教育成就普遍偏低，而且各个民族之间教育水平差距很大。1990年的全国人口普查显示，全国12岁以上的文盲、半文盲率平均为22.21%，但是少数民族的这一比例是34%，明显高于汉族。有的少数民族的文盲率更是高达60%以上，有的少数民族例如满族、朝鲜族等等文盲率则低于10%，差距是很明显的。2000年，第五次全国人口普查的结果显示中国总人口文盲率虽然下降到7%，但在各个地区文盲率的水平存在显著差异。华北和东北地区的文盲率较低，绝大多数省份都在5%以下，而西南和西北地区的文盲率却较高，西藏的文盲率甚至于在32.50%左右。其他如青海、甘肃、宁夏、贵州、云南、安徽的文盲率都在10%以上。很明显，文盲率较高的地区大多是少数民族聚居的地区。[①] 因此我国的民族教育事业还有待进一步地完善和提高。改善民族教育的基础设施，加大投入的力度，缩小民族间的教育差距……所有这些都是今后我们应该努力的方向。

---

① http://www.china.com.cn/chinese/society/89666

表3 高校各类少数民族学生发展情况①

单位：万人

学生类别	年代	全国总数	少数民族学生数量	少数民族学生所占比率
博士	2004	16.56	0.65	3.95
	2005	19.13	0.72	3.78
	2006	20.80	0.89	4.26
硕士	2004	65.43	2.64	4.04
	2005	78.73	3.47	4.41
	2006	89.66	4.25	4.74
普通本、专科	2004	1333.50	77.43	5.81
	2005	1561.78	95.32	6.10
	2006	1738.84	107.55	6.19

2. 实现汉文化与少数民族文化之平衡发展

毛利人的文化受到《怀唐伊条约》的保障，虽然条约签订之初新西兰政府没有很好地执行条约的内容，但是经过毛利人的长期努力，毛利人民最终使条约规定的内容得以执行。上下几千年的华夏文化是由汉族和各个少数民族兄弟姐妹共同创造的。在这个统一的华夏文化之下，我们可以划分出许多的子文化，比如汉文化、满文化等等。我们不能因为一个华夏文化，而忽略各个少数民族文化的特殊性。应该看到，每个少数民族文化都各有其特点，对于他们的文化必须予以尊重。目前我们正在进行西部大开发，中西部地区是我国少数民族聚居的地区，我们在进行经济大开发的同时，也不能忽略了对少数民族文化价值的开发，切忌在开发的过程当中，只要经济不要文化，更不能以经济开发为借口来破坏他们的文化。

---

① 数据来源：中华人民共和国教育部 http://www.moe.gov.cn

3. 动静结合，加强少数民族语言文化的保护工作

语言文化的保护可以划分为动态保护和静态保护。动态保护就是创造这种

语言文化生存的环境，使该种语言文化可以生存和发展下去。静态保护则是利用录像、文字记录等现代化的手段来记录和保存一种语言文化的生成过程，然后保存在博物馆等机构。从以上定义我们可以看出，对文化遗产等实行动态保护可以说是最为理想的状态，但是这种保护实施的难度非常大。相比较而言，静态保护的可行性比较高。鉴于我国民族文化的多元性，对于不同语言文化面临的问题我们可以灵活地采取这两种措施。能实行动态保护的就实行动态保护，不能实行动态保护的就实行静态保护。动静结合，双管齐下。

4. 切实贯彻和落实尊重、发展少数民族语言文字的政策与措施

在当今世界，多元文化的观点已经深入人心。对于多民族国家来说，多元

文化政策的实施可以最大程度地团结区域内的各个少数民族，有利于国家的繁荣。尊重和发展少数民族语言文字是我国民族政策的一个重要方面，也是我们党的一贯措施。我们党的一些领导人都十分重视这项工作。周恩来同志主持国务院工作的时候，就十分重视少数民族语言文字的保护和发展工作。他曾经不止一次地提出要了解、尊重和发展少数民族的语言文化。他敦促在少数民族地区工作的汉族干部学习少数民族语言，倡议开办少数民族广播，出版少数民族语言刊物，还指导少数民族进行语言文字改革。周恩来同志倡导的这些措施已经成为我国保护和发展少数民族语言文字政策的重要内容和措施。这些政策虽然是周恩来同志在20世纪六七十年代提出的，但是仍然对我们现实的民族工作具有重要的指导意义。在我国，少数民族大多分布在祖国

的边疆地区，少数民族安定与否直接关系到我们国家的安定和团结。语言文字作为一个民族的重要特征，是联结民族情感的重要纽带。从这个意义上讲，是否尊重我国少数民族语言文字是一个重大的政治问题，同时也是一个任重而道远的问题。

5. 强化三级课程体系，注重民族课程开发

国家、地方、校本三级课程体制的实施在我国已经有一段时间了。三级课程体制实施以来，地方和校本课程得到了一定的重视，但是基本上还是国家课程一统天下，课程设置强调统一性，搞"一刀切"。这种状况在东部沿海地区是这样，在西部民族聚居地区更是如此。这对于民族语言文化遗产的保存和发展是不利的。课程设置应该体现多元文化的特点，尊重少数民族的文化遗产。在少数民族聚居的地区要制定民族特色的地方课程甚至校本课程。国家也应该做到统一和灵活的结合，不能搞"一刀切"。强调课程的民族特色，在课程中加入少数民族文化的内容，这也是教育公平和教育民主的要求。

6. 适当发展小班授课的寄宿制学校

上文已经提及，毛利语言巢的规模大都比较小，每个语言巢大多由20个儿童组成，基本上都是小班授课。小班授课集班级授课和个别教学的优点于一身，是比较理想的授课形式。寄宿制学校可以解决交通不便带来的上学难问题，同时还可以解决家长的许多难题。我国少数民族人口数量较少，同时分布比较广泛。结合以上的分析，小班授课的寄宿制学校对少数民族地区来说可以说是比较理想的选择。在这种学校里，学生可以得到最大的利益，他们可以得到老师的精心呵护，可以自由与同伴交流，不会遭受来自不同文化背景人的鄙视或者奚落。在这种环境里成长起来的学生身心健康，具有强烈的自我身份认同和对本民族文化的认同，这对于民族语言文化的保存、提高民族地区学生的学业成就具有非常重要的意义。

参考文献

[1] 王素华：《新西兰社会与文化》，武汉大学出版社，2007年。

[2] 张秋生：《新西兰毛利人的历史与现状》，载《世界民族》，1996年。

[3] 张强：《新西兰少数民族教育》，载《中国民族教育》，2001年。

[4] 李桂南：《新西兰语言政策研究》，载《外国语》，2001年。

[5] 付继华：《新西兰毛利语的发展与现状》，载《四川师范学院学报》（哲学社会科学版），1996年。

[6] 顾明远：《中国教育的文化基础》，山西教育出版社，2003年。

[7] 王鉴、万明钢：《多元文化主义教育比较研究》，民族出版社，2006年。

[8] 腾星：《族群、文化与教育》，民族出版社，2002年。

[9] 张建成编：《多元文化教育：我们的课题和别人的经验》，师大书苑有限公司，2000年。

[10] 张应强：《文化视野中的高等教育》，南京师范大学出版社，1999年。

[11] 涂又光：《中国高等教育史论》，湖北教育出版社，1997年。

[12] 谭光鼎：《台湾原住民教育——废墟与重建》，师大书苑有限公司，2000年。

[13] 缪家福：《全球化与民族文化多样性》，人民出版社，2005年。

[14] 阮西湖、郝时远：《当代世界民族问题与民族政策》，四川民族出版社，1994年。

[15] 阮西湖：《20世纪后半叶世界民族关系探析》，民族出版社，2004年。

[16] 钱穆：《中国文化史导论》，商务印书馆，1994年。

[17] 王军、董艳编：《民族文化传承与教育》，中央民族大学出版社，2007年。

[18] 许宪隆编：《民族文化发展与保护研究》，民族出版社，2007年。

[19] 孙宏开：《关于濒危语言问题》，中国民族语言学会和民族语文杂志社联合举办的"关于我国濒危语言问题研讨会"论文，2000年。

[20] 张公瑾：《濒危语言与文化生态》，中国民族语言学会和民族语文杂志社联合举办的"关于我国濒危语言问题研讨会"论文，2000年。

[21] 普忠良：《我国濒危语言问题研究综述》，载《中国民族语言学会通讯》，2000年第3-4期。

[22] 谭光鼎：《原住民语言文化复兴——毛利人幼儿养护所经验的探讨》，载《内蒙古师范大学学报》（教育科学版），2004年第10期。

[23] Huia Tomlins - Jahnke. From the Inside Out: An Indigenous Approach to Research School of Maori Studies, Massey University, New Zealand. AERA San Francisco.

[24] James Marshall, Eve Coxon, Kuni Jenkins, Alison Jones. Politics, Policy, Pedagogy: Education in Aotearoa/New Zealand. Dunmore Press Limited, New Zealand.

[25] Educational Perspectives Volume 37, Number 1, 2004 Journal of the College of Education, University of Hawaií at Manoa.

[26] Marginalisation, Special Supplement 2006 Alternative, University of Auckland, New Zealand.

[27] Russell Bishop, Ted Glynn. Culture Counts: Changing Power Relations in Education, Dunmore Press 1999.

[28] Verna J. Kirkness. Aboriginal Languages: A Collection of Talks and Papers. Printed in Canada 2nd Printing, 1998.

[29] Linda Tuhiwai Smith. Decolonizing Methodologie: Reserch and Peoples. University of Otago Press, Dunedin, 1999.

[30] John W. Friesen, Virginia Lyons Friesen. First Nations in the Twenty-First Century: Contemporary Educational Frontiers. Detselig Enterprises Ltd Canada, 2000.

[31] www.teara.govt.nz/NewZealanders/MaoriNewZealanders/Hawaiki/en

[32] http://www.china.com.cn/chinese/society/89666.htm

[33] http://en.wikipedia.org

[34] http://www.teara.govt.nz

[35] http://www.knowledge-basket.co.nz

[36] http://www.tki.nz

[37] http://www.govt.zn/edu/maori/funding

[38] http://www.stats.govt.nz

[39] http://www.minedu.govt.nz/

[40] http://www.dia.govt.nz

(本文第一作者为袁同凯博士，现为南开大学周恩来政府管理学院社会学系副教授，此文刊登于《民族教育研究》，2007年第4期，第5-14页。)

论学校民族志的研究取向
——对少数民族儿童学业成功与失败原因的理论探讨

我国是一个统一的多民族国家，汉族人口居多，占总人口的91.59%，其余55个少数民族人口仅占总人口的8.41%。1949年以来，在党和政府的关心和支持下，少数民族各级各类教育有了很大的发展。到2005年底，我国普通高校、普通中学的少数民族在校生已分别达到99.52万人和648.75万人，普通小学少数民族在校生达到1078.07万人。尽管如此，少数民族学校教育发展与全国的总体水平相比，民族地区学校教育发展与内地相比，仍存在较大差距；少数民族学校教育质量、少数民族学生的学业成就总体而言，还相对落后。为此，有必要从理论上予以解释和探讨。他山之石，可以攻玉，本文对国外关于少数民族学业成就的理论进行论述，以便深入思考我国民族教育改革与实践中存在的问题。

早在20世纪初期，Hewett、Boas、Malinowski等著名人类学家已开始涉猎少数民族学校教育方面的研究，但当时除Hewett等少数学者外，其他人还没有把少数民族学校教育作为专项来研究。到了20世纪50-60年代之后，教育人类学界才开始真正关注学校教育中的非主流群体，即下层阶级、少数民族和移民儿童的学校教育问题。有关这方面的研究成果极为丰富，因篇幅所限，本文仅就"文化非连续性"、"文化差异与文化冲突论"、"文化-生态理论"、"民间成功理论"等影响较大的理论观点进行论述，以期与关心少数民族学校教育问题的学界同仁交流、磋商。

一、文化中断理论

在正规教育领域，人类学家发现少数民族的学校教育基本上是非连续性的、中断的，因而具有消极意义。早期人类学家把低层阶级儿童、移民儿童和非西方国家的儿童的不均衡性学业失败归咎于社会或文化的这种或那种非连续性。Hewett 是最早探讨少数民族学校教育的学者之一。他在"教育中的种族因素"一文中指出，美国之所以产生各种移民、美籍印第安人和菲律宾土著人的教育问题，主要是由于主流学校强迫他们学习所谓"更高级的"美国文化所致。[1]因此，他提议学校应当尽力了解这些弱势群体的文化背景，为他们提供多元文化教育。Boas 在分析了体质和文化人类学研究资料后认为，少数民族儿童学业成绩的差异应归因于文化的差异而不是生物或地理条件的差异。Malinowski 指出非洲黑人学业成绩普遍低下，是因为他们所进的是很低劣的学校造成的。按照这种功能主义观点，马林诺夫斯基认为应将本民族的文化传统纳入学校教育之中。

直至 20 世纪 60 年代初，关于地位低下的少数民族遗传基因和文化落后的理论一直主导着教育学界。一些从事少数民族学校教育的学者针对少数民族和低层阶级中的不均衡性学业失败现象，声称弱势族群在学业上失败是因为他们的遗传智商不如强势族群的智商高。如 Jensen 就认为，美国黑人之所以在学业上不如美国白人是因为他们没有白人那么高的"智力"（intelligence）。[2]但这种基于基因差异的理论却无法解释为什么同一个族群在不同的社会环境中会取得不同的学业成就。① 随其之后，

---

① 这全然是一种民族中心主义的观点。根据 2005 年 9 月 2 日出版的《自然》杂志报道，人类和黑猩猩仅有 4% 的基因是不同的，而不同人种之间的差异可以说微乎其微。

部分人类学家提出了文化非连续性理论，认为少数民族儿童学业失败并不是因为他们在某些方面落后，而是因为主流学校是为上层和中层阶级设立的，完全忽略了少数民族的文化及他们的实际需求。著名教育人类学家 Spindler 指出，在许多非西方人中，学校是一种非连续性的机构，主要教授外来的价值观，并把儿童吸收到那种还没出现的社会制度中，使弱势族群的儿童完全脱离其生活环境，在一个与他们的传统社区文化差异很大的社会环境中学习他们十分陌生的知识。[3] Valentine 也认为，少数民族和低层阶级有着能在劣境中生存的文化，他们的孩子在学校中之所以失败，可能是因为学校没有使用他们的文化来教学、学习和考试的缘故，从而提出"文化非连续性"作为少数民族学生学业失败问题的替代性解释。[4]

Foster 总结了教育人类学界有关文化一致性和文化非连续性的问题。他认为这一领域主要关注的是学校与儿童接受初等教育的社区之间的关系，重点分析文化价值、实践和儿童在家庭养成并带入学校的表述方式与学校表述方式之间的差异。[5] 这方面的讨论起始于 20 世纪 60 年代心理学家有关文化匮乏理论（cultural deficit theory）。[6] 这一理论认为一些群体一直贫困是因为其代代相传的文化病态（cultural pathologies）、匮乏（deficiencies）、和缺失（defects）所致，这些儿童由于其父母、家庭和社区没有为他们提供主流学校所期望的那种生活经历而在文化上缺失素养。Leacock 的 The culture of poverty：A critique（《文化的贫困：批评的观点》）即为这方面具有典型性的民族志研究。[7] 持这种观念的学者注意到，弱势族群儿童求学是以脱离他们自己的文化环境为前提的，经受了文化与心理上的痛苦断裂。也就是说，弱势族群的家庭环境与期望他们子女接受主流族群价值观念的学校环境之间的文化断裂，是造成弱势族群儿童学业成就普遍低下的根本原因。

但近期的学校民族志研究发现，"文化非连续性"虽然能够以当地人的观点来审视当地人的文化，部分地解释弱势族群儿童学业失败的原因，但却不能说明同样在文化和语言上都与主流社会有差异的少数民族族群，为什么有些少数民族儿童在学业上会成功。[8][9][10]也就是说，这种现象不是对所有的弱势族群都产生不利影响而仅仅影响了部分族群，譬如，美国黑人和美籍亚洲人都面临文化非连续性的问题，在文化上都与美国主流社会之间存在着差异，但只有美国黑人在学校中受到不利影响。[11]再如，在美国西南部的土著印第安人的语言和文化与主流族群的语言和文化差异很大，但他们却能取得比那些在文化上已经部分地适应了主流族群文化的儿童更好的学业成就。[12][13][14]为此，Ogbu指出，少数民族不同的历史经历及其对主流社会的态度是影响他们学业成绩的重要因素。他认为，从比较的观点看，传统的学校教育研究有如下不足之处："第一，这些民族志忽视了激励或抑制少数民族儿童学习的历史和更为宽广的社会因素；第二，没有关注一个群体学校教育的集体取向；第三，忽视了少数民族自己对现实生活中的学校教育的意义的理解。"[15]因此，他批评传统学校民族志不是从少数民族自身的角度而是以主流社会的价值观、透过研究者自己的"文化镜片"去品评少数民族的学业成败。

二、文化差异与冲突论

早期人类学家如Mead、Du Bois、Benedict等对不同族群的社会化和文化传承过程十分重视。20世纪60年代后期，教育人类学家开始关注少数民族学业失败率偏高的现象。教育人类学者发现，在主流学校文化和少数民族传统文化之间有着断裂、冲突和不协调的现象。

从20世纪70年代起，人类学家开始做多元族群学校和社区的学校民族志研究，强调使用"文化差异"（cultural difference）

而不是"文化匮乏"（cultural deficit）或"智力低下"来解释少数民族儿童学业失败的根源。在这之前，教育界有相当一部分学者认为，"地位低下的弱势族群儿童学业失败主要是因为他们的文化落后和遗传基因等方面的原因所致。"[16]此类研究明显带有民族中心主义倾向，反映了强势族群文化对弱势族群文化的歧视与偏见。这一倾向的出现并非偶然，是殖民与内部殖民的必然结果。当时有资历从事学校教育研究的学者大都来自主流社会，他们从事异文化研究时，难免会透过"文化的镜片"来观察"落后"的、与都市文化截然不同的文化现象，也就难免得出"within - child deficit"之类的荒谬学说，①认为少数民族学校教学的失败主要是儿童智商低下或文化落后等自身因素造成的，而不去考虑儿童所在的社会环境的影响。"文化非连续性"说和"文化差异"论正是基于对此学说批评的基础上提出来的。持这种观点的学者严厉地批评了那些使教育过程完全脱离其社会文化背景的做法，认为文化是人们的生活方式，不应有高低优劣之分。对于任何一种文化，只有将其置于特定的社会环境中才有可能领悟它的真正含义，弱势族群儿童学业上的失败是因学校强求他们学习主流文化导致的。

Kimball 对美国都市贫民区学校教育的研究即从弱势族群儿童家庭的社会与经济地位、族群价值取向、师生认知差异、个人成就动机、社会阶层以及主流族群对弱势族群的偏见等方面分析了弱势族群儿童失学率偏高的原因。[17]另一些学者如 Labov、

---

① 这个假说认为学校教育的失败是儿童自身的因素造成的，如低智商等，而不去考虑儿童所在的整体环境的影响。与其相对立的学说"ethnography - close - up"则认为要理解弱势群体学校教育失败的原因，民族志学者必须到行为发生的文化场景中进行研究，否则就会得出荒谬的结论。详见 Trueba, H. T., George and Louis Spindler, eds. 1989 What Do Anthropologist Have to Say about Dropouts? p, 1. New York: Falmer Press.

Hymes 和 Philips 等认为"语言是造成差异的文化差异。"[18]他们通过民族志方法把语言行为的性质和功能置于文化情境之中进行分析，探讨在特殊的场合下语言行为是如何建构和阐释文化意愿与认同的。社会语言学家（Cazden 等）在人类学研究的基础上强调价值观取向和学习模式反面的文化差异。[19]Trueba 在 Success or Failure, Learning and the Language Minority Student（《成功还是失败》）一书中认为，从文化理论来看，弱势族群儿童之所以在主流学校容易遭到失败，是因为他们和主流文化的认知方式和沟通模式都存在差异之故，这种差异使他们难以成功地适应主流文化的教学，而主流学校也没有主动地去包容他们与主流文化之间的差异。[20]Levinson 和 Holland 指出，文化差异理论纠正了基因劣等说和文化匮乏说的偏差，但他也有所偏颇。他忽略了社会和历史的力量也会在学校复制文化差异，同时他也忽视了沟通模式、认知符码等都是精英团体的文化，这些向来是在权力关系下产生的。[21]Philips 研究了美国土著印第安儿童与美国主流社会儿童的语言表述模式，提出了在文化上具有差异性的课堂参与结构模式。这种课堂语言表述模式反映了主流学校使用的表述模式，其特点是以教师为中心，而印第安社区的表述模式则以大家共同参与为特征，这必然会影响印第安儿童在课堂上的参与程度。[22]McDermott 和 Gumperz（1972）也从语言表述的角度分析了弱势族群儿童在学习中遇到的问题，认为由于学生在其社区中所习得的语言表述方式与学校所期望的交往习惯之间的差异，他们无论在日常会话、阅读还是写作上，往往被误解，受到教师的否定评价，严重地挫伤了他们的学习积极性，最终致使他们产生厌学情绪。[23][24]

20 世纪 80 年代后，教育人类学者 Ogbu 批评教育人类学界过于强调教室里教师与学生之间的互动或他称之为"微观民族志"的研究，而忽视了更为宽广的历史与社区背景的研究。[25]鉴于此，他提倡一种更为"宏观"的学校民族志研究，这种民族志研究是多层次的，根植于历史和生态的文化观念之中。1987年，他对文化差异论提出了质疑：如果表述和互动的模式如此重要，为什么有些少数民族（如美籍华人）在文化和语言上都有障碍却能在学业上比其他少数民族（如美籍摩西哥、印第安人）成功。他的研究发现，只有在一定的历史条件下，家庭文化与主流学校文化才会凸现出来。[26]

在更为宽泛的意义上，Ogbu 对微观民族志分析的批评与近期一些后现代派对一般民族志实践的批评有异曲同工之处。这些学者认为，民族志研究不能脱离社会历史而在概念上孤立地研究文化与语言行为。[27][28] Ogbu 指出，教育人类学家必须使用蕴涵少数民族历史经历的文化概念。他认为由于各少数民族的历史经历不同，在社会中所处的地位不同，必然会影响他们的学业成绩。[29] 在他看来，弱势群体如何感知他们的同化经历以及他们对待主流学校教育的态度是影响他们学业成就的关键性因素。Foley 认为，"从理论和方法论上看，Ogbu 的观点与其他学者相比更具说服力，他的民族志和理论也更具整体性、比较性，是多层次的，因而也更具解释性。"[30] 而其他学者，如 Heath 虽然在美国南卡罗来纳州一个矿区的学校研究中，涉及一些矿区历史对社区的影响，但对社区中历史民族关系的讨论却很少。[31] Philips 考察了老师与弱势儿童之间的交往与互动，却忽略了各个民族交往的历史过程，认为主体民族与少数民族之间不存在群体情感和利益冲突关系。[32] 结构主义学者 Mehan 比较关注当地人的实践推理过程，但却没有把人视为文化与社会传统的载体，不去研究这些活生生的传统如何成为建构现实生活和学业失败的具体过程。[33] 相比之下，Ogbu 的文化传统观比较强调实践者对他们族体被迫同化历史经历的心理和文化调适过程。Ogbu 所描述的是具有情感和动机的活生生的人们。很明显，一种"活生生的文化传统"

的这些层面在大多数社会语言学者和民族方法论者的微观民族志中是找不到的。

在关注文化差异的同时，一些学者开始拓展他们的研究视野，发现主流学校文化与弱势族群文化之间的冲突也是致使后者学业失败的原因，如 Heath（1983）所描述的文化冲突是指由拥有不同"语言"和"象征"资本的阶级文化所造成的语言表述模式之间的冲突。[34][35] Heath 的 What No Bedtime Story Means: Narrative Skills at Home and School（《晚上不听故事的后果：家庭与学校的叙述艺术》）可以被看做是微观民族志研究（micro-ethnographic studies）的典范著作，详细论述了语言在儿童社会化过程中的作用，以及受家庭或社区语言社会化影响的儿童与来自不同阶级和文化背景的教师之间可能产生的误解和冲突。[36] Erickson 一向强调学者应关注交际与社会语言方面的民族志研究，并主张要以多学科的方法来研究少数民族儿童学业成败的问题。他认为，Ogbu 所强调的弱势族群对于主流文化的抵制现象与 Willis 的阶级文化对抗理论如出一辙，但后者所描述的文化冲突基于种族等级和压迫。相比之下，Willis 的对抗阶级文化根植于阶级阶层和压迫，认为对抗文化是被动的、不起作用的，而 Ogbu 的文化理论则远远超越了这个局限。[37] 其他学者如 Cazden 和 Hymes、Gilmore 和 Glatthorn、Schieffelin 和 Ochs、Watson-Gegeo、Philips、Erickson 和 Schultz、Christensen 和 James 等也从不同的侧面探讨了文化与语言如何造成与激化少数民族儿童与主流学校教师之间的冲突，最终导致弱势族群儿童学业失败的根源。[38][39][40][41][42][43][44]

笔者认为，纵观教育人类学界有关文化非连续性和文化差异论的讨论，焦点主要集中于学校与儿童接受初等教育的社区之间的关系，探讨文化价值、生活实践和儿童在家庭养成并带入学校的语言表述方式与学校表述方式之间的差异。虽然近年来文化非连续性理论和文化差异论受到挑战，但他们关注弱势族群儿童在社区的生活环境所习得的传统和主流学校教育所鼓励的文化行为之间的差异和非连续性的重要性，强调儿童在心理上的断裂感，提倡学校教育应尽可能地了解弱势族群的文化背景，主张多元文化的学校教育的观点，是值得肯定的。这对我们考察国内少数民族地区的学校教育，尤其是少数民族寄宿学校教育中存在的实际问题具有一定的参考价值。

三、文化——生态理论

在探讨少数民族学业成绩低下的原因时，Ogbu 提出了"文化——生态理论"（cultural-ecological theory）。这个理论不仅关注广大的社会环境和学校机构中的各种因素，而且也注重少数民族社区内部的因素。在他看来，生态是少数民族生活的"场所"或"环境"，从宽泛的意义上说，"文化"则是少数民族观察自己的世界和行为的方式。[45]

文化——生态理论主要包括两个层面的含义：一是 Ogbu 称为制度（the system）的关于少数民族在教育政策、教学以及教育回报等方面所遭受的不公待遇或误解；二是少数民族对待主流学校教育的态度。因为一个族群如何成为和为什么会成为少数民族的历史经历，也会影响该群体对学校教育的态度。Ogbu 把这些因素称为"社区力量"（community forces）。理解制度对少数民族学业成就的影响，需要全面检视少数民族在学校教育中所面临的各种障碍。① 为了解释少数民族对主流学校教育的认识和反应，文化——生态理论强调主体民族对待少数民族的行为态度的

---

① 根据 Ogbu 的研究，这种障碍主要包括功利性歧视（如就业和工资待遇等）、交往歧视（如社交和居住隔离等）以及象征（符号）歧视（如诋毁少数民族的文化和语言等）。

影响作用。这种影响可以从少数民族应对社会问题的反应或他们解决现实问题的群体态度中体现出来（见下列图表）。针对功利性歧视、交往歧视以及象征（符号）歧视，少数民族通常发展出群体的应对策略,① 根据文化——生态理论，从少数民族在学校教育中所遭受的歧视即可看出他们在社会中所遭受的不公待遇。总体而言，这种不公待遇主要表现在三个方面，而这三个方面都会影响少数民族儿童的学业成就。其一，体现于少数民族教育政策与实践方面的歧视，如教育隔离政策、非等额的教育投资以及少数民族学校的职工安置等。其二，少数民族学生在学校和教学中的待遇，如教师对他们的期待、教师与学生的互动模式等。其三，少数民族学生毕业后在社会上的待遇，尤其是就业和工资待遇等。根据 Ogbu 的研究，他所考察过的少数民族学生都面临类似的歧视问题。

Ogbu 与 Simons 认为，社会与学校里的结构性障碍或歧视是造成少数民族儿童学业成就低下的决定性因素，但不是唯一因素。[46]因为所有少数民族儿童都面临同样的问题，但只有部分人的学业成就低下。Emihovich、Jacob 和 Jordan 等教育人类学家认为文化与语言上的差异是造成问题的关键。毋庸置疑，文化和语言上的差异的确会造成学业上的困难，但文化与语言差异说却无法解释同样是遭受歧视的少数民族，为什么有些群体会在学业上获得成功而另一些则遭受失败？Ogbu 的研究发现，少数民族儿童在学业上的差异可能与他们的社区力量之间的差异相关。对社区力量的研究实质上是考察少数民族对学校教育的认识和反应。Ogbu 和 Simons 提出构成社区力量的因素主要包括：少数民族学

---

① 如面对经济歧视，他们发展出如何"上进"或"成功"的民间理论；面对交往歧视，他们联合起来抵制主体民族和主流社会制度；针对象征歧视，他们选择了对立的文化和语言参照架构或有选择地吸收"白人文化"。

校的对比架构（如白人社区的少数民族学校）、对学校教育功利价值的信任度（如学校教育对向上流动所起的激励作用）、对学校教育的关系解释（如对学校和学校教职人员的信任度）以及对学校教育象征（符号）的信任度（如是否认为学校的课程、教学的语言等会危及少数民族的文化与语言认同）。

少数民族对社会——文化的调适一览表

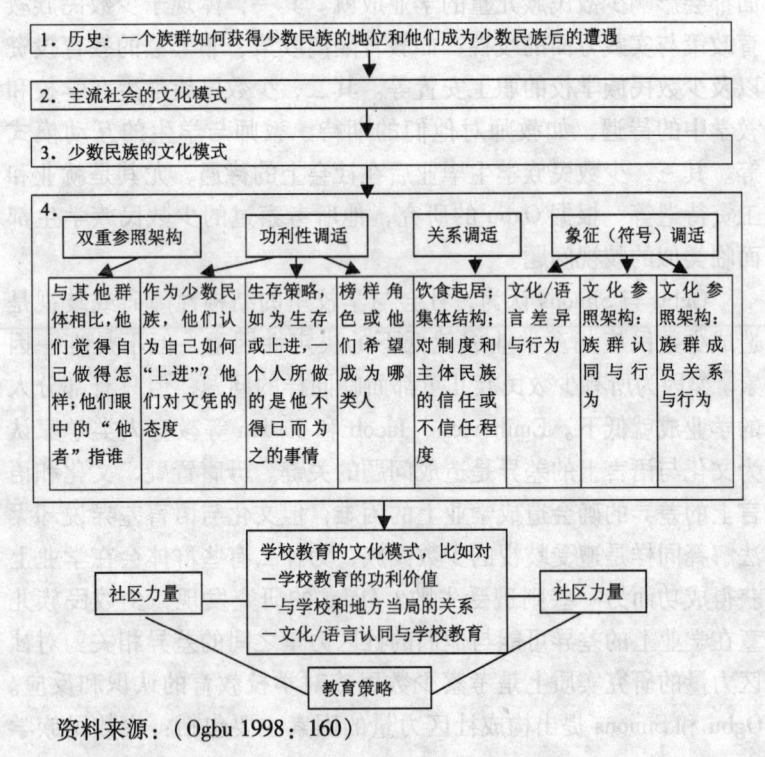

1. 历史：一个族群如何获得少数民族的地位和他们成为少数民族后的遭遇

2. 主流社会的文化模式

3. 少数民族的文化模式

4.
双重参照架构		功利性调适		关系调适		象征（符号）调适	
与其他群体相比，他们觉得自己做得怎样；他们眼中的"他者"指谁	作为少数民族，他们认为自己如何"上进"？他们对文凭的态度	生存策略，如为生存或上进，一个人所做的是他不得已而为之的事情	榜样角色或他们希望成为哪类人	饮食起居；集体结构；对制度和主体民族的信任或不信任程度	文化/语言差异与行为	文化参照架构；族群认同与行为	文化参照架构；族群成员关系与行为

学校教育的文化模式，比如对
—学校教育的功利价值
—与学校和地方当局的关系
—文化/语言认同与学校教育

社区力量　　社区力量

教育策略

资料来源：（Ogbu 1998：160）

在验证文化——生态理论时，Ogbu 又提出了一个新的分类概念，即"移民社会"（settler society），这一概念进一步强化了他的分类架构的阐释价值。[47]在移民社会里，主体民族由来自其他国家的移民组成，他们为寻求更好的经济、政治和社会地位而移民定居。如美国的主体群体白人几乎都是移民，澳大利亚、加拿大、新西兰和新加坡等也都是移民社会。这些移民社会里的主体民族在信仰和期待方面有共同点，他们相信在新的家园里他们会有更多的发展机遇，多少认同文化和语言上的"同化"。移民社会的另一个与文化——生态理论相关的特征是，在这种移民社会里至少有两种不同类型的少数民族，即因同样原因而自愿移民的主体民族和非主体的非自愿移民。

简言之，文化——生态理论强调在一个多元的社会中，弱势族群的形成经历，以及他们自己适应主流社会的态度与行为是我们理解弱势群体学业成就的关键性因素。同一个弱势族群由于所处的社会文化环境不同，可能会采取不尽相同的调适行为，而这些"社区力量"往往是造成他们学业成就低下的重要因素。学校系统被看做是一种社会机构，并与其他社会机构相联系，特别是经济机构。他认为当代社会中学校教育与对劳动力市场的参与牢固地联系在一起。例如，他曾应用"学校教育人类生态学"去考察学生、家长、教师和"纳税人"之间的相互关系，认为少数民族的低学业成绩是一种适应性对策，是儿童面临社会有限的就业机会而采取对付教师、同龄人和家长等冲突压力的那些策略的产物。[48]

四、民间成功理论

"民间成功理论"（Folk Theories of Success）是 Ogbu 在比较移民（voluntary minority）和非志愿少数民族（involuntary minority）时提炼出来的理论观点，主要用于解释不同族群学业成功与失败的原因。[49]这个理论认为，如果少数民族认为他们能通过教育获得成功，并确信主流社会能为他们提供向上流动的机会，他们便会设法克服因文化和语言而造成的各种障碍；反之，如果他们认为教育制度只会威胁或削弱他们的传统文化与族群认同，而在较广的生活范围内没有为他们提供与主流群体均等的工作、学习和就业的机会，他们就会有意识地去对抗主流学校教育。Ogbu对美国不同族群学校教育的研究发现，移民和非志愿少数民族学业成就的差异，可能并不仅限于文化、人际沟通、权力关系等问题，有部分原因可能是不同的历史经验所造成适应反应的差异。他提出一个问题：移民少数民族和非志愿少数民族的学生，虽然都面临主流社会文化与语言的藩篱，为什么前者比后者在学校表现得较为成功？他指出，移民和非志愿移民少数民族的学校经验成败和历史经历有所不同。自愿移民如亚裔是因为相信移民可以带来更好的政治、经济和生活机遇，因此他们凭着这种期望来回应他们在主流社会上受到的各种不幸遭遇。而非志愿移民则不同，他们痛恨失去自由，而认为主流社会在剥削、压迫他们。

Ogbu指出，对于少数民族在社会上遭遇到的不平等待遇，两者的反应因初始经验而有所差异。自愿少数民族如美国的亚洲移民与非自愿少数民族如黑人、印第安人、日本的韩国移民等有着不同的移民经历和历史记忆，自愿少数民族为寻求比故乡更好的生活机遇而移居异乡，对于在异乡所遭受到的不公待遇，他们能以乐观向上的态度去对待，认为自己所面临的经济、政治和社会障碍会随着时间的流逝、勤奋的工作和文化层次的提高日趋改善。对于自己的不利处境，他们参照的不是主流族群，而是他们自己的故乡，即以"双重参考架构"（dual frame of reference）为参照，使他们确信在客居社会里他们及其子女会有更好的发展机遇。此外，他们还能比较乐观地认为，由于自己是"老外"或不会讲或讲不好客居社会的语言等原因，而在社会上受到冷遇是预料之中的事，客居他乡不应有抱怨，而应努力工作和学习。为此，自愿少数民族总结出，"在异乡新的生活环境中，教育是向上流动的最重要的途径"。[50]对他们来讲，参与主流社会的学校教育，并不等于屈从，而是发展自己的一种明智的选择。他们确信，只有在保持母体文化认同的同时，努力学习主流社会的文化和语言，积极适应主流社会，才能不断地改善自己在他乡的社会、政治和经济地位，最终进入主流社会。

非自愿少数民族是因为被奴役、征服或被迫离开家园而成为"移民"的，痛楚的移民经历和历史记忆使他们认为主流社会自始至终是在剥削他们、压迫他们。因此，他们以一种对抗的心理来面对自己在社会上的遭遇，认为他们的处境是永久性的、制度化的，根本无法通过自己的努力或学校教育来改变。这种由历史造成的对立心态植根于族群成员的心灵深处，致使他们反对接纳主流社会的文化参考架构，以免减损或瓦解他们族群的认同感和群体凝集力。基于这种态度，他们以与主流族群相对立的文化架构来界定他们自己的文化与认同，他们消极地对待主流学校教育，认为主流学校不可能为少数群体学生提供向上流动或升迁的机会。因为他们深深地意识到，无论他们在学业上表现得多么优秀，也无法逃脱被边缘化和从事低等职业的命运。族群的对立心态与消极的行为模式，最终使他们陷于一种恶性循环的教育困境。[51]

简言之，Ogbu的理论试图说明，只有那些被迫参与社会和长期以来备受歧视和就业困难的少数民族群体才会在学业上失败。这些少数民族往往以主体民族为参照，虽然承认自己是所在国的公民，但却是社会、政治与经济地位极其低下的公民。这与移民少数民族形成明显对比，移民少数民族参照的不是主体民族，而是他们自己故乡的同龄阶层，他们常认为客居他乡应努力工作，勤俭持家，从而进入主流社会。但这并不意味他们完全接受了主流文化，他们从主流文化中吸纳他们认为有价值的成分，而摒弃其他。同时，他们还竭力保留自己的传统文化，对他们来说，参与主流社会的教育并不等于屈从，而是发展自己的一种明智的选择。

Pieke 在研究荷兰华人教育成就的民族志中认为，Ogbu 的民间成功理论可以有效地分析与解释一个社会中少数民族文化与主流文化间的相互依存关系以及这些族群不同的教育成就。在"华人教育成就与'民间成功理论'"一文中，Pieke 探讨了人类互动以及 Ogbu 的民间成功理论在荷兰中国移民教育经历的应用等问题。[52]他认为，移民教育行为与方式不能用静止的解释架构进行描述，而应该将其与置于变动的文化逻辑的背景之下。这种文化的逻辑决定着我们对个体或群体所面临的不断变化的环境的解释。他指出，教育行为与其他社会行为一样，是高度复杂的，只能在文化逻辑、模塑行为的社会环境以及这个环境中的社会经济条件之间的互动中才能理解，并不像 Ogbu 所描述的那样，中国移民总是会在学业上取得成功。但 Pieke 认为 Ogbu 的理论是有其价值的，因为他指出了解释的过程及其与少数民族生活在其中的社会政治关系。解释不是客观存在而被发现的东西，是由试图使他们的社会环境蕴涵意义的社会行动者所创造出来的。也就是说，对于某一社会情景并不是只有一种解释，而有多种解释的可能性，文化仅为特殊情境的解释提供一般性的指导，而解释反过来又影响着群体或个体的行为。对于解释和策略行为的表述，必须将其置于特殊的情境之中。因为人们面对的现实与文化为其提供的指导从来不是完全一致的，社会行动者是具有创造性的而不是按程序机械地运转的机器。我们只能表述文化逻辑和行为指南，但不能表述实际行为本身。民间成功理论虽然使 Ogbu 能够分析宏观权力结构与一个社会中少数民族文化和主流文化间的相互依存关系以及这些族群不同的教育成就，但是涉及权力关系，Ogbu 却忽视了教学过程本身的问题。Pieke 认为，师生之间的互动对理解课堂行为，即一个被 Ogbu 所忽视的问题，具有重要意义，而且可以为理解日常社会实践中"民间成功理论"如何被建构和变更提供一种综合性的视角。其他学者如 Mcdermatt 和 Gospodinoff 也指出，教与学之间需要沟通。如果老师和学生不能有效地沟通，很可能是因为有一方不想进行沟通或拒绝进行沟通所致。[53] Erickson 进一步深化了这个观念，指出，教学需要一种教育者与学生之间的信任关系，要使学生相信所传授的知识对其自身和社会文化都有利。在一些少数民族学生中，根本不存在这种信任，他们对主流教育是否符合自己的切身利益表示怀疑。因此，他们拒绝以主体民族认为最适合他们的方式接受教育。

郝瑞（Stevan Harrell）在考察四川大凉山白乌彝族的学校教育时，以彝族族群内部各支系之间学业成就的差异性向 Ogbu 的民间成功理论提出挑战。郝瑞指出，Ogbu 的理论在解释我国少数民族学业成就时有一定的局限性，因为我国的族群情形要复杂得多，"不能简单地把某一个少数民族作为一个整体与另一个少数民族或者与汉族进行比较"，而需要"从人类学的视角出发，把少数民族学生放到特定的社会背景下去考察"。[54] 郝瑞的研究表明，非自愿族群在主流文化中并不是被动的，他们可以通过参与国家的教育事业实现个人社会地位的升迁，同时也可以通过学校教育来改变他们与汉族之间不平等的社会关系。Skinner 的研究也表明，弱势族群可以把教育作为一项社会流动的战略，族群成员可以通过教育来提高他们在社会中的地位。[55] 郝瑞还正确地指出，文化差异论在解释少数民族学业成就时仍有其可行性。他注意到，在一个多民族的国家里，不仅各个族群在学业上有差异，一个族群内部的各个次族群之间在学校教育上也存在着显著差异。同时，他还指出，族群成员对公民身份的态度也是影响学校教育的重要因素。[56]

笔者认为，Ogbu 以他称之为"民间成功理论"的假说来探讨不同少数民族儿童的学业成就，关注他们对待自己家庭和社区环境与主流学校环境之间的语言差异和文化差异的态度与适应对策，强调从弱势族群自身（族群历史及族群心理因素）去寻求学业成功与失败的根源，是值得我们借鉴的。但我们还应从主流社会及社会制度中去探究致使少数民族学业失败的政治与社会原因。尽管在多元民族的国度里，各族群都有众趋的文化模式，但他们又有各自对社会生活的理解、看法与态度，而这些看法与态度可能会在一定程度上指导他们的价值取向与社会行为，从而影响其成员对学业成就的态度。正如 Pieke 指出的那样，Ogbu 的民间成功理论无法解释教育行为与社会地位不同的族群之间的差异性，也无法解释同一个族群的不同次群体在教育行为上的区别。尤其重要的是民间成功理论无法理解教育行为的变迁过程。少数民族对于主流教育体制并不是机械地做出反应，与其他社会行为一样，教育行为不能用静止的解释架构予以描述，而需要运用灵活多变的文化逻辑。我们必须清楚，在表面上看似整齐划一的教育成功或失败现象的背后，存在着极为复杂的充满矛盾的社会现实问题，单凭民间成功理论或其他任何单一的理论都无法解释少数民族学校教育成功或失败的原因。

参考文献

[1] Hewett, E. 1976 (1905). Ethnic Factors in Education [A]. Reprinted in J. I. Roberts and S. K. Akinsanya, eds., Educational Patterns and Cultural Configurations: The Anthropology of Education [C], pp. 27 - 36. New York: David McKay Co.

[2] [16] Jensen, A. R. 1969. How Much Can We Boost I. Q. and Scholastic Achievement? [J]. Harvard Educational Review 39: 1 - 23.

[3] Spindler, G., ed. 1987. Interpretive Ethnography of Education: At Home and Abroad [M]. Hillsdale, NJ.: L. Erlbaum

Associates.

[4] Valentine, Charles A. 1968. Culture and Poverty: Critique and Counter-proposals [M]. Chicago: University of Chicago Press.

[5] Foster, M. 1995. Talking That Talk: The Language of Control, Curriculum, and Critique [J]. Linguistics and Education 7: 129-150.

[6] Valencia, R., ed. 1997. The Evolution of Deficit Thinking [M]. London: Falmer.

[7] Leacock, Eleanor B., ed. 1971. The Culture of Poverty: A Critique [M]. New York: Simon and Schuster.

[8] Gibson, M.. A. 1991. Ethnicity, Gender and Social Class: The Social Adaptation Patterns of West Indian Youths [A]. In M. A. Gibson and J. U. Ogbu, eds., Minority Status and Schooling: A Comparative Study of Immigrants and Involuntary Minorities [C], pp. 169-203. New York: Garland.

[9] [50] Suarez-Orozco, M. M. 1991. Immigrant Adaptation to Schooling: A Hispanic Case [A]. In M. A. Gibson and J. U. Ogbu, eds., Minority Status and Schooling: A Comparative Study of Immigrants and Involuntary Minorities [C], pp. 37-61. New York: Garland.

[10] [15] [29] [49] [51] Ogbu, J. U.. 1991. Immigrant and Involuntary Minorities in Comparative Perspective [A]. In Gibson Margaret A. and John U. Ogbu, eds., Minority Status and Schooling: A Comparative Study of Immigrant and Involuntary Minorities [C], pp. 3-33. New York: Garland.

[11] [25] [26] [48] Ogbu, J. U.. 1974. The Next Generation: An Ethnography of Education in An Urban Neighborhood

[M]. New York: Academic Press. - - - 1978. Minority Education and Caste: The American System in Cross – cultural Perspective [M]. New York: Academic Press. - - - 1981. School Ethnography: A Multilevel Approach [J]. Anthropology and Education Quarterly 12 (1): 3 - 20. - - - 1987. Variability in Minority School Performance: A Problem in Search of An Explanation [J]. Anthropology and Education Quarterly 18 (4): 312 - 334.

[12] [37] Erickson, F. 1987. Transformation and School Success: The politics and Culture of Educational Achievement [J]. Anthropology and Education Quarterly 18 (4): 336 - 355.

[13] [18] [30] [33] Foley, Douglas, E. 1991. Reconsidering Anthropological Explanations of Ethnic School Failure [J]. Anthropology and Education Quarterly 22 (1): 60 - 86.

[14] Ledlow, S. 1992. Is Cultural Discontinuity an Adequate Explanation for Dropping out? [J]. Journal of American Indian Education 31 (3): 21 - 36.

[17] Kimball, Solon T. 1974. Culture and the educative process: An anthropological perspective [M]. New York: Teachers College Press.

[19] [38] Cazden, C., Vera John, and Dell Hymes, eds. 1972. Functions of Language in the Classroom [M]. New York: Teachers College Press.

[20] Trueba, Henry T. 1987. Success or Failure? Learning and the Language Minority Student [M]. Cambridge, MA.: Newbury House.

[21] Levinson, Bradley A., Douglas E. Foley, Dorothy C. Holland, eds. 1996. The Cultural Production of the Educated Person: Critical Ethnographies of Schooling and Local Practice [M].

Albany, NY: State University of New York Press.

［22］［32］［42］Philips, S. 1983. The Invisible Culture: Communication in Classroom and Community on the Warm Springs Indian Reservation ［M］. New York: Longman.

［23］［53］McDermott, R. 1987. The Explanation of Minority School Failure, Again ［J］. Anthropology and Education Quarterly 18 (4): 361-367.

［24］Gumperz, J., and Dell Hymes, eds. 1972. Directions in Socio-linguistics: The Ethnography of Communication ［M］. New York: Holt, Rinehart & Winston.

［27］Marcus, G. and Michael Fischer. 1986. Anthropology as Cultural Critique: An Experimental Moment in the Human Sciences ［M］. Chicago: University of Chicago Press.

［28］Wolfe, E. 1982. Europe and the People without History ［M］. Berkeley: University of California Press.

［31］［34］［36］Heath, S. 1983. Ways with Words: Language, Life and Work in Communities and Classrooms ［M］. New York: Cambridge University Press.

［35］Bourdieu, P. and C. Passeron. 1977. Cultural Reproduction and Social Reproduction ［A］. In J. Karabel and A. H. Halsey, eds., Power and Ideology in Education ［C］, pp. 487-510. New York: Oxford University Press.

［39］Gilmore, P., and Alan Clatthorn, eds. 1982. Children in and out of School ［M］. Washington: Center for Applied Linguistics.

［40］Schieffelin, B., and Elinor Ochs. 1986. Language Socialization across Cultures ［M］. Cambridge: Cambridge University Press.

[41] Watson – Gegeo, K. 1992. Thick Explanations in the Ethnographic Study of Child Socialization: A Longitudinal Study of the Problem of Schooling for Kwara' ae Children [J]. New Directions for Child Development 58: 51 – 66.

[43] Erickson, F. `and Jeffrey Schultz. 1982. The Counselor as Gatekeeper: Social Interaction in Interviews [M]. New York: Academic.

[44] Christensen, P. and Allison James, eds. 2000. Research with Children: Perspectives and Practices [C]. London: Falmer Press.

[45] [46] [47] Ogbu, J. U. and Herbert D. Simons. 1998. Voluntary and Involuntary Minorities: A Cultural – Ecological Theory of School Performance with Some Implications for Education [J]. Anthropology & Education Quarterly 29 (2): 155 – 188.

[52] Pieke, Frank. N. 1991. Chinese Educational Achievement and 'Folk Theories of Success' [J]. Anthropology and Education Quarterly 22 (2): 162 – 180.

[54] [56] 郝瑞（Stevan Harrell）著、巴莫阿依、曲木铁西译．田野中的族群关系与民族认同：中国西南彝族社区考察研究 [M]。南宁：广西人民出版社，2000.

[55] Skinner, G. W. 1976. Mobility Strategies in Late Imperial China: A regional systems' analysis [A]. In Carol Smith, ed., Regional Systems [C], vol. (1): Economic Systems, pp. 327 – 364. New York: Academic Press.

（本文第一作者为袁同凯，刊登于《民族教育研究》，2007年第4期，第5－14页。）